国家哲学社会科学基金资助项目

飞往自由的心灵

性别与哲学的女性主义探索

肖巍 著

北京大学出版社
PEKING UNIVERSITY PRESS

图书在版编目(CIP)数据

飞往自由的心灵:性别与哲学的女性主义探索/肖巍著. —北京:北京大学出版社,2014.7

(爱智文丛)

ISBN 978-7-301-24406-7

Ⅰ. 飞… Ⅱ. 肖… Ⅲ. ①妇女学-研究 Ⅳ. ①C913.68

中国版本图书馆 CIP 数据核字(2014)第 136053 号

书　　　名：飞往自由的心灵——性别与哲学的女性主义探索
著作责任者：肖　巍　著
责 任 编 辑：延城城
标 准 书 号：ISBN 978-7-301-24406-7/B·1207
出 版 发 行：北京大学出版社
地　　　址：北京市海淀区成府路 205 号　100871
网　　　址：http://www.pup.cn　新浪官方微博:@北京大学出版社
电 子 信 箱：pkuwsz@126.com
电　　　话：邮购部 62752015　发行部 62750672　出版部 62754962
　　　　　　编辑部 62755217
印 　刷 　者：三河市北燕印装有限公司
经 　销 　者：新华书店
　　　　　　965 毫米×1300 毫米　16 开本　16 印张　254 千字
　　　　　　2014 年 7 月第 1 版　2014 年 7 月第 1 次印刷
定　　　价：39.00 元

未经许可,不得以任何方式复制或抄袭本书之部分或全部内容。
版权所有,侵权必究
举报电话:010-62752024　电子信箱:fd@pup.pku.edu.cn

目 录

序言 女性与哲学:漫长的等待 …………………………… 1

第一章 女性主义、女性与性别差异 …………………… 1
 一 女性主义 ………………………………………… 1
 二 女性 ……………………………………………… 12
 三 性别差异 ………………………………………… 25

第二章 妇女/女性主义哲学 …………………………… 34
 一 妇女哲学 ………………………………………… 34
 二 女性主义哲学 …………………………………… 45

第三章 后现代女性主义哲学 …………………………… 57
 一 个体自由责任 …………………………………… 59
 二 性别形而上学解构 ……………………………… 64
 三 性别差异伦理 …………………………………… 69
 四 "双重错位"境遇 ………………………………… 75

第四章 精神分析中的女性主义 ………………………… 82
 一 "双刃剑"效应 …………………………………… 83
 二 驳"解剖即命运" ………………………………… 87
 三 重释女性/母性欲望 …………………………… 90
 四 精神分析学工具 ………………………………… 101

第五章 女性主义精神分析
 ——母婴关系 ……………………………………… 105
 一 研究意义 ………………………………………… 105
 二 对象关系理论解说 ……………………………… 108
 三 符号学解释 ……………………………………… 112
 四 未决的问题 ……………………………………… 116

第六章 女性主义认识论 ………………………………… 120
- 一 认识正义 …………………………………………… 121
- 二 经验认识论 ………………………………………… 126
- 三 观点认识论 ………………………………………… 129
- 四 自然化认识论 ……………………………………… 135
- 五 简要结论 …………………………………………… 147

第七章 女性主义哲学范畴 ……………………………… 151
- 一 主体 ………………………………………………… 151
- 二 身体 ………………………………………………… 158
- 三 道德自主性 ………………………………………… 169
- 四 公正 ………………………………………………… 181
- 五 话语 ………………………………………………… 193
- 六 空间 ………………………………………………… 201
- 七 简要结论 …………………………………………… 209

附录 归家之路为何如此漫长?
——读海德格尔《诗、语言与思》 ………………… 213
- 一 贫困的时代:我们迷失了家园 …………………… 213
- 二 归家之路:诗、语言与思 ………………………… 216
- 三 归来者仍在寻找家门 ……………………………… 219
- 四 归家:作为"此在"存在者之命运 ……………… 220
- 五 诗意地归家:女性主义解读 ……………………… 221

参考文献 ………………………………………………… 227
跋:走向超越的女性主义哲学 ………………………… 239
后 记 …………………………………………………… 243

序　言

女性与哲学：漫长的等待

哲学能支撑偏见，也能根除偏见。在或维系、或动摇、或摧毁一个范畴的一念间，哲学和人类都经历了漫长的岁月，而女性与哲学的连接则经历了更漫长的等待。

当代法国女性主义哲学家露丝·伊丽格瑞（Luce Irigaray）①认为："性别差异问题即便不构成一个时代问题，也是最重要的哲学问题之一。按照海德格尔的说法，每一时代都有一个需要透彻思考的问题，而且仅此一个。如果我们进行透彻的思考，性别差异或许就是当今时代的那个能使我们获得'拯救'的问题。"②或许有人会以为这种观点是出于一种女性主义的傲慢，因为人们通常不会相信一个似乎已万劫不复的时代能够通过讨论"性别差异"问题获得拯救。③然而，倘若我们认真地回顾、思考和

---

① 露丝·伊丽格瑞（Luce Irigaray，1932—），出生于比利时的法国女性主义哲学家，著述颇丰，主要有《他者女性的窥镜》（1974年）、《非一之性》（1977年）、《海德格尔对于空气的遗忘》（1983年）、《性别谱系学》（1987年）、《始于两人之间的民主》（1994年）、《二人行》（1997年）、《东方与西方之间》（1999年）、《爱的途径》（2002年）以及《分享世界》（2008年）等。
② Luce Irigaray, *An Ethics of Sexual Difference*, Cornell University Press, 1993, p.5.
③ 英文中的 Sexual Difference 可以根据上下文译成"性差异"或者"性别差异"，但在女性主义哲学话语体系内，无论是性还是性别都是一种社会构建，因而这里采取"性别差异"的译法。而且在精神分析学中，"性"也不仅仅是人们通常理解的生物学意义上的性，还是心理意义上的、潜意识的、主体的性，进而也可以分析为历史、社会和文化意义上的性，这种理解也接近于女性主义的相关理解。在女性主义哲学家中，也有人，例如朱迪斯·巴特勒（Judith Butler）为了避免概念混乱，用 Gender Difference 来表示"性别差异"，但对于这一词更严谨的中文翻译应当是"社会性别差异"。既然本书是在女性主义话语体系内讨论性、性差异和性别差异，因而一并把 Sexual Difference 和 Gender Difference 都译成"性别差异"。当然，当 Sexual Difference 在英文语境中指纯粹生物学意义的性差异时，也会相应地把它译成"性差异"。

观察，就不难发现不知何时自己已经生活在一个被女性主义改造过的、并且仍在改造着的世界里，女性主义学术探讨业已在人类思维领域中掀起一场革命。在这场革命中，性、性别和性别身份范畴，主体与话语、主体与社会、文化与历史，以及主体与自然之间的关系得到重新解说，人类也正在通过这些解说追逐着拯救的曙光。这就意味着：如果人类社会能够顺着一个正确的方向前进，或者从一个结构的横断面来剖析社会不平等和不公正等弊端，便有可能以"牵一发而动千钧"之势找到解决自身问题的方法和路径，从而获得拯救。

"一个人必须质疑和困扰的实际上是哲学话语，因为它为所有其他话语制定了规则，因为它构成话语的话语。"④当代女性主义学术，尤其是哲学研究的主要内容包括："1.关于'女性主义方法'的争论，以及各种不同的女性主义认识论之间的纷争；2.关于女性主义本体论的发展，以及身体、精神和情感的理论化；3.发展女性主义伦理学的需要，它可以为研究行为和女性主义与社会更为普遍化的互动提供指导；4.探讨'女性'范畴的断裂，以及解构主义对女性主义理论的影响；5.关于本质论和建构论的争论，这也关系到'男/女'的二元区分，以及'同性恋'和'女同性恋'范畴；6.'代表权'的意识，包括与历史的关系，即历史的呈现与女性主义关于女性被压迫理论的关系；7.促进围绕着种族/人种、性别以及女性之间其他不同方面体验的'差异'概念，以及作为一个分歧和争论能指的解构主义'延异'概念；8.关于'被压迫者认识特权'的讨论，以及关于是否存在不同的黑人和女同性恋认识论的争论。"⑤本书所研究的主题都可以纳入到这些问题域中，但对另一些女性主义哲学问题的探讨，例如社会正义、精神分析女性主义、女性主义形而上学的发展，以及认识正义等等，也可以视为对上述基础理论问题的拓展和延续。或许，女性和女性主义进入哲学的使命在于：1.分析批评"父权制"哲学知识论体系，重新思考和建构哲学知识，因为这些体系中存在着消除、压迫、排挤和漠视女性与社会边缘人的体验和利益的危险；2.把所有哲学概念框架和体系置于社会历史的背景下分析，要求哲学思考包括多元和差异的体验，哲学观念和知

---

④ Triol Moi, *Sexual/Texual Politics*, Routledge, 2001, p. 128.
⑤ Liz Stanley and Sue Wise, *Breaking Out Again: Feminist Ontology and Epistemololy*, Routledge, 1993. pp. 187-188.

识本身必须是公正的、多层面的,必须通过过程、历史和关系来呈现;3.打破哲学领域的性别霸权,把女性和边缘人的利益、体验和话语引入哲学;4.在哲学领域掀起一场观念上的革命,开辟平等和公正的思维空间,追求一个更为理想的人类社会。

总体来看,女性主义哲学试图记录特定历史时代和条件下的人们,尤其是女性的不同体验和话语及对它们的哲学反思,并把这些差异的体验和话语看成是某种政治、经济、社会和文化的产物,相信它们在每一时代都构成独一无二的哲学形态。毫无疑问,这些体验和话语是存在性别差异的,但从根本上说,性别差异的体验和话语也是由社会和文化因素决定的,因为作为它们根基的性别不是生物学性别(Sex),而是社会性别(Gender)。⑥ 如果说古希腊罗马哲学留给现代社会的"主要学术遗产是其真理价值观和人类发现真理的理性能力",那么自哲学伊始,女性便由于理性能力的"欠缺"或者"低下",一生与哲学无缘。然而,根据美国当代女性主义哲学家吉纳维夫·劳埃德(Genevieve Lloyd)的考察,这种"理性"能力并不是人们马上可以想到的一种与生俱来的官能,而是男性哲学家给出的一个哲学范畴,或者说这种"理性"实际上是被性别化了的"理性",因为自古希腊开始,哲学就一直延续着一种把男性归属于形式/灵魂,把女性归属为物质/肉体,强调"理性的男人"和"感性的女人",并认为前者永远优于后者,因而可以理所当然地支配后者的传统。男性哲学家也正是通过这种"理性"建构一个呈现主从关系和二元对立的性别世界,并由此让女性相信自己天生的哲学劣势。而且,在如今的后现代主义哲学语境下,理性似乎也成为一个反认识论的观念,后现代主义也发现了康德式理性所面临的四重困境:"其一,接受一种康德的基本区分:一方面强调绝对理性,另一方面又强调他律的力量。其二,承认理性的权威来自这样一个事实,即理性是没有任何经验条件的。其三,通过反思意识到绝对理性是令人怀疑的。其四,综上所述,理性仅仅是强制的另一种表

---

⑥ 在女性主义看来,性别(sex)与社会性别(gender)含义不同,前者指一个人在生物学意义上生而俱有的或男或女的事实,后者则指社会对于男女两性所赋予的价值与意义。这种区分的意义在于强调人们的性别意识、性别行为都是在社会生活的制约中形成的,女性的性别角色也是社会生活的产物,并随着社会生活的变化而变化。

述而已。"⑦女性主义哲学家米兰达·弗里克(Miranda Fricker)也看到,康德对于理性的理解实际上忽略了一个事实,即理性是另一种社会权力形式,而理性话语中的权力缺席不仅使这种理性无法拥有公共性和普遍性,也使其所追求的源于自由理性的政治理想无法实现。当代女性主义哲学要澄清的事实是:一方面女性并非生来"欠缺"理性能力,被男性哲学家性别化的"理性"并不能构成女性与哲学分离的理由;另一方面哲学也不应当仅仅是理性的,而是时刻有可能冲破固有的边界向无尽的时空中延伸。

无论是普通人还是哲学家,都可能会对女性主义哲学带来的挑战持一种漠视态度,这样做无疑地会放慢,甚至阻止人类思维和哲学,以及人类社会前进的脚步。相反,倘若人们能以宽容之心认识和理解这些挑战,倾听不同的声音就有可能成为一条可行的道路。然而,这样又做会遇到两个困难:其一是倾听的困难。倾听是人类社会最为困难的行为之一,尤其是倾听不同的、受压迫者的声音,这不仅是因为这些声音是微弱的、含糊的,常常被颤抖着发出,也因为倾听本身便是一种道德行为,需要听者有耐心、有美德允许讲者表达出自己"纯粹的存在"。众所周知,在两千余年的哲学史上,女性是群体性沉默的、失语的,但这并非意味着女性都是哲学哑女,作为具体的和历史的社会存在,女性无时无刻不在以独特的话语和生命体验讲述着自己的故事,并试图在这种讲述中建构自身的主体地位。即便没有人记载她们的故事,也不等于她们没有故事,或者不曾存在过,贡献过。其二是判断的困难。即便有人真的愿意倾听女性/女性主义哲学的声音,但在判断自己所听到的内容时,也不免会受到根深蒂固的潜意识观念的影响。英国谢菲尔德大学女性主义哲学家詹妮弗·索尔(Jennifer Saul)指出,根据心理学研究,人们评价他人及其工作,以及与人互动时,在很大程度上会受到潜意识中的偏见,例如种族、性别、年龄、身体残障和性取向等偏见的影响。这些影响累积起来便足以造成对被命名为边缘或者劣势的群体,例如女性、少数族裔、残障群体成员的负面效应。这些潜意识偏见分为隐性偏见(Implicit Bias)和刻板印象威胁(Stereotype Threat)两种。前者关系到人们对偏见"靶向"群体的感知、评价或者互动

---

⑦ Miranda Fricker and Jennifer Hornsby ed., *The Cambridge Companion to Feminism in Philosophy*, Cambridge University Press,2000,pp.152-153.

方式。后者表明一个人所属群体的潜意识可能会对其行为产生负面影响。就女性以哲学为业而言,前者可能导致人们对女性的研究成果给予较低的评价,而后者可能造成女性自身在哲学领域表现欠佳。索尔也发现,尽管许多人在意识层面也有良好的平等意愿,但他们的潜意识偏见却把人与人之间的不平等永久化了。⑧ 因而,包括女性自身在内的人们都应当从潜意识层面探讨自己对于女性、妇女哲学和女性主义哲学的真实态度,判断自己是否真的在倾听。

事实上,即便女性主义学术如今呈现出蓬勃发展的态势,其哲学文献浩如烟海,人们也依旧无法破解"女性与哲学之间关系"的难题,因为这其中包括对无数问题的思索:哲学是否是一个具有普遍性和客观性的中立学科?哲学如何论述女性?女性/女性主义如何论述哲学?女性是否可以在哲学领域安身立命?妇女哲学存在吗?女性对于哲学的历史贡献如何?什么是女性主义哲学?如果女性/女性主义进入哲学领域,哲学和世界将会怎样?哲学有性别吗?哲学将如何揭示性别的命运?如同德里达的"延异"(Differance)概念对于西方哲学整个形而上学体系提出的解构主义挑战一样⑨,女性主义概念对于西方哲学和人类哲学思维的挑战也是严峻的和难以平息的。

毫无疑问,女性/女性主义进入哲学领域会面临许多质疑和挑战:其一,必须回答"什么是女性?""谁代表女性?""女性主义如何来说'我们'?""哲学应当如何呈现女性?"等带有根本性的问题。尽管在许多学者看来,这些都是羁绊女性主义哲学存在与发展的前提,但对于朱迪思·巴特勒来说却不如此。她认为女性主义并不是先有一系列的共同前提,再从这些前提出发,以逻辑来建构一个方案,而是通过对这些前提不断地批评思考来取得进步的过程,要努力使这些前提的含义更为清楚,在各种冲突的解释之间,在各种民主的、不和谐的声音之间进行谈判,这是因为"性别差异并不是一种给予,不是一个前提,不是可供建立女性主义的基础,不是那种我们已经相遇并逐步理解的东西,而是鼓励女性主义者探讨

---

⑧ Jennifer Saul, *Unconscious Influences and Women in Philosophy*, Lecture in Women's Philosophers Exposition, Lund University, Sweden, 2010/10.

⑨ Differance 一词被相信是德里达创造出来的,因为法语中的一个动词 differer 的包括两重含义:差异和延缓,但当这个动词变成名词时,却失去后一种意义,所以德里达创造了这个词,把时空差异整合在一起。

的一个问题,是某种不能被充分强调的东西,因为它总在陈述的语法上遇到麻烦,它或多或少地保留作为一个永恒的追问"⑩。其二,当女性/女性主义哲学试图颠覆传统哲学中的"父权制"知识和话语体系,在哲学领域引入女性和边缘人的体验和话语时,也会遇到另一个理论质疑:如何保证在这一引入过程中不陷入"性别本质论"的泥潭?⑪ 作为对这一质疑的回应,女性/女性主义哲学提醒人们意识到:性别的体验和话语并不是统一的,它们和社会、文化以及人性本身一样,丰富而多元,从这一意义上说,无论是设想女性主义哲学试图基于女性生物学意义上的独特体验,还是根据女性统一的体验来建构哲学理论,都是对女性主义哲学的一种形而上学理解。其三,需要面对"女性主义哲学是否可能"的挑战。这或许是一个康德式的追问,因为在康德看来,即便"当某物已经实际存在时,我们如何能够提出它是否可能的问题"? 对于这一问题,人们依旧可以通过对于女性主义哲学发展的现实和最终目标的理解作出回应。就前者来说,当代女性主义把女性和边缘人的体验与话语引入哲学,与其说是为了建构"女性(边缘人)哲学"和"女性主义哲学",不如说是为了建构真正的人类哲学,弥补以往哲学中在"人类"哲学外表之下女性和边缘人的缺席。就后者而言,如同女性主义一样,女性主义哲学的最终目标是自行地退出历史舞台。当哲学真正成为人类的哲学,每一个人——不论何种性别都能平等地以自己的话语来描述自己的体验,从而使哲学变成一个平等和谐的世界时,这一目标也便实现了。其四,需要面对"女性应以什么态度来参与女性主义哲学发展的历史进程"的提问。作为当代女性,随着女性主义运动的发展,女性总会不同程度地遇到一种内在矛盾,这就是女性主义学者安·斯尼托(Ann Snitow)所描述的"既想做女人,又不愿受性别主宰"之间的紧张关系。事实上,女性主义哲学并不要求每一个从事女性主义哲学研究的女学者都成为女性主义哲学家,女性所从事的哲学研究也未必都是女性主义哲学研究。然而,能够肯定的一点是:如果女

---

⑩ Judith Butler,"The End of Sexual Difference?",Elisabeth Bronfen & Misha Kavka edt.,*Feminist Consequences*,Columbia University Press,2001,p.418.

⑪ 在女性主义哲学看来,"性别本质论"相信男女两性都具有由生物学因素决定的、不可改变的本质属性,例如认为女性的本质属性是肉体的、非理性的、温柔的、母性的、感性的、缺乏抽象思维能力的,关怀的和有教养的,而男性的本质属性是精神的、理性的、勇猛的、攻击性的或者自私的,既然这些都是本质的规定,它们便是永远不变的,具有普遍性的限定。

性试图让自己摆脱"做女人"与"性别主宰"之间的紧张关系,就必须关注女性主义研究,利用女性主义哲学工具来达到目的。而且,所有女哲学家都应当意识到,女性主义哲学的诞生本身也是无数先驱者以生命为代价奋斗的结果。⑫

在女性主义哲学得到前所未有发展的今天,本书所探讨的内容是极为有限的,我仅在自己的视域内展开思路,梳理、分析和探索。这正如德里达的一种表述:"我试图把握自己保持在哲学话题的'界限'之中。……使哲学成为可能的界限……并且在基本界定以及概念对立的系统内起作用,而一超出这些概念对立之外,它就没有用武之地了。"⑬但我相信——女性/女性主义哲学家多半是通过信念和心灵来研究哲学的,既然心灵是通往世界的唯一窗口,那么人们何不通过它来眺望远方那蔚蓝无际的天空?因为没有什么人能阻拦这心灵的自由。

2013年夏于牛津大学波德林图书馆

---

⑫ 公元415年,在亚历山大城,古希腊女数学家、哲学家,新柏拉图主义学派领袖希帕提亚(Hypatia)被一群狂热的基督徒残忍地杀害。据说当时这群暴民用锋利的牡蛎壳一片一片地刮下她身上的肉,然后把她的身体砍成段抛入烈火中,这位自称"已经与哲学结婚了"的把美丽与智慧集于一身的伟大女性就这样勇敢地为哲学、科学和信仰献出了生命。而今,一本著名女性主义哲学杂志便以她的名字来命名,希帕提亚也理所当然地成为当代女学者的榜样。

⑬ 〔法〕雅克·德里达:《多重立场》,佘碧平译,三联书店2004年版,第7页。

第一章
女性主义、女性与性别差异

女性主义似乎是一股接着一股的时尚,当我们对它尚未有充分认识和解释时,它已掀开新的历史篇章。然而,不论你是否意识到,我们今天都生活在被女性主义理论和实践改造了的、并且仍在被它改造着的世界里。在西方社会,女性主义自20世纪后半叶以来不断地超越自身,冲击或颠覆人们固有的哲学理念,带来了人类思维领域的革命。女性主义、女性以及性别差异是研究当代女性主义哲学的三个基本概念。

一 女性主义

随着时代的发展,女性主义越发难以界定,这本身是当代女性主义运动和理论发展的极度分裂局面所致。在这种背景下,人们再也无法同以往一样假设女性主义之间的统一和团结,正如瑞士学者米萨·卡维卡(Misha Kavka)所言:"女性主义不再是它曾是的东西。或许带着某种乡愁,在称自己为女性主义者的我们当中,许多人会回顾20世纪70年代第二次浪潮的峰尖,那种女性主义似乎有一个清楚的对象(女性),一个清楚的目标(改变妇女被压迫的事实),甚至一个清晰的定义(反对父权制压迫的政治斗争)。"[①]如今这种清晰性和明确性已成为一种记忆,女性主义概念和边界也变得多元化,这不仅由于人们所关注的学科和问题不同,

---

[①] Elisabeth Bronfen & Misha Kavka ed., *Feminist Consequences: Theory for The New Century*, Columbia University Press, 2001, Introduction.

也由于女性主义者为解决"女性主义"概念本身之间的分裂和矛盾,寻求共同的底线基础所作出的各种努力。一些女性主义学者试图把目光集中在女性利益方面,例如卡罗琳·拉曼赞格鲁(Caroline Ramazanoglu)等人相信:"女性主义是一种不稳定知识、政治和实践活动,它基于女性不分社会阶层所具有的共同政治利益意识,以及某种一致的改变不公正性别关系的行动。男性主导的各种理论把男女之间的关系政治化了,而且与女性的政治运动交织在一起,并不存在着统一的女性主义权力或者政治运动的理论,所以要有一系列政治策略改变特有的呈现,以及把女性置于从属地位的权力关系和实践。"因而女性主义包括信仰、实践和政治的多元性,而这些又与其他信仰、实践和政治交叉起来。② 另一些女性主义学者则更希望从多重关系的复合意义上界定女性主义,例如美国女性主义哲学家马乔里·米勒(Marjorie C. Miller)认为:"女性主义本身自然是复合性的,具有多种秩序定位,多种完整性和身份,它由复合性的轮廓,连续性和总体性的定位,以及与其发生的任何一种完整性之间的关系来构成。"③更有一批思想家,如朱迪思·巴特勒等人对于女性主义概念采取一种开放式理解,强调要伴随女性主义运动的发展来揭示其意义。"我们不能为女性主义设定一套普遍适用的假设,然后再以这些假设为出发点来创立一个逻辑体系。相反,女性主义是一个运动,而这一运动的前行依靠的正是让这些假设获得批评性关注,以便明晰女性主义的意义,并且磋商各种相互矛盾的阐释,即对其定义的各种不可压制的、并不和谐的民主观点。"④

而且,在近几十年来的发展中,女性主义已不再是一个单数的名词,而成为一个复数的概念。在其发展的历史中,已经衍化出形形色色的女性主义,无论从理论上还是实践上都是如此,例如社会主义女性主义、马克思主义女性主义、自由主义女性主义、精神分析女性主义、生态女性主义、无政府主义女性主义、同性恋女性主义、后现代女性主义等等。由于划分标准不同,我们也可以命名出更多女性主义流派,例如普遍主义女性

---

② Caroline Ramazanoglu with Janet Holland, *Feminist Methodology: Challenges and Choices*, SAGE Publication Ltd, 2002, p.171.
③ Marjorie C. Miller, "Women, Identity, and Philosophy," in Emanuela Bianchi ed., *Is Feminist Philosophy Philosophy?*, Northwestern University Press, 1999, p.40.
④ 〔美〕朱迪斯·巴特勒:《消解性别》,郭劼译,上海三联书店2009年版,第180页。

主义（Universalism feminism）⑤；分离主义女性主义（Separatist feminism）⑥；本质主义女性主义（Essentialist feminism）⑦；特殊主义女性主义（Particularist feminism）⑧。这些形形色色的女性主义理论的共同点在于反对父权制压迫和不平等，并把"性别差异"作为核心问题来研究，探讨其对社会生活的影响。

大体上说，女性主义有广义和狭义之分，从广义上讲，女性主义可以概括为以消除性别歧视，结束对妇女的压迫为政治目标的社会运动，以及由此产生的思想和文化领域的革命。女性主义者指真诚地投身于这一社会运动，参与其思想文化革命的任何男女。从狭义上说，女性主义就是指以性别视角来看待和分析问题的一种方法论原则。女性主义也可以分为政治、理论和实践三个层面。在政治上，女性主义是一种社会意识形态的革命、一场旨在提高女性地位的政治斗争；在理论上，女性主义是一种强调两性平等、肯定女性的价值观念、学说或方法论原则；在实践上，女性主义是一场争取妇女解放的社会运动。然而，正如罗尔斯所言——任何定义的优点都取决于它所导致的理论的完整性，而定义本身无法解决任何基本问题，女性主义的定义也通过自身的理论和实践应用不断地修正、澄清和证明自身。

(一)学术视角

事实上，与其说女性主义是一门传统意义上的独立学科，不如说它是一种学术视角，是一个可以拥有独立思想、历史和实践的领域。它既存在于现有的学科之中，又游离在它们之外。作为一种学术视角，女性主义有这样几个特点：1. 它是流动的、不固定的。像一条思维的溪流不断地流

---

⑤ 主张男女在生理和文化上是平等的，因为男女都具有理性，在这种平等的自然能力之下，女性完全可以达到男性的成就，但人类的历史却通过贬低女性否定了这种平等。
⑥ 强调男女是平等的和不同的，历史上否定了这种平等，应当在不同的领域来建构平等。女性的私人、生育和家庭世界同男性的公共、生产和文化世界拥有同样的意义，或者说所有人都是双文化的。
⑦ 认为女性的领域是她们被性别化历史的一部分，平等来自于女性之间的共同点，女性与男性的性别本质不同，女性之间的相同点是她们团结的基础。
⑧ 试图批评前面三种女性主义，认为平等来自差异而不是相同，而且产生于特殊的背景之中。无论男女都不具有普遍本质，这种理论关注认可女性不同的生活，尤其是那些有色人种、少数民族和第三世界女性的生活。这一分类请参见 Lynda Stone edt., *The Education Feminism Reader*, Rouutledge,1994, p.6.

动,不断地变化,悄然漫过各个领域,为所到之处孕育新的生命,带来生机和活力。2.它是历史的。女性主义的目标不是要开辟一条女人路线,而是要解放妇女,它有一个产生、发展和消亡的过程。妇女解放之日也就是女性主义消亡之时。⑨ 它的历史性也表现于它在每一时代、每一社会的历史使命不同。3.它是多元的。单一的女性主义不能解释不同种族、民族、不同社会阶层和不同时空中女性的差异性。当代女性主义学术发展越发地呈现出分裂和多样性,超越所有对于女性主义流派的简单划分。4.它集世界性和民族性于一身。女性主义是世界性的,旨在把女性从一切形式的压迫中解放出来,并促进各国妇女之间的团结。女性主义也是民族性的,旨在结合各个国家的文化和社会背景发展自己。5.它既是抽象的思想意识,又是具体的政治纲领和政治策略。

而且即便在西方社会,人们对于女性主义的理解也因时代的不同而变化。19世纪末和20世纪初期,这一术语主要指对于女权的倡导,包括教育权、政治参与权、工作权和健康权等等。女性主义运动旨在反对男权在这些方面对于女性的压迫和限制。而从20世纪后半叶以来,女性主义转向福柯的政治主张,试图把所有的个人关系都纳入到权力关系之中,从各个学科审视性别之间的权力关系,并在这种关系中引入大量的政治与伦理思考,女性主义哲学的发展也更多地关注权力的认识论含义,探讨知识与性别的关系,以及女性体验对于哲学认识论和知识建构的意义,成为"一种不稳定知识、政治和实践活动",在人类社会的发展和知识的建构中扮演重要的历史角色,引发思维领域的革命和社会变革。

因此,当女性主义进入学术领地时,首要的任务就是颠覆各门学科中的"父权制"结构。"父权制"一词最初源于社会学,意味着一种"父亲就是家长"的社会结构。这种社会结构以各个表现形式渗透在人类社会生活的各个方面。凯特·米利特(Kate Millet)在《性别政治》中指出,"父权制"作为一种制度,是一个社会常数,这一常数贯穿其他所有社会政治、经济和社会形式中,而不管它们是通过社会等级还是通过阶级形式,是通

---

⑨ 面对女性主义哲学的未来,美国女性主义学者艾米丽·李曾提出发人深省的问题,即女性主义是否会消亡,她认为女性主义并不是为了解决性别压迫的短期需要而产生的,女性主义将随着人类历史发展而消失的观点是一种错误导向,因为如今女性主义的发展已经超出一种简单地解释压迫的理论,而成为一个理解世界的透镜和视角。女性主义理论的必要性和价值永远不会消失,这是一个值得思考的问题。

过封建统治还是通过官僚政治或者巨大的宗教团体形式。哲学上的"女性主义是对社会生活、哲学和伦理学的探讨,它致力于纠正导致女性被压迫和轻视女性特有体验的偏见"⑩。而在文学领域,"女性主义是一种政治行为,其目标不仅仅是解释这个世界,而且也是通过改变读者的意识和读者与他们所读的东西之间的关系去改变这个世界"⑪。在自然科学中,女性主义者也开始审视从前被认为是"性别中立"和"客观性"的科学,批评传统科学的男性属性。

在对"父权制"的批评中,女性主义也对"父权制"理论得以建立的概念框架进行解构,例如美国女性主义哲学家 K.J. 沃伦看到,在西方文化中,一直存在着文化/自然、男/女、理性/情感、公共领域/私人领域的二元对立。男人对女人的统治、人类对自然的统治植根于"父权制"的概念框架。这一概念框架有三个重要特征:1.价值等级思维,认为处于等级结构上层的价值要优于下层的价值;2.价值二元对立,把事物分成相互对立排斥的双方,使其中的一方比另一方有更高的价值;3.统治逻辑,即对于任何 X 和 Y,若 X 价值高于 Y,则 X 支配 Y 被认为是正当的。当代女性主义哲学试图借鉴解构主义来破除这种二元对立和价值等级秩序,解构主义哲学家德里达看到,二元对立项是相互依赖的,没有任何一项可以独立存在,两项只是在相对的关系中和从它们所隶属的能指链中获得自己的意义。在语言链中没有任何成员可以获得优先权,有实际意义的东西只是替换的游戏。这就表明,解构主义是从二元对立项的对应中考察它们之间的关系,认为如果没有对应物,也就没有另一方的存在,无论哪一方都没有优先权,而且这种对立和对应是语言上的、人为建构的。这些在一定意义上否定了男尊女卑的传统,把它视为一种语言游戏,既不是一种自然的或本质的东西,也不是真理和存在。解构主义的目的实际上并不在于颠倒二元对立项,而在于质疑对立的概念和对立所依赖的特征概念,从而削弱特征、真理和存在的基础。从性别意识出发,女性主义似乎比解构主义走得更远,它认为性别关系不只是一种语言关系,更是一种权力关系,体现出社会对于性别的安顿和权力的分配,而且在父权制社会中,这种安顿和分配是不可能平等的。女性主义透过社会意识形态和文化分析

---

⑩ Simon Blackburn, *The Oxford Dictionary of Philosophy*, Oxford University Press, 1994, p.137.
⑪ 张京媛主编:《当代女性主义文学批评》,北京大学出版社 1995 年版,第 53 页。

女性的身份与性别角色,从社会的最底层和最基本的结构出发颠覆"父权制"。

20世纪60年代以来,女性主义在发展中也逐渐形成了不同的流派,它们之间的主要分歧在于以不同的政治观点和哲学基础去寻找妇女被压迫的原因以及解放的道路。这些流派的共同特点在于其学术探讨的目标都是政治上的和颠覆性的,试图消除社会和各个领域对妇女乃至所有被压迫者的歧视和压迫,更多地关注社会制度、法律和权力问题,在挖掘女性被压迫的原因以及寻找解放道路方面提出了许多建设性的方针和策略,而且更侧重于改造社会和变革意识形态的革命行动。

如今,女性主义学术达到了空前的繁荣。女性主义哲学、女性主义伦理学、女性主义心理学、女性主义神学、女性主义文学、女性主义艺术、女性主义历史学、女性主义法学等学科五彩纷呈。西方女性主义学者喜欢用探讨(approach)和视角(perspective)来表现女性主义对于各个学科的渗透和建构。这些学术探讨的主要目标不仅是批判和修正传统的理论,也试图建构起女性主义的学说,并试图通过性别差异的说明批评传统理论中男性对女性的取代以及对女性声音、体验和利益的剥夺,寻找出属于女性的、男性所无法取代的声音和体验,并把它们作为创立女性主义理论的基点,例如20世纪70年代兴起的关怀伦理学便是伦理学领域的这样一种尝试。它的主要代表美国心理学家卡罗尔·吉利根(Carol Gilligan)认为,传统伦理学忽视了对女性道德发展的研究,她们或是被置于边缘地带,或是被以一种偏见来解释,或是被通过研究男性得出的标准所覆盖。吉利根把关怀和女性联系起来,在对西方著名发展心理学家劳伦斯·柯尔伯格人类道德发展模式的批评中发现了与"公正"不同的"关怀"的声音,建立起以女性"关怀"道德体验为基础的关怀伦理学。又如,一些当代女性主义神学家也开始以女性体验为诠释工具,从女性的视角破译《圣经》文本中以父权制意识形态为中心的代码,重构《圣经》的历史,恢复女性的完整人性,突出历史上被忽视的女性主义传统,并由此形成一门新兴的学科——女性主义《圣经》诠释学。还有,女性主义法学也试图透过表层寻找性别在法律中的意义,透过社会权力关系揭露法律中的各种性别偏见,从女性的利益、体验和地位来建构法律,使其不仅能够成为社会批评的武器,也能够成为建立理想社会的工具。

可以说,女性主义的学术视野也扩展到了许多具体的社会实践问题,例如为了解决环境问题而产生的生态女性主义既是一种价值系统,又是一种社会运动和实践。它旨在揭露在人类思想领域和社会结构中,统治女性与统治自然之间的密切关系,反对各种形式的统治和压迫,把反对压迫、女性解放和解决生态危机一并当作自己的奋斗目标,颠覆男性中心主义对女性和自然的统治,形成人与自然的新秩序以及男女关系的新平衡。科学技术的飞速发展也提出许多与生命相关的伦理学问题,女性主义也对人工流产、代理母亲、人工授精、生育健康、基因工程、克隆人、医患关系、人体实验、安乐死、器官移植等问题作出了自己独特的回答。在后现代主义哲学思维已经破除了传统哲学思维中性别二元对立以及女性和性体验、女性利益的统一性和普遍性的历史背景下,女性主义学术不仅更为关注性别差异的意义,也试图在阶级、种族、文化和社会地位的差异中来理解性别差异,意识到"女性主义永远不能成为女性的一致经验和利益的产物,因为这些经验和利益没有如此的一致性。女性主义必须永远是在一种具有特殊政治目标的政治运动中女性所结成的联盟,它是一种基于政治利益而非共同经验的结合"[12]。因而,任何以女性的共同体验或一种体验来建构女性主义的企图本身在理论上就是有缺陷的,女性主义学术只有在多样性和差异性的追求中才能得到蓬勃发展。

(二)理论基石

在女性主义学者看来,性别与社会性别是不同的概念,性别指每个人在生物学意义上生而俱有的为男或为女的事实,而社会性别则是社会对男女两性所赋予的意义。尽管在女性主义学者之间对于社会性别有不同的理解,但大都采取了一种历史唯物主义立场。

1.社会性别范畴的产生

根据女性主义学者安·奥克利(Ann Oakley)的考察,社会性别术语最初来自医学和精神病学,20世纪30年代以来,心理学家用这一术语表述人的心理属性,但并没有把它与男女两性联系起来。1968年,精神病学家罗伯特·斯托勒(Robert Stoller)出版了《生理性别与社会性别》一书,解释了根据染色体来区分,为什么在生物学意义上为此性别的孩子看起来却像彼性别。一些婴儿具有女性基因,却长有男性的

---

[12] 张京媛主编:《当代女性主义文学批评》,北京大学出版社1995年版,第85页。

外生殖器,人们既可以把他们当成女孩,也可以当成男孩,并逐步形成相应的社会性别身份,因而他用社会性别指称与生理性别相关的,但又不属于基本生物学含义的行为、感觉、思想和幻想[13],这些观点后被女性主义采用。

20世纪中叶,美国社会占统治地位的性别话语是贝蒂·弗里丹所描述的"女性的奥秘",即主张女性应当认同贤妻良母的价值观念,并相信这是由其生物学意义上的性别决定的。然而到了60年代末期,在法国哲学家西蒙·德·波伏瓦(Simone De Beauvoir)的影响下,女性主义学者开始探讨女性被压迫的根源,对"生物决定论"提出挑战,意识到要从社会制度方面认识女性为什么受压迫的问题。

20世纪70年代,在马克思主义唯物史观的启发下,一些西方女性主义者开始重塑"社会性别"范畴,并以此来分析女性群体被压迫的历史和现状,例如米利特试图阐明性别角色与父权制之间的关系,强调性别关系实际是一种政治关系,男性通过"性别政治"来支配女性,因此"性别政治"是维护父权制的基础。她认为,男女的性别角色不是先天的,女性的性别角色是社会把女性置于父权制统治之下的手段。事实上,米利特已经开始用性别角色来指称社会性别。第一个将性别与阶级、种族放在同等地位的是琼·凯利(Joan Kelly),她指出性别关系是社会的,而不是自然的,经济是决定性别的原动力,两性关系的运转依赖并贯穿于社会的经济结构。1972年,奥克利出版了《生理性别、社会性别与社会》一书,强调生理性别主要指男女两性之间的生理差异,社会性别指的则是一种文化事实,把男女两性的气质从社会层面区分开来。1975年,盖尔·鲁宾(Gayle Rubin)在《女性交易:性"政治经济学"笔记》一文中,借鉴马克思主义、结构主义和弗洛伊德主义三家学说,也提出"性/社会性别制度"的新概念。

20世纪80年代末以来,更多的女性主义学者试图从不同角度探讨"社会性别"概念,其研究大体上呈现出四个倾向:其一,把社会性别看成社会与权力关系的产物。例如20世纪80年代末的后现代女性主义者琼·斯科特(Joan W Scott)看到,社会性别由两大核心组成:首先它是以性别差异为基础的社会关系成分,其次它是区分权力关系的基本方式。

---

[13] 〔英〕简·弗里德曼:《女权主义》,雷艳红译,吉林人民出版社2007年版,第18页。

社会关系组织的变化总是与权力关系的变化同步进行,作为社会关系的一个成分。社会性别具有四个相关的因素:1. 与文化象征相关;2. 与对象征意义作出解释的规范相关;3. 与社会组织和机构形式相关;4. 与主体的认同相关。

其二,把社会性别看作一种社会结构和符号体系。20世纪90年代,美国科学哲学家桑德拉·哈丁(Sandra Harding)等人开始借助女性主义多元化和全球化倾向分析社会性别概念,阐述人们对这一问题理解上的重要变化:即社会性别已经从依附于个体的事物转变为一种社会结构和符号体系。在哈丁看来,尽管不同文化对于男女两性应当具有何种气质有不同的理解和要求,但这些文化都试图通过性别概念来组织和分配稀有的资源,并通过由性别概念建立起来的符号体系梳理混乱的自然和社会关系,赋予它们不同的意义,这就表明性别不仅是个体男女的属性,也是一种以社会分工来计算社会分配收益和成本的社会属性。因而,性别总是通过等级体系组织起来的。我们每一个人都生活在各种社会力量互相建构和维持的社会矩阵中,都处于不同社会等级关系连接点中那个属于自己的位置上(个人的、结构的和符号的),由于社会关系的变动,性别也随着获得和分配社会稀有资源的方法而变动着,在每一个变动时期,它都成为了政治冲突的角斗场。个体的社会性别化是社会结构和意义体系的结果,而不是它的原因。

其三,把社会性别理解为一种话语。伊丽格瑞从后现代主义视角分析社会性别的话语。在她看来,话语结构和它所表达的意义,它所转换和传递的真理依旧是很少被人关注的主题,甚至更少有人认识到对于许多科学来说,这实际上可以成为一种工具。科学不断地打磨新工具,发明新机器,却很少研究最基本的技巧——语言和词汇。她认为所有的话语都不是中性的,都与言说者的主体性、身体和性别相关,都是被性别化了的表达。在父权制文化中,社会性别是性别压迫的标志,例如:"如同男人试图给予孩子和占有物以自身姓名一样,他们也为宇宙赋予了自己的性别。男人认为有价值的一切都必须体现出他自身的社会性别。""我们的社会制度和从中产生的话语因而都被一个由男性社会性别控制的中立者规范着。"[14]

---

[14] Luce Irigaray, *Sexes and Genealogies*, Columbia University Press, 1987, p. 173.

其四,把社会性别理解为一种没有原型的模仿。20世纪60年代以来,英语国家的女性主义者大多把性别归入生物学范畴,而把社会性别归入社会和文化范畴,并把这种区分当成许多女性主义理论的基本框架。然而,随着女性主义运动和学术的发展,受精神分析女性主义的启发,一些女性主义理论家开始对这种区分提出质疑,例如后结构主义理论家朱迪思·巴特勒追随福柯等人的观点,用"系谱学"方式探讨社会性别,强调用系谱学来解释,主体的构成假定了性与性别是制度、话语与实践的影响结果,而不是它的原因,换句话说,一个人作为主体并不能创造或者导致制度、话语和实践,相反,他是由这些东西来决定的。巴特勒延伸了波伏瓦"女人是造就的"观点,强调女性是某种我们"做的"东西,而不是我们"是的"东西。社会性别是一种没有原型的模仿,事实上,它是一种作为模仿本身的影响和结果产生原型的模仿。例如异性恋的性别是通过模仿策略产生的,它们所模仿的是异性恋身份的幻影,也就是作为模仿的结果所产生的东西。实际上,异性恋身份的真实性是由模仿的表演性构成的,而这种模仿却把自身建构成一种起源和所有原型的基础。由于异性恋不可能模仿自身,而是表演性地把自身建构成原型,那么在同性恋文化中,对于异性恋的模仿便是对模仿的模仿,对复制的复制,因为并没有原始的雏形可供模仿。巴特勒强调,性别是由不断重复的行为与姿态政体(regimen)构成的"肉体形式",这种重复既确保"长久容忍的性别化自我的幻觉",也使性别获得合法地位。然而,这种拙劣模仿的身份对于真实性别身份概念构成一种讽刺,也暴露出性别自我的想象结构。正是这种不和谐的、人为的表演使解剖学上的性别与社会性别身份、社会性别表演长期戏剧化地联系起来。[15]

2. 社会性别的含义

从社会性别角度诠释性别[16],性别和性别系统便不是一个偶然现象,而是社会现实被组织、被标明以及被体验的一种方式。首先,性别是一个

---

[15] Diana Tietjens Meyers, *Subjection & Subjectivity: Psychoanalytic Feminism & Moral Philosophy*, Routledge, 1994, pp. 70-71.

[16] 依据女性主义对于性别的理解,性别与社会性别都是相对的概念,只是在两者同时出现时,才有区分的意义,因而为了方便起见,在本书的论述中,并未对性别与社会性别进行严格的区分,在提及性别时,一般来说都是指社会性别意义上的性别,如果所指的"性别"仅仅具有生物学含义,会在上下文中有所说明。

社会历史范畴,是一个动态的、发展的概念,不同历史时代的人们对于性别有着不同的理解,例如后现代女性主义拒绝把性别看成是不变的、稳定的、前后一致的、固定的、前推论的、中立的和非历史的,而是把性别理解为具体的、历史的和社会的现象,理解为一种非本质性的范畴。其次,性别是一个经济范畴,每一时代对性别的理解都与这个时代的社会经济结构紧密相连,男女扮演什么样的性别角色归根结底是由他们在一定社会经济结构中的地位决定的;再次,性别也是一个政治范畴,它本身包括权力关系,是一定社会权力关系的产物和缩影,因而它是一种政治关系,体现出社会的权力安排。此外,性别还是一个文化范畴。它在不同时代、不同社会的文化背景下会有不同的塑造和表现,因而属于文化符号体系的性别关系有着深刻的政治背景。性别与社会性别的区分有助于使人看出各门学科中的性别歧视实则都是社会和文化造成的,而且都在简单地重复着一种"事实"与"价值""是"与"应当"的混淆:即从女性生为女人的事实推论出她是劣等的、卑微的,应当被奴役的结论。把性别和社会性别分开,并不等于对二者的割裂。社会性别是根据性别来赋予的,性别是社会性别的前提和基础,而且从有人类那天起,性别和社会性别在人身上就没有分开过。女性主义谴责的是女性社会性别中受压迫的成分而不是社会性别本身。社会性别范畴已经成为女性主义学术的一个有力的分析工具,用于揭露对女性的压迫。由此可见,女性主义对于性别的理解有一个历史发展的过程,从最初的社会性别概念的提出到把这一概念置于社会关系、符号和话语以及社会意识形态中的深入理解,都极大地促进了女性主义哲学的发展。

3. 对性别与社会性别二元区分的解构

事实上,从20世纪90年代起,女性主义学术阵营中便开始争论一个重要的问题,即女性主义是否应当区分性别与社会性别,并在这种争论中阐释"缘身性"(embodiment)的意义,以及用它来替代社会性别的可能性。

巴特勒率先开始对女性主义寻求社会性别身份的动机提出质疑,认为无论是生物性别和社会性别都是不稳定的,认为应当丢掉社会性别概念,将"缘身性"作为把性别主体理论化的手段,只有这样才不会遇到生物还原主义或者社会性别本质论的危险。如果女性主义坚持性别与社会性别的区分,便会产生异性恋逻辑,因为这实际上也是一种新的二元论。

而另一些女性主义者,如琳达·尼克尔森(Linda Nicholson)也认为,女性主义关于性别与社会性别的区分依旧延续着与生物学还原主义不同的生物学基础主义,而性别、生育以及其他与身体相关的角色都来自对身体本身的阅读,因而有生命的身体能够像社会性别一样起作用,而且具有更为丰富的含义,因为这一范畴允许男女的不同习惯和二者之间的互动,承认多元的可能性,这就有助于避免以性别、种族、国家和性取向等范畴构建个人身份时会遇到的问题。托莉·莫娃(Toril Moi)也从对波伏瓦《第二性》的分析中认识到,身体是一种处境,对身体的强调不仅比性别与社会性别的区分更有优势,还能帮助女性主义克服"生理性别""社会性别",以及"本质"与"建构"的理论困境。所以后结构女性主义拒绝把性别看成是一种不变的、稳定的、前后一致的、固定的、前推论的、中立的、非历史的,强调以身体来理解性别,并把身体看成具体的、历史的和社会的现象,而不是一种本质。后结构主义的性别概念突出强调个体之间的差异性,因为每一个人的身体都是不同的,有不同的特点,能力和欲望。

二 女性

当女性主义哲学讨论女性主义和性别差异问题时,首先便会遇到如何界定"女性"概念的问题,围绕这一问题,女性主义学者之间也进行过许多哲学争论。

(一)放弃"女性"?

当人们着手讨论"性别差异"问题时,无疑应当先给出对于"男性"或者"女性"的清晰界定,然而,在女性主义哲学家中,"什么是女性?"本身就构成一个问题,并由此引发一系列的问题,例如"女性主义如何说'我们'?""由谁来说它?",以及"我们以谁的名义来说'女性'?"等,这些问题导致了女性主义学者之间关于是否应当放弃"女性"概念的争论。

一些女性主义学者主张放弃"女性"概念,主要理由是:其一,在"父权制"体系中,女性的身份是随着男性确定的,因而"女性"对于女性主义来说并非一个有用的概念,例如后现代女性主义者丹尼斯·赖利(Denise Riley)认为,女性作为一种身份是一个相对的概念,它是社会的理想形象——男性的反衬,由于男性的标准也是不确定的,同时社会和历史也是不断发生变化的,所以女性的概念也是不确定的,因而女性主义根本无法使用这种"女性"概念。其二,父权制思维体系具有一种男女对立的二元结构,如果坚持男女两性的区分,便有可能重新陷入到这种结构中去。当代法国女性主义哲学家埃莱娜·西苏(Helene Cixous)认为,西方哲学和文学一直深陷于一种无休止的、等级制的二元对立逻辑之中,例如主动性/被动性、太阳/月亮、文化/自然、昼/夜、父亲/母亲、理性/感性等,每一组对立都能被分析出一种等级制,而这一系列对立最终都可以归结为一个基础性的对立结构——男女对立,换句话说,男女对立隐藏在所有的对立之中,而在男女对立结构之中,女性一方永远都被看成是消极的、被动的和无力的,也正因为如此,西苏并不赞成区分男性或者女性,而是主张"双性同体"。其三,界定女性会落入"性别本质论"的陷阱。显然,这种本质论不仅在主张一种抽象人性论和生物决定论,也在坚持一种人性不可改变的形而上学观点,把男女两性的发展置于一个封闭的系统之中,美国女性主义哲学家马乔里·米勒(Marjorie C. Miller)曾对性别本质论提出四点批评:1.本质的本性推定出一种无法维持的普遍性;2.本质的本性是无时间性的,与变化不相容的;3.本质的本性是极为局限的——它预见性地界定了一个人可能是什么,能够做什么;4.本质的本性设定了某种目的论——事物注定是什么。[17]

另一些女性主义学者却不打算放弃"女性"概念,这首先缘于她们相信可以求助于性别和社会性别的区分,根据女性的社会体验及其社会身份来定义女性。然而,这种做法显然也必须面临两种挑战:其一,由于阶级、种族和社会地位等方面的差异,女性本身的体验和身份不可能统一起来,试图超越这些差异为女性下定义也有坚持"性别本质论"之嫌。其二,如果人们尝试着根据女性的共同体验来定义女性,这种"共同点"也是难以得到的,例如求助于女性生儿育女的体验也跳不出"性别本质论"的藩篱。其次,一些女性主义学者不同意放弃"女性"概念的另一个理由是:"性别分析"是女性主义学术的基石,倘若放弃"女性"概念,这种分析便无法进行,女性主义也会随之失去存在的意义和根基,因为它无法确定自己在为谁来争取权利和解放。

---

[17] 〔美〕马乔里·米勒:《女性主义、认同和哲学的重建》,见邱仁宗主编:《女性主义哲学与公共政策》,中国社会科学出版社2004年版,第55页。

(二)"女性"性别特征

当哲学试图说明"什么是女性",讨论"性别差异"问题时,也离不开对于"女性"性别特征的描述,女性主义学者以"性别分析"的方法对西方哲学把女性归属为物质,把男性归属于形式/灵魂,强调理性的男人、感性的女人的传统提出质疑。然而,即使女性主义解构了传统西方哲学中的性别特征,也仍旧需要讨论和思考应当如何描述"女性"性别特征的问题。

从古希腊开始,西方哲学便开始讨论物质与形式/灵魂的概念以及二者的关系问题。在这里,物质如同柏拉图的洞穴之内由火光映在墙壁上的影子一样是动荡不居的、暂时的、幻觉的,同时也是被动的、懒惰的,它只是形式和运动的潜在物,只有灵魂才是所有物质运动的原因。古希腊哲学还把男性同具有稳固性、主动性的形式/灵魂相联系,把女性同具有变动性、被动性的物质相联系,女性的这种物质性和被动性使她成为一件等待被填满的容器。古希腊哲学对女性"性别特征"的描述无疑与女性的生殖能力和身体(性)相关,据巴特勒考察,从词源学上说,物质(matter)与母亲(mater)和子宫(matrix)是相联系的,这是人们对于物质与生殖关系的最初探索。[18] 传统西方哲学中还有一种倾向,就是把女性的身体/性妖魔化,把它们看成邪恶的来源和灵魂的监狱。因而,女性作为物质、作为身体、作为性,作为容器一直都在被恐惧着、被仇恨着。"女性的身体是一个死亡的容器。……她的身体为诱惑而生。"[19]此外,西方哲学传统还一直把理性赋予男性,把感性赋予女性,例如卢梭和康德都认为,男性应当发展自己的理性,而女性应当发展自己的感性、敏感和情趣,两性将在这种互补中形成一个整体。"我们用不着争论到底是男性优于女性,还是女性优于男性,或者两种性别是相等的,因为,每一种性别的人在按照他或她特有的方向奔赴大自然的目的时,要是同另一种性别的人再相像一点的话,那反而不能像现在这样完善了。"[20]这样一来,父权制压迫就把"女性气质"的特定标准加到了所有女性身上,让人们相信这些被选定的气质是女性生而俱有的、自然的,而不愿意就范和与之不符的女性则

---

[18] 汪民安、陈永国编:《后身体、文化、权力与生命政治学》,吉林人民出版社2003年版,第193页。
[19] Susan Griffin, *Women and Nature: The Roaring Inside Her*, Harper & Row Publishers, 1978, p. 83.
[20] 〔法〕卢梭著:《爱弥尔》,李平沤译,商务印书馆1991年版,第527页。

被贴上"非女人"或者"非自然"的标签。

应当看到,传统哲学对于女性特征的表述与达尔文关于性别差异的生物学观点如出一辙,1871年,达尔文在《男人的遗传》中,十分肯定两性在智力上的天然差异,认为通过自然选择,男人在勇气、能力、智力和创造天才方面都会变得高于女人,因此,他们必然在艺术、科学和哲学方面表现出卓越的才能。即使女人在直觉、感觉、模仿等方面表现出独特的才能,也是低级的表现,是低等种族的特点,因此也是文明早期阶段低级状态的特点。[21] 显而易见,在女性主义哲学家看来,西方哲学传统中这种对于"女性"性别特征的描述是成问题的,她们分别从不同的角度,以"性别分析"的方法解构和批评这些描述,指出其"父权制二元对立思维结构"和"性别本质论"的本质,例如劳埃德通过"性别分析"对于理性的解剖等,她深刻地指出,在西方哲学传统中,理性/男人与感性/女人的关系是一种主从有别、二元对立的关系。"我们关于男女的观念和理想一直是从优势胜于劣势,'标准'胜于'差异','主动'胜于'被动','本质'胜于'补充'的结构中发展起来的。"[22] 由此可见,由理性和感性区分所反映出来的性别关系便有了等级制和压迫的秩序。我们还可以从劳埃德的这种分析出发,完成以下推论,即当"理性"被这样性别化了之后,人们还会产生两种看似自然而然、完全正确的认识或行为:一是认为女性生来就是感性的,缺乏理性能力的,而不会意识到女性所缺乏的这种"理性"实际上是被"父权制"哲学性别化了的理性,而与女性生而俱有的作为思维功能的理性毫不相干;二是当人们把被性别化了的"理性"运用到理论和社会实际生活中去时,对于女性的贬低也就成了再自然不过的事情了,例如当人们运用这种"理性"分析道德时,道德也必然被性别化了,使传统道德有充分的理由贬低女性,这是因为:其一,理性的符号化与道德的性别化紧密相连,尽管一些哲学家主张道德是没有性别的,但由于在符号的意义上,理性/精神已经与男性、感性/物质已经与女性联系在一起,因而这种联系和两性之间的"性别差异"本身便注定了道德的性别化;其二,由于理性与感性的区分,便有两种形式的道德存在——基于理性的道德和基

---

[21] 〔美〕艾莱恩·肖瓦尔特:《妇女、疯狂·英国文化》,陈晓兰、杨剑锋译,兰州大学出版社1998年版,第103—104页。

[22] Genevieve Lloyd, *The Man of Reason*: '*Male*' & '*Female*' *in Western Philosophy*, Routledge, 1995, p.103.

于感性的道德;其三,由于理性与男性相联系,感性与女性相联系,通常说来,两种道德的区分实际上也是男性道德和女性道德的区分;其四,由于理性的主宰地位,男性的道德要优于女性的道德。

在女性主义哲学解构了西方哲学传统对于性别特征的描述之后,仍需面对如何描述"女性"性别特征的问题。我们可以对此进行两方面的讨论:其一,尽管在西方哲学传统中被性别化了的"理性"和"感性"一直是性别压迫的工具,但女性主义哲学需要抛弃的是对于"理性"和"感性"概念的"父权制"解释,而不是这两个概念本身,正如女性主义哲学家托莉·莫娃(Toril Moi)所指出的,女性主义"应当追求一个社会——在这一社会中,我们终止了把逻辑、概念和理性范畴化为'男性',而不应追求一个社会——在这一社会中,把这些范畴作为'非女性'完全驱逐出去"[23]。其二,若想彻底摆脱"父权制二元对立思维结构"和"性别本质论"对女性性别特征的描述,只能求助于女性主义对于社会性别的理解,即女性并没有固定不变的性别特征,其性别特征是随着时代和社会不断变化的。由于各种差异的存在,女性也并不具有专属于自己的统一的性别特征,女性的性别特征既可以是女性群体所具有的特征,也可以是男性身上所具有的特征,这样一来,性别特征的提法似乎失去了意义。然而,社会性别理论还可以给我们另一点启示:当一个特定社会对于女性的价值期待彻底消除了"性别歧视"之后,对于生物学意义上的男性或者女性特点的价值期待也可以说成是他/她们各自的"性别特征"。

(三)"女性"定义

然而,当我们确定女性主义不应放弃"女性"概念,并且讨论了女性的性别特征之后,仍旧要回到最初的如何来定义"女性"的问题。而对于这一问题的思考需要进行一番形而上的哲学探究。

马乔里·米勒曾对"女性"概念进行过形而上的考察,而她的"形而上"意味着"努力提出这样的一般性的词汇,形成一系列具有高度普遍性的范畴"。她认为,对于女性的界定也是对于女性身份的形而上研究,这也可以被称为"身份的形而上",或者"女性主义的身份形而上"。米勒借用了实用主义哲学传统定义女性的身份,尤其是借鉴贾斯特斯·布赫莱

---

[23] Toril Moi, '*What is a Woman?' and Other Essays*, Oxford University Press, 1999, p. xii.

尔(Justus Buchler)对于"复合性(complex)身份"的论述[24],认为他的身份定义可以为分析复合"女性"提供有用的框架。"他的身份定义强调:'复合身份是在复合性外廓与其任何完整性(integrity)之间获得的一种连续性关系。'"[25]米勒也强调,自己的女性身份概念并不是一个基础的或者永恒的真理,它的有效性在于能够澄清理论上的困难,为解决现实争端提供一种秩序,为思想的创造性提供"字典"。事实上,米勒在定义女性身份时强调了完整性之间的区分,以及复合的完整性之间在关系上的连续性。"在理论化'女性'身份之中,我把完整性区分开来,意识到复杂的完整性之间关系上的连续性",而这里的"完整性简单地说就是一种命名复合性位置的方式——把一种复合性具体定位在一个特有的秩序之中"[26]。米勒从四个方面揭示了女性的身份:其一,女性首先可以识别为一种复合性。作为一种复合性,关注一个事实——范畴或者个体都是人们试图谈论的"事物",作为一种复合性,它是一个秩序、一个联系的范围和为了联系的存在,它被定位在其他更具有全体性的秩序之中。其二,女性作为一个术语被定位在一种语言秩序中,关乎其他术语,关乎语法规则,关乎普遍性的语言结构。其三,女性作为一个系列包括大量的存在差异——历史的、地理的和本质上的差异。各个系列之间的相互交叉,使得女性系列的成员也包括其他系列的成员——例如文学人物、神话人物、老年公民、穆斯林,以及美国黑人和中国人等。其四,女性作为一个范畴存在于普遍被用于解释人类存在的其他范畴之中。因而,"许多当代理论已经关注到这一事实——'女性'作为术语、系列或者范畴是不同的,而且作为范畴存在于不同的历史、文化和语言社会中"。依据这种理解方式,女性的身份是一个关系问题,包括正在进行的,可能是变化中的、进化着的,而且的确是灵活的复合女性外廓与自身任何完整性之间的连续性关系。在米勒看来,这种复合的完整性并未超越它所拥有的所有秩序,而是存在于它所属的许多秩序之中。而复合女性的外廓是一种连续性及其定位的总体

---

[24] 贾斯特斯·布赫莱尔(Justus Buchler)为当代美国哲学家,前纽约州立大学哲学教授,出版《走向人类判断的一般理论》(1951年)、《自然与判断》(1955年)、《方法的概念》(1961年)以及《自然复合性的形而上学》(1966年)等著作。

[25] Marjorie C. Miller,"Women, Identity, and Philosophy,"in Emanuela Bianchi ed., *Is Feminist Philosophy Philosophy?*, Northwestern University Press, 1999, p.36.

[26] Ibid., p.38.

性,但不是总体性自身,因为这可能意味着一种纯粹的完整性积聚,一种固定的和完成了的"东西"。事实上,女性身份"作为一个范畴,如同其他复合性一样依旧是鲜活的和使用中的,它既不是固定的,也不是完成了的——而是发展变化的,它的'外廓'总是依赖于其定位的具体历史。它也是其完整性之间的相互联系——这是复合'女性'的各种完整性彼此在范围上互为条件的条件"[27]。此外,女性的完整性还要根据她所处的时空话语来定位,例如性别、种族、年龄和阶级的话语,这些话语也是不断变化的和彼此冲突的。米勒认为,我们也无需把握在过去、现在和未来所有时空中女性的身份是什么,而只需认识到这种复合身份是厚的、变化着的和不断冲突着的。"这种身份是一种连续性的关系——所获得的最狭隘定位的完整性与复合'女性'外廓(它的定位的连续性与总体性,它的完整性的相互联系)之间的关系。"[28]

至此,我们首先应当说明不放弃女性概念的三个理由:其一,性别差异是主体存在的前提。从哲学意义上说,性别差异不是预先给定的,而是区分的结果,人类应当有这种区分,因为没有人能够在两性的区分之外成为主体,每一个人都需要在社会和话语体系中占据一个男人或女人的地位,因而,如果一个女人没有"女性"的指称,便会失去自己应有的社会和话语空间,失去主体地位,成为无法存在的人。其二,放弃"女性"概念将会使女性主义理论和实践面临更大的危险。固然,在坚持"女性"概念过程中,女性主义面临着重蹈"父权制二元对立思维结构"的覆辙,以及落入"性别本质论"泥潭的风险,但同其失去女性主义运动的意义和根基的风险相权衡,这些风险毕竟是次要的、可以接受的。其三,"女性"是可以通过避开"父权制二元对立思维结构"和"性别本质论"来定义的。在当代哲学话语中,接受"女性"概念的风险并不意味着不可以规避这些风险。性别并不是一个偶然现象,而是社会现实被组织、被标明和被体验的方式,事实上,性别是一个随着社会生活的变化而不断改变的历史、经济、政治和文化范畴。如同世界的意义在世界之外一样,性别的意义也永远存在于性别之外。从这一意义上说,"女性"是有可能在一个开放的、异

---

[27] Marjorie C. Miller, "Women, Identity, and Philosophy," in Emanuela Bianchi ed., *Is Feminist Philosophy Philosophy?*, Northwestern University Press, 1999, p. 39.

[28] Ibid., p. 40.

质的和多元的思维系统中得到定义的。而且,正像巴特勒所强调的那样,定义"女性"是贯穿女性主义理论始终的任务,"女性"不是女性主义理论中一个固定的范畴,或者说一个共同的前提,而是一个需要女性主义通过批评性的思考来不断地解构和建构、冲突和融合的"问题",正是这种在民主的、不和谐声音之中的冲突和谈判带来了女性主义理论的进步,"女性"将是女性主义的一个永恒的命题。㉙

其次,对于女性概念,我们也可以进行四个方面的思考:其一,借助于女性主义关于性别与社会性别的区分,不应把"女性"看成是一种不变的、稳定的、前后一致的、固定的、前推论的、中立的和非历史的范畴,而应当把它理解为一个具体的、历史的和社会的范畴。其二,借助"整合女性主义"的概念可以提出"整合女性"的概念。针对不同"女性主义"概念之间的争论与冲突,女性主义学者安吉拉·迈尔(Angela Mile)曾提出"整合女性主义"的概念,这一概念"来自不同类型的女性主义知识生产,这种女性主义是全球的而不是民族的,它建立在本土社会运动的基础上,包括带有各自本土女性主义特色的女性,它也建立在哲学家与那些理论家之间的争论上,她们从积极参与基层女性主义者所关注的具体问题中抽象出理论来"㉚。同样,"整合女性"概念本身也具有超越父权制的二元论价值体系,它融合了女性之间各种差异的特点,同性别、女性主义概念一样,本身也是一个非固定的、能动的、历史的、经济的、政治的和文化的范畴。更为重要的是,它作为哲学的一个分析范畴、作为女性的一种社会身份,充分体现出所有女性为之共同奋斗的反对性别歧视和各种不平等的政治目标。而且,正是在这一政治目标观照之下,不同社会、不同文化和不同历史时代背景下的女性主义都可以提出不同的"女性"概念为我所用。其三,利用米勒的秩序和位置的说明来思考女性。对于米勒来说,女性的身份是一种位置和秩序,在具体的历史时空中交叉得出的位置和秩序。既然这种身份是历史和变化中的,便不可能是一个固定的范畴。如前所述,这正如巴特勒所强调的那样,女性将是女性主义的一个永恒的命题。莫娃也强调,我们应当追求一个不再把逻辑、概念和理性范畴化为"男性"的社会,

---

㉙ Judith Butler, "The End of Sexual Difference," in Elisabeth Bronfen & Misha Kavka ed., *Feminist Consequences*, Columbia University Press, 2001, p. 415.

㉚ 〔美〕安·弗格森:《女性主义哲学及其未来》,见邱仁宗主编:《女性主义哲学与公共政策》,中国社会科学出版社 2004 年版,第 19—20 页。

而不是追求一个某些范畴因为是"非女性"的而被完全驱逐出去的社会。其四,借助语言学来理解"女性"概念。在德里达的解构主义理论中,有一个"痕迹"(trace)的概念,表明存在与符号的关系,这一概念内含了索绪尔关于语言的看法,对于索绪尔来说,一个符号的意义不是与一个存在相对应,而是与把一个符号和所有其他符号区分开来的差异体系相对应。可以说,这一意义存在于给定的符号中,但是,它仅仅作为与这一符号区分开来的所有其他符号的一系列痕迹而存在,例如一个人想到"狗"一词,而且理解其意义,但这一意义不是他从一个现有的概念中解读出的某种东西,而是他从自己对狗一词与其他符号如猫等相区别的方式意识中察觉出来的某种东西。[31] 作为一个哲学范畴,女性也是这种意义上的一个符号,人们总是试图让这一范畴吻合于被描述的女性对象或者实在,以便获得关于女性或者性别的真理,而事实上,这一范畴的意义并不取决于与对象相吻合的程度如何,而是取决于它存在的背景,以及它与作为其背景的其他符号之间的差异,例如人们总是在男性、孩子、老人等符号中理解和把握女性,正如莫娃所言,"对于'何为女性'的问题,我的回答是这个问题没有统一的答案。如果必须回答,我只会说'视情况而定'。我们将一个人称为女性的标准取决于谁在什么情况下对谁说了什么"[32]。女性主义的"女性"概念强调的是在这些符号中并不存在二元对立和价值等级秩序,也相信所有这些符号都是人为的、可变的,尽管从符号学意义上说,这一符号并不直接与现实中的女性一一对应,但作为哲学观念却始终对女性的实在、主体性和现实地位产生着直接的影响。

(四)性别本质新释

21世纪以来,一些女性主义学者开始深入地研究形而上学问题,试图以新的哲学思维方式理解和界定"性别本质论",美国女性主义哲学家夏洛特·维特(Charlotte Witt)便是其中的重要代表。在2011年由牛津大学出版社出版的《性别形而上学》一书中,维特在批评和分析以往女性主义学者关于性别本质论和反本质论争论基础上,借助亚里士多德的"统一本质论"(unification essentialism or uniessentialism),提出性别对于社会个体来说具有统一本质的理论。她试图把这种"统一本质论"与其

---

[31] 〔美〕加里·古廷:《20世纪法国哲学》,辛言译,江苏人民出版社2005年版,第372—373页。
[32] 〔美〕托莉·莫娃:《何为女性》,王琳妮译,华东师范大学出版社2012年版,第3页。

他"本质论",把"性别统一本质论"(gender uniessentialism)与其他"性别本质论"区别开来,进而说明自己的"性别统一本质论"对于女性主义理论与实践的政治意义。

维特首先区分了两种本质论:种类本质论(kind essentialism)和个体本质论(individual essentialism)。前者"认为有一个或者一些特点决定了这个种类的成员身份,而后者则认为有一个或者一些属性使这一个体成为它自己"㉝。人们通常在界定前者时总要找出某种或一些共同属性,而且这些属性是非任意性的,具有说明原因的解释力,显然"自然种类"具有这样的特性,如同水具有物质属性和人具有生物属性一样。而个体本质论的特点则是这一个体特有的、必要的和带有根本性的属性。维特重点讨论的是后者,并又区分出两种个体本质论——来自亚里士多德的统一本质论和来自索尔·克里普克(Saul Kripke)的身份本质论(identity essentialism)。维特认为,当亚里士多德针对一个个体提出"它是什么"的问题时,追问的是这个个体的本质与实在,它可以延伸到该个体各个物质部分的统一,以及如何组成一个新个体等问题。为什么一些物质能够构成一个房子,答案是它们都具有房子的功能属性,正是这种功能属性从根本上解释了一个新的统一个体的存在,而绝不意味着把建房的物质材料堆放在一起便可以构成房子。但当克里普克提出"什么使这一个体成为它自己时?",回答却关系到个体的身份问题,它必须来源于某种特殊的物质,但这种物质并非是亚里士多德理解的那种统一的本质属性。因而,"亚里士多德解释了为什么一个新个体从根本上高于其各个物质组成部分之和。相反,克里普克始于一个现存的个体,追问这一个体的哪种属性对于其构成这一独特个体是必不可少的"㉞。

维特一直明确强调要成为一个"个体本质论"意义上的"性别本质论者",或者说要借助亚里士多德的"统一本质论",而不是克里普克的"身份本质论"形成自己的"性别统一本质论"。至此,人们可以对她的理论进行三方面的追问:1.什么是"性别统一本质论"? 2.为什么这种"性别统一本质论"能够超越女性主义哲学中已有的关于性别本质论和反本质论的争论? 3.如此建构性别形而上学和性别本质论的政治意图何在?

㉝ Charlotte Witt, *The Metaphysics of Gender*, Oxford University Press, 2011, p.4.
㉞ Ibid., p.6.

首先维特继承了马克思主义关于"人的本质并不是单个人所固有的抽象物,在其现实性上,它是一切社会关系的总和"的观点,强调无论是讨论人的个体本质还是性别本质问题,其争论的实质只能来自我们日常生活的现实,因而尽管她的"性别本质论"基于亚里士多德形而上学的"统一本质论",但却"完全吻合对于被性别化了的个体的历史和社会阐释"。在她看来,"统一本质论是一个关于统一的个体本体构成的理论"㉟,或者说是一种关于个体统一的理论,它既使个体由于自身的本质而被统一起来,也使它能够作为个体而存在。如果把这种观点应用于性别,那么在日常生活现实中,个体的性别便具有一种能把所有个体的社会角色统一起来的规范原则,甚至社会角色本身便是与人们社会地位相关联的规范。"我们的性别为我们作为社会个体的生活提供了一个规范性的统一原则,因此对于我们来说,我们的性别便是统一的本质。"㊱维特还把人的生物体、社会个体以及人三者区别开来,并以"母亲"为例对这种区分进行解说。从生物体意义上说,"母亲"或是子女配子的来源,或是妊娠妇女,或者两者都是。而作为社会个体,母亲被社会承认具有母亲的社会地位(social position)和社会角色(social role),并由此需要符合母性规范,这使母亲能够以一种心照不宣的方式行事,并没有什么"应当做什么"的明确准则和清单。而社会个体与"人"的区别是:第一人称是"人"的一个本质属性,例如像女性主义关怀伦理学家萨拉·拉迪克(Sara Ruddick)所强调的那样,第一人称的"母亲"是能够自主地选择承担母亲责任的行为主体。维特在这里强调的是:第一人称的母亲与作为社会个体的母亲是不同的,女性或母亲作为社会个体被社会统一要求奉行的行为规范是不是被个体选择所决定的,换句话说,这些规范对她们来说具有一种先赋性(ascriptive),"既然我们承认由社会地位决定的社会角色具有一种先赋性基础,我们也应当承认社会个体的本体论范畴。"㊲而正是这种先赋性,决定一个人,一种性别作为社会个体的本质属性。

由此可见,维特从亚里士多德那里学来了"统一本质论",尽管这一本质论冠名为"统一",却不属于"种类统一论",因为后者讲的只是成员

㉟ Charlotte Witt, *The Metaphysics of Gender*, Oxford University Press,2011,p.15.
㊱ Charlotte Witt ed., *Feminist Metaphysics: Explorations in the Ontology of Sex, Gender and the Self*, Springer,2011, p.12.
㊲ Charlotte Witt, *The Metaphysics of Gender*, Oxford University Press,2011,p.63.

身份,这一身份需要以非任意的属性来界定,并易于陷入"生物决定论"的泥潭,以事物或人所具有的物质和生物属性来界定它们/他们的本质。而"个体本质论"则强调每个个体特有的、必要的和带有根本性的属性,这些属性完全可以是他们从自己生活的历史和社会中获得的。此外,虽然维特的"个体本质论"冠名为"个体",但却旨在讨论个体"统一的"本质属性。如果把这一理论应用到性别,便可以得出结论说:个体的性别实际上是一种社会地位和角色,它们决定和要求每一性别都必须完成其被历史和社会所要求完成的功能,这些要求转而成为一种把这一性别统一起来的社会规范,这些规范对于不同的性别个体来说都具有先赋性意义,维特的"性别统一本质论"从根本上说是意欲强调性别的历史、社会先赋性和统一性的理论。在这里,我们还需要澄清一个问题:即同样作为"个体本质论",为什么维特不遵循克里普克的"身份本质论",强调一种"性别身份本质论"呢?这不仅是因为亚里士多德和克里普克针对个体的提问向度不同,也由于"身份本质论"类似于维特所强调的作为第一人称的"人"的本质属性,即体现出一个人能够进行自主的道德选择和行为的本性属性,而在维特看来,这种进行自主道德选择的本质属性并不具有"性别统一本质论"所讲的那种"先赋性"和"统一性",因为这些属性是不依赖于每一社会个体或者性别的自我选择而存在的本质属性。

其次,我们还需要追问是:为什么维特的"性别统一本质论"能够超越女性主义理论中已有的关于性别本质论和反本质论之间的争论?维特把以往所有女性主义关于性别本质论的争论都纳入"性别实在论"(gender realism)和"性别唯名论"(gender nominalism)的框架中[38],强调许多女

---

[38] 根据洛克的观点,唯名论本质是与我们用于分类的术语相关的一般性观念,而实在论本质是指对象的物质构成,它导致我们像我们所知觉的那样去感知它。既然它是我们知觉体验的原因,而这些知觉体验都要通过唯名论本质来记录,那么我们也就不知道自身的实在本质。尽管维特不赞同洛克的这种说法,认为他依旧是在坚持一种种类而不是个体本质论,但她还是表示洛克为那些女性主义唯名论者提供了分析问题的框架,例如有人批评为了女性主义的团结目标而使用"女性"的唯名论本质,因为它可以忽略掉女性之间存在的阶级和种族等实在论差异。维特没有明确区分"性别实在论"和"性别唯名论",只是在评价女性主义关于性别本质论的争论时使用这两个术语,我们可以把前者看成强调性别的物质构成和属性的概念,并承认我们具有一种不受社会和文化规范的、确定性的、本体性的性别本质,而把后者视为关于性别的一般性抽象概念,并对我们是否具有客观的、确定性的、本体性的性别本质表示怀疑。(参见 Charlotte Witt ed., *Feminist Metaphysics: Explorations in the Ontology of Sex, Gender and the Self*, Springer,2011, pp.22-23.)

性主义哲学家之所以拒绝“性别本质论”，是因为她们试图从“种类本质论”角度来理解性别本质论，把它理解成一种关于种类的成员身份理论。换句话说，她们实际上是在拒绝“性别实在论”和“生物决定论”。维特看到，以往的女性主义学者总是以三个论证来反对性别本质论：其一是强调性别是由社会来建构的“社会建构论论证”。其二是由第一种理论衍生的“排除论论证”，认为既然女性的本质属性来自其生物属性，那么如果女性具有生物和自然的变异性，一些女性就会由于不具有某些属性而受到排除。维特认为这两种论证的出发点都是“种类本质论”，与自己倡导的“性别统一本质论”有着根本的不同。她还针对“排除论论证”指出，当这一理论相信被人们界定的关于性别种类的成员身份必然会排除一些女性或男性时，还应当意识到自己作为一种“种类本质论”在说明成员身份时，必然要提出某种其他理论，而事实上没有任何理论可以避免排除性的结果。㊴ 其三为“本体论论证”，尽管维特承认这一论证的出发点是“个体本质论”，因为它强调自我都是社会性的主体，是由类似于性别身份的选择、谈判、表现和拒绝构成的，而这些属性无法从根本上把个体统一起来，因而性别本质论忽视了自我的主体地位，把人当成客体来讨论，犯了一种本体论错误。然而，维特还是认为这一论证也是不能成立的。她提出一个“社会承认”概念，强调个人自由必然要由社会来规范，社会承认是社会规范性的必要条件，它不是要把主体变成客体，而恰恰是使行为者找到自己的位置，并通过这种位置来行动的条件。

最后，人们要追问的是：维特如此建构性别形而上学和性别本质论的政治意图何在？或许可以从维特的理论中分析出四种理由：其一，她认为与人的其他社会角色相比，性别角色具有规范优先性，它界定和组织了一个个体的其他社会角色。例如如果一位女性既是医生，也是母亲，她所遵循的规范标准便是由她的性别来统一、组织和界定的。“性别是一个行为者规范统一性的原则，因为与他所具有的其他社会角色相比，这一行为者的性别规范具有规范优先性。”㊵既然如此，性别对于社会个体来说就构成统一的本质，所以研究性别本质问题对于探讨社会个体的行为规范

㊴ 这可以让人联想南希·弗雷泽的相关理论，即认为排除是政治本身固有的特点，因而我们要讨论的不是排除与不排除的问题，而是要探讨哪些排除是不正义的，应当如何矫正的问题。

㊵ Charlotte Witt ed., *Feminist Metaphysics*: *Explorations in the Ontology of Sex, Gender and the Self*, Springer, 2011, p. 79.

便具有了重要意义。其二,"性别统一本质论"关注个体的团结统一问题,而不同社会地位女性之间的团结统一是实现女性主义政治目标的关键。其三,维特认为性别角色具有终生性,因而它是重要社会角色(the mega social role)的代表。尽管有人可能会对此提出异议,因为在种族社会中,种族也可能具有这样的终生性,但维特坚持认为:"种族与性别的一种显著差异是性别压迫或父权制具有不同寻常的统一性和稳定性。父权制实际上具有普遍性。相反,种族范畴的存在却根据历史和文化差异而发生变化,种族压迫并不是人类文化的一个普遍特征。""就社会功能的重要性和必要性而言,种族并不像性别那样发挥作用。"[41]因而,揭示性别的本质属性可以使我们清楚地意识到人类历史上性别压迫和父权制的普遍性。其四,维特认为自己的"性别统一本质论"与其他被女性主义批评的"性别本质论"有着本质区别:后者通常以个体内在的、非关系的属性来定义性别本质,而她的理论则突出了社会组织和关系的本质属性,把性别本质与人的社会地位和角色联系起来,这样就为性别本质的变化保留了空间。

三 性别差异

"性别差异"的研究对于女性主义哲学具有重要意义,因为这一研究可以将女性主义理论纳入形而上学和抽象知识的范畴,在由人文社会科学和自然科学所界定的知识领域中找到自己生存和发展的空间,从而以新的方式阐释各种哲学基础概念。

(一)"差异"与"性别差异"

或许由于性别与种族繁衍之间的关联,自古希腊以来,哲学史上就不乏对"性别差异"的探讨。大体说来,这些探讨可以分为三类:生物学意义,语言学和符号学意义,以及历史文化和社会意识形态意义的探讨,有时这三者也交叉在一起。

生物学意义上的"性别差异"探讨关系到一种"性别本质论",在整个哲学史上,人们似乎总能发现这样的论述,例如"阳具中心主义"是弗洛

---

[41] Charlotte Witt ed., *Feminist Metaphysics: Explorations in the Ontology of Sex, Gender and the Self*, Springer,2011,pp.98-99.

伊德的第一原则,他认为潜意识的恋母情结结构是性别差异的基础,强调每一性别的身份和地位都与其自身的形态相关,女孩不同于男孩之处在于身体上缺少某种器官——阳具,因而她们将永远生活在"妒忌"和"自卑"之中,"解剖便是命运"。

在后现代哲学家中,许多学者则对于"性别差异"采取语言学和符号学的探讨,例如拉康相信,"语言结构是潜意识内在结构的外化",或者说"潜意识是被内在结构化的一种语言",他也试图从性、潜意识出发解释性别差异,以菲勒斯来置换弗洛伊德的阳具概念,认为语言符号系统是社会的先在结构,试图表明弗洛伊德理论中的"恋母情结"仅仅具有符号意义,而不是现实关系中的生理欲望。尽管拉康的这种理论突出了语言和社会文化在主体和性别生成中的意义,在某种程度上纠正了弗洛伊德的生物决定论,但由于拉康依旧坚持菲勒斯中心主义和"阉割情结"等观点,因而他对于性别差异的解说仍未摆脱父权制的传统。

在哲学史上,许多学者也试图对性别差异进行历史文化和社会意识形态意义上的探讨,例如福柯认为,从纯粹陈述的意义上说,性别并不存在,因为它总是被置于历史文化之中,后者也总是以各种方式对性别进行构造,而且这些方式总是与不同的家庭模式联系在一起。因而,哲学的任务是揭示这些历史文化形式,说明人们为什么以及如何把性别建构成某种令人欲望的东西。马克思主义哲学则从社会意识形态意义上探讨性别差异,更为关注阶级和种族问题,把女性解放纳入到社会和人类解放之中。毋庸置疑,这些探讨为女性主义哲学提供重要的思想来源。

当今时代更需要打破男性在哲学世界中的话语霸权,以女性主义为方法论探讨性别差异,在这一古老而又常新的问题上发出时代的巨响。"作为一种女性主义口号,'差异'关系到女性之间的社会差异——例如人种差异、或者性取向差异,或者阶级差异。在女性主义理论中,'差异'已经逐渐地象征着由女性并不具有统一社会身份的社会观察所得出的所有复杂性。"[12]毫无疑问,女性主义哲学中的差异和性别差异的概念不是凭空产生的,而是批判地汲取当代主流哲学,尤其是后现代主义哲学相关思想后的产物,例如法国后现代主义哲学家列维纳斯相信,差异是他者的

---

[12] 〔英〕米兰达·弗里克、詹妮弗·霍恩斯比编著:《女性主义哲学指南》,肖巍、宋建丽、马晓燕译,北京大学出版社2010年版,第6页。

面孔。他在《生存与生存者》一书中研究人我相异性之间的距离与间隔,他最初的立足点是差异,趋向一种原始差异的思想,差异是任何生存条件应当拥有的生存条件本身,笛卡尔认为,应当有无限的和完满的观念,以明确自己的不完善。列维纳斯认为完满的不是观念而是欲望,欲望接受他者,意味着道德的开始,追求他者就是追求无限,追求外在性,无限的无限性寓于他者之中,寓于欲望所追求的差异性之中。在这一过程中产生的"面孔"实际就是我向外在,与存在决裂的运动。他者面孔的出现结束了我在尘世上的犹豫不决,我与他人的关系成为超越性的关系,而这种关系的成立意味着伦理的开始。这种关系包含着对我伦理的呼唤,我在他者那里听到命令,迫使我为他者,这命令先于自由,超出本质,作为根源的根源、基础的基础显示出来,而我对他者的责任先于我的自由,属于本源性的东西,是由上帝选定的。他的伦理学是向他者的运动,首先确定自己是一个负责任的主体,其次明确自我与他者之间不可还原的差异性,最后确定伦理学的首要地位。为了他者而存在成为其伦理学的基本主张。列维纳斯还认为,当代语言分析坚持语言的释义结构和在文化中具体化的存在,却忘记了第三个方面,即向着他者的方面,语言在成为存在之前,已经是我对说话人的关系,我的文化表达活动需要这种关系在场。说话就是接触,我与他者的接近,超出自身,趋向他者的面孔接近成为先于存在与先于相互性和趋向无限的博爱,是向他者发出的信号。主体向他者的接近,本质上意味着向那永远不可能真正达到的另一个的接近。语言的本质是创新,超越思想是列维纳斯对法国自救的希望和与存在主义不同的救赎倾向,关注理性的寻求,关注超越,把一切都融化于信仰之中,向着上帝的超越,在痕迹中追求他者,在痕迹追寻上帝,我从他者的面孔上看到上帝显示的高度,上帝把我引向他者,引向无限期发光的面孔中。他的哲学的根基是差异性和关于他者的思想。[43] 可以说,列维纳斯可以给女性主义哲学的启发是:人总要具有一种追求无限的欲望,从这一欲望出发建构自己的存在,这种存在是一种关系中的存在,因而也是一种伦理存在,因为伦理本身就是一种关系;语言既是对于身体存在的超越,也是自我与他者之间的桥梁,它的这种超越自身的意义便是伦理,便是责任,差

---

[43] 参见杜小真:《列维纳,艾玛纽埃尔》,收入王治河主编:《后现代主义哲学词典》,中央编译出版社2004年版,第420—424页。

异是永远存在的,正因为如此,伦理和语言才有意义,人能做的就是追求超越,利用语言者这座桥梁,追求无限和完满,正是在这种追求中,人才能成为人,社会才有可能建立起来,也正是在这种关系中,人们承认差异,并在平等和差异中寻求超越。因而,从实践意义上说,差异问题的提出也来自女性主义政治改革的需要,"一种明确表达出来的承认差异存在的承诺来自第二次女性主义浪潮中的一个问题,这一浪潮在20世纪60年代作为一股政治力量出现,自身持续十余年之久。对于运动中白人中产阶级排除性偏见的知觉导致运动的分裂。""差异问题引起人们注意到对于女性主义政治学的需要,它能够提供女性之间的团结,也能完全公正地面对社会身份的复杂性。也有一种对于性别政治改革的持续性需要,以便对除了性别之外的压迫关系保持适当的敏感性。"㊹

一些后现代女性主义者也试图用德里达的解构主义分析"差异"与"性别差异"。例如伊丽莎白·格罗兹(Elizabeth Grosz)曾对克里斯蒂娃和伊丽格瑞对于这两个概念的不同理解进行分析,指出虽然两人都是从德里达的解构出发,却得出了不同的结论。两人都十分重视德里达的"延异"概念对于差异的解读,克里斯蒂娃像德里达一样运用差异概念,指出知识所包括的逻辑中心主义假设是有问题的,尤其是那些暗示某种形而上身份的假设。她强调与身份相反,差异标志着一种符号语言切断社会身份的运动,揭示出对于前俄狄浦斯能量的一种债务,是它构成了压抑的基础并且被符号身份所压抑。她还使用差异一词批评女性主义者为女性寻找一种社会、语言,政治和知识身份的企图。而伊丽格瑞则刚好相反,她运用差异概念清理女性的自我描述,寻求并不需要根据男性身份来定义的空间。在克里斯蒂娃以差异来设定每一个主体之间内在差异的地方,伊丽格瑞发现了性别之间的不同。对于克里斯蒂娃来说,伊丽格瑞的方案也是逻辑中心主义的,滑入了一种形而上学传统之中,而对于后者来说,前者的观点却是反女性主义的和菲勒斯中心主义的。㊺

可以说,自20世纪90年代以来,差异与性别差异,以及它们对于女性主义哲学的意义一直是西方女性主义哲学关注的核心问题。随着女性

㊹ 〔英〕米兰达·弗里克、詹妮弗·霍恩斯比编著:《女性主义哲学指南》,肖巍、宋建丽、马晓燕译,北京大学出版社2010年版,第6页。

㊺ Elizabeth Grosz, *Sexual Subversions*: *Three French Feminists*, Unwin Hyman Inc. 1989, pp. 103-104.

主义学术研究的不断深入,女性主义哲学家也不断尝试用各种新的方法论来探讨这些问题。

(二)"性别差异":一个本体论事实?

"性别差异"是否构成一个本体论事实?这也是女性主义哲学中的一个争论问题,主要存在两种不同的看法:其一是伊丽格瑞的观点。她认为"性别差异"是一个本体论事实,因为性别是主体存在的基础和维度,如果消除了性别差异,人们便无法区分人我界限,陷入混乱之中。"当我们分析主体的语言表达、视觉意象、艺术、传说和神话时,我们就会发现性别是重要的基础性的主体维度。"[46]"社会性别是主体性的索引和标志,也是讲话者的伦理责任。事实上,社会性别并非刚好是一个生物学和生理学问题,一个关乎私人生活的问题,以及动物习惯或者植物繁茂的问题。它构成了在'人种内部出现的'不可还原的区别。社会性别代表着我和你及其表达方式上不可替代的位置。一旦我与你之间的差异消失,那么询问、感谢、呼吁、质疑……也随之消失。"[47]女性主义不应超越或者否定性别差异的事实,而应当把它作为自己理论和实践的基础。而西方哲学传统一直忽视性别差异问题:或是在本体论方面忽视女性的存在和独立性;或是以男性体验来代替人类的体验,把女性仅仅看成与男性、男性欲望或者需要相关;或是把女性视为不完整的人,是不成功的和不充分的男性;抑或以哲学是性别中立的为由抹杀女性的体验和利益。因而,现有的哲学、心理学和政治学无法为性别差异提供基础,"为了性别差异工作能够开展起来,需要有一场思想和伦理学上的革命。我们需要重新解释围绕着主体与话语、主体与世界、主体与宇宙、微观世界和宏观世界之间的关系而产生的一切"[48]。伊丽格瑞结合精神分析和语言学,以及后现代主义来说明女性欲望和性别差异,相信无论在历史上还是现实中,女性的欲望始终是被扭曲的,因为它一直是根据男性的参数来评说的,"缺少""萎缩"和"阳具嫉妒"便是女性的命运。而事实上,女性有其不同于男性所描述的欲望,这些欲望具有多元性、不可言说性以及与他者浑然一体等特征。作为精神分析学家,伊丽格瑞还从心理语言学角度研究性别差异,根

---

[46] Luce Irigaray, *Sexes and Genealogies*, Columbia University Press, 1987, p. 176.
[47] Ibid., pp. 169-170.
[48] Luce Irigaray, *An Ethics of Sexual Difference*, Cornell University Press, 1993, p. 6.

据语言使用的正常特征——造句法结构,以及不同的失语形式来解释不同的精神错乱现象,分析男女在语言表达方面的差异,例如男性更可能在语言中呈现出主体地位,把自己描述成话语或者行为的主体,女性则更可能抹杀自己,把优先权让给男性。伊丽格瑞认为,这些差异实际上是"父权制"的后果,西方哲学在以男性为中心的形而上学体系中,已经构建起与男女两性相互对立的本体论特征,以至于男性在"人类的典范"和"性别中立"的掩饰下并不清楚自己的性别特征,而女性在被贬低和被歧视的境遇中,被完全否认了真实的性别特征。伊丽格瑞呼吁西方哲学承认男女的性别差异,但这种差异不能从等级制意义上,而应当从男女联系、联合以及共同生存的可能性方面来理解。女性主义应当坚持"性别差异",女性也应当探索和发现自身本体论意义上的性别特征,从把自己视为男性投射的社会、法律和政治制度中解放出来。她认为自己写作的目的就是要带来话语上的变化——从针对他人的"你是谁?"到"我们能够相遇吗?交谈?爱?一起创造什么东西?在什么样的环境下?我们之间有什么?",倘若没有性别差异,便根本无法完成这些工作。

而巴特勒则认为,"性别差异"并不是一个本体论事实,而是一种社会、政治和文化建构,而且,正是因为以往哲学坚持这种所谓的事实,才导致性别不平等的社会机制。因而,要摧毁这种机制,就必须否认这种差异的真实性,从更为基础的意义上对基于这种"性别差异"假设的知识领域提出质疑。巴特勒追随福柯,以"系谱学"的方式研究主体形成的条件[49],依据这一方式,主体的构成假定了性与性别是制度、话语和实践影响的结果,而不是它们的原因,换句话说,一个人作为主体并不能创造或者导致制度、话语和实践,相反,他是被后者所决定的。因而,性和性别本身都不是预先存在的,而是通过主体的表演形成的,性别是一种没有原型的模仿,事实上,它是一种作为模仿本身的影响和结果产生原型的模仿,例如异性恋的性别是通过模仿策略产生的,它们所模仿的是异性恋身份的幻影,也就是作为模仿的结果所产生的东西。异性恋身份的真实性是通过模仿的表演性构成的,而这种模仿却把自身建构成一种起源和所有原型的基础。尽管如此,巴特勒也不主张终结"性别差异",她认为女性主义

---

[49] "系谱学"是一种历史的探讨方式,并不以追求真理、甚至知识作为目的。系谱学不是事件的历史,而是探讨被称为历史的东西出现的条件。

理论不能因为内外部的矛盾和理论分歧就一劳永逸地宣布"性别差异"的终结,但也不赞同把"性别差异"作为女性主义的基础:"性别差异并不是一种给予,不是一个前提,不是可供建立女性主义的基础;它并不是那种我们已经相遇并逐步理解的东西;相反它是鼓励女性主义者探讨的一个问题,它是某种不能被充分强调的东西,因为总在陈述的语法上出现麻烦,它或多或少地保留作为永恒的追问。"⑩

事实上,尽管观点不一,但伊丽格瑞和巴特勒都强调了在当代哲学中,"性别差异"对于女性、女性主义、女性的主体与身份的意义;她们也都试图对"性别差异"问题进行分析解构,批评西方哲学传统中歧视或贬低女性的"父权制二元对立思维结构"与"性别本质论",只不过采取的途径不同——伊丽格瑞从批评以往哲学在本体论意义上忽视女性的存在和独立性,以男性体验来代替人类体验、以性别中立为由抹杀女性体验和利益的做法,试图探索和发现女性本体论意义上的性别特征,建构平等和谐的性别关系;而巴特勒则从社会性别视角出发把"性别"和"性别差异"看成是社会、政治和文化的产物,揭露"父权制"哲学传统如何通过把"性别差异"确立为所谓的本体论事实,来创造和凝固性别不平等的权力关系与对女性的压迫。

(三)问题讨论

如前所述,传统哲学主要从三种意义上讨论性别差异问题:生物学意义上的性别差异,语言学、符号学意义上的性别差异以及社会文化、价值观和意识形态意义上的性别差异。在批评和借鉴这些理论的基础上,女性主义哲学始终围绕社会文化、价值观和意识形态意义来讨论性别差异。然而,女性主义并没有把性别差异当成女性被压迫的原因,因为"通过理解性别差异来理解女性压迫是不可能的。即便对于弗洛伊德和拉康证明谴责女性对于人类来说是根本性的,它也好像是把马车套在马的前面,把性别差异看成是压迫的原因是一种最糟糕的心理决定论——尽管它可能产生这样的结果。"⑪女性主义的哲学主张,主体是在社会性别中形成

---

⑩ Judith Butler, *The End of Sexual Difference*, in Elisabeth Bronfen & Misha Kavka ed., Feminist Consequences, Columbia University Press, 2001, p. 418.

⑪ Juliet Mitchell, *Psychoanalysis and Feminism at the Millennium*, Elisabeth Bronfen & Misha Kavka edt., *Feminist Consequences*, Columbia University Press, 2001, p. 13.

的,而不是由性别差异来决定的,是复杂的社会政治机制和价值观念在文化中的再现,主体在经历性别关系的同时也在经历着各种社会关系,如种族和阶级关系等,并在这些关系的综合作用之下形成社会性别意识、性别身份和社会认同。因而,"通过思考主体(或自我)来尊重差异,以便女性被呈现为在除了性别之外的多种权力和身份维度中的社会存在已逐渐成为女性主义哲学的核心方案"[32]。

女性主义哲学试图通过对性别和性别差异问题的探讨进入形而上学和抽象知识领域,在已有的人文和社会科学、自然科学领域生存和发展。没有对于性别差异的讨论,人类的知识和文化仍旧会在"客观真理"和"性别中立"等面纱之下复制男性的主导话语和权力结构。[33] 因而,在女性主义看来,这种性别差异的讨论实际上是男女之间的一种利益的博弈和权力的较量。然而,女性主义理论如果坚持性别差异,便会面临一系列危险:首先是把男女性别普遍化的危险。在这种思维模式中,男女都被普遍化了,人们便很难区分男性或者女性自身之间的差异,把个体女性与普遍女性区分开来。而这种忽略女性主体的多元性和性别身份复杂性的倾向显然不是受女性主义欢迎的做法,也不利于女性解放。同时,女性认同的普遍化也预示着女性主义理论和实践不再具有有效的基础,尽管以什么来代替"女性"是不清楚的,但后现代主义者提出的多重身份和差异的确可以提出一种解决问题的思路。其次便是有可能陷入性别本质论的泥潭。认定男女两性的生物或者某种社会属性作为他们的本质特性,一劳永逸地强调性别差异。在这方面,尽管伊丽格瑞以自己充满热情和诗意的话语说明了母亲的社会秩序,论述了女性的欲望,但她仍旧从女性的性器官出发来论述这一欲望,因而正如她的批评者所强调的那样,她的理论的确有坚持性别本质论之嫌。而事实上,对于女性任何性和性别的本质确定都是危险的,"只要对女性进行性的确定,只要企图把女性定义为一

---

[32] 〔英〕米兰达·弗里克、詹妮弗·霍恩斯比编著:《女性主义哲学指南》,肖巍、宋建丽、马晓燕译,北京大学出版社2010年版,第6页。

[33] 应当看到,当代的一些主流哲学也关注到人们之间的差异,但"它的目的或许只是确保理性的空间是社会形成的空间,因此所有概念活动都被理解成人们在一种环境中相互采纳态度的活动。"(参见〔英〕米兰达·弗里克、詹妮弗·霍恩斯比编著:《女性主义哲学指南》,肖巍、宋建丽、马晓燕译,北京大学出版社2010年,第6页)而在哲学理论上,女性主义对于差异的探讨却是在解构理性及其理性/情感的二元对立中进行的。

种本质性的东西,一种女性本身所含有的东西,我们就必然回到了女性伪装和假扮成的东西,或者说女性'在其他人眼里'表现出来的那个样子:因为'正是就女性原来所戴的面具的那个样子,或者说就女性人为伪装出来的那个样子而言,女性比男性更具有主体性'"[54]。再次便是把男女两性对立起来的危险。这种倾向很可能以换一种性别主导地位的方式回到以往哲学的二元对立中去,不仅不利于女性的解放,也阻碍了人类的解放,同时也违背了女性主义的初衷。所以,女性主义应当既强调性别差异,又要基于性别差异来超越性别差异,而且要以社会性别为根基讨论性别差异,明确性别是一种自然状态,社会性别则是一种社会关系,它不仅用特定的、先于个人而存在的社会关系重新表示每一个人,指定一个人在社会中的意义,也通过一种社会文化建构和语言机制体现了社会的制度与权力结构。女性主义要颠覆的正是现有社会中由性别转化为社会性别的文化和权力建构中的不对称、不平等的关系,因为即便性别差异是永恒的,那也是变动中的,在社会性别关系中趋向对称、平等与和谐的永恒——倘若女性主义能够在一种对称、平等与和谐社会性别关系中,在保持任何一种性别都无法还原成他者的性别差异状态之下,达到列维纳斯的那种对于自身的超越。

---

[54] 〔英〕伊丽莎白·赖特:《拉康与后女性主义》,王文华译,北京大学出版社2005年版,第81—82页。

第二章
妇女/女性主义哲学

德里达认为:"'解构'哲学,就是要通过最忠实和最内在的方式思考哲学概念的结构系谱学,同时又要从哲学不能规定或者不能命名的某个外部来规定这一历史可能掩饰和禁止的东西,因为这一历史是通过这个在某处利害攸关的压抑而成为历史的。"[1]本章试图借鉴这种方法论,揭示被以往哲学思想史所掩饰和禁止的东西,讨论妇女哲学与女性主义哲学的基本含义,以及存在的可能性及合法性问题。

一 妇女哲学

妇女哲学是否存在?应当如何对妇女哲学做出界定?女性是否具有成为哲学家的身份?这些是讨论妇女哲学首先要面临的问题。

(一)"妇女哲学"是否存在?

"妇女哲学"是否存在?即便在女性和女性主义学者之中,对于这一问题的回答也不同。一种观点认为,从哲学史上考察,至少在近代之前,妇女哲学似乎是不存在的。而另一种观点不仅承认妇女哲学是存在的,而且花大气力去挖掘妇女在哲学上的贡献,重新发现妇女哲学家,书写妇女哲学史。

作为第一种观点的主要代表,当代女性主义哲学家南希·霍兰德(Nancy Holland)认为,妇女哲学不同于妇女艺术和妇女音乐,对于这一

---

[1] 〔法〕雅克·德里达:《多重立场》,佘碧平译,三联书店2004年版,第7页。

问题的讨论必须对妇女体验作出说明。而大陆哲学,尤其是英国经验主义则一直忽视或无视妇女的体验,因而可以得出结论说,在英国经验主义哲学传统中并不存在"妇女哲学"。而且,如果男性哲学都是对男性体验的反映,那么以往的所有哲学都是男性哲学。② 但她并不否认近代之后的女性主义学者有可能建构妇女哲学。无独有偶,当代英国女哲学家玛丽·沃诺克(Mary Warnock)也认为,在 17 和 18 世纪,很少有女性,甚至可以说没有一位女性能够在哲学上做些什么,直至大学能够把哲学作为一门专业课时,这种局面才有所改变。她曾应邀编辑一本文集《妇女哲学家》,她说自己在完成这项工作时注意到,一些"妇女哲学家"的著作实际上充满了宗教信条,以致无法把它们同正规哲学著作等同起来,而且"对于女性而言,写一些带有宗教性的、虔诚的小册子是一件完全可以接受的事情,因为这是女性表达思想与感受的一种可以接受的方式,而且在我看来,由于她们早期并没有把哲学当作一门独立的学科来学习,因而一旦她们有了一些哲学思想,就会倾向于将这些思想以宗教的方式详细地写下来"③。她还强调,即便后来女性进入哲学领域,她们也更多地关注道德哲学,而且越发地趋于实际。显然,沃诺克本人对妇女哲学并不感兴趣,也不愿意把自己的哲学生涯描述成一位女性对父权制的反抗,因而有评论家认为,她已经"间接地表明了女权主义对于女性处境与体验的关注不过是一个错误"④。一些后现代主义哲学家也相信,妇女哲学是不可能存在的,因为在一个可以解构哲学的时代,妇女都不存在,何来妇女哲学? 我们"已经不再可能去寻找妇女,或者是寻找作为妇女的女性和女性的性别。充其量它们不能以任何熟悉的思维方式被发现,或者被认识——即便人们不能停止寻找她们"。

然而,另一种看法的学者不仅承认妇女哲学的存在,还试图以弘扬妇女哲学为使命从事大量的挖掘和梳理工作,并已有一批重要的成果问世,从不同角度证明女性的哲学贡献,例如吉恩·格里姆肖(Jean Grimshaw)的《女性主义哲学家:哲学传统的妇女视角》(1986 年)、玛丽·艾伦·韦

---

② Nancy J. Holland, *Is Women's Philosophy Possible?* Rowman & Littlefield Publishers Inc., 1990. pp.1-2.
③ 〔英〕朱立安·巴吉尼、杰里米·斯唐鲁姆编:《哲学家在想什么》,王婧译,上海三联书店 2006 年版,第 146 页。
④ 同上书,第 145 页。

特(Mary Ellen Waithe)四卷本的《妇女哲学家史》(1987年),以及凯瑟琳·维拉纽瓦·加德纳(Catherine Villanueva Gardner)的《重新发现妇女哲学家——哲学风格与哲学边界》(2000年)等。美国纽约圣玛丽山大学退休女教授凯特·林德曼也建立了一个妇女哲学网站,专门收集介绍妇女哲学家的理论和思想。林德曼在自己网站的主页上曾提醒人们注意这样几个问题:1.在哲学之父毕达哥拉斯出现之前,就有一位妇女——公元前13世纪的赫杜安娜(En Hedu'Anna)已经在从事哲学研究⑤,她生活在目前属于叙利亚和/或伊拉克的地区。2.在罗马皇帝尼禄杀害或驱逐所有思想激进的哲学家之后,是一位罗马帝国的皇后在罗马复兴了哲学。3.欧洲的女修道院是许多妇女哲学家的乐园。4.一位伟大的日本史诗作家也是女哲学家。5.有一位英国女哲学家作出哲学与经验科学的区分,这被当代西方大学普遍地接受下来。⑥

在古希腊,也有一些当时著名但今天却鲜为人知的妇女哲学家,如举世闻名的古希腊神殿——特尔菲神殿的女祭司、公元前6世纪的希腊女哲学家米斯托克亚(Themistoclea),据说她是毕达哥拉斯的老师,为其讲授道德理论,也被视为欧洲社会的第一位妇女哲学家。而毕达哥拉斯的妻子——克托那的特阿诺(Theano of Crotona)和三个女儿——达诺(Dano)、格里诺特(Grignote)和梅丽(Myia)也都是自己时代的著名哲学家。特阿诺对于数学和形而上学作出过重要贡献,她所论述的"黄金分割"概念对于后来的数学、艺术和建筑学都产生过深远的影响,毕达哥拉斯辞世之后,特阿诺同自己的女儿们一道主持毕达哥拉斯学院的工作,在传播毕达哥拉斯学说过程中也不断地进行理论创新。有评论家认为,如果没有她们的努力,毕达哥拉斯思想不会在环绕地中海的古代世界产生如此重要的影响。在此后的哲学思想史上,也出现过众多妇女哲学家,如柏拉图《会饮篇》中的重要人物,曼提尼亚的女祭司第俄提玛(Diotima)。而且,

---

⑤ 赫杜安娜在科学技术历史文献中是第一位女性的名字,生活在公元前3世纪,是一位追求智慧和知识的女祭司。其父是萨尔贡一世,建立阿卡德王朝,后来形成巴比伦帝国,他在公元前2354年任命女儿赫杜安娜为乌尔城(the city of Ur)南纳神殿(the temple of Nanna)的月神女祭司(Priestess of the Moon Goddess)。这是一个具有真正权力的职位,祭司和女祭司对所有日常活动,如农事和工匠之事提供指导,同时神殿也是学习数学、科学和艺术的知识中心,其重要功能是观测行星与星体的运动。

⑥ http://www.women-philosophers.com/2009/08/03.

即便在中世纪和文艺复兴时代,也出现过许多妇女哲学家,如中世纪的雷德格恩德(Radegund)、圣伊尔达(Saint Hilda)和埃洛伊丝(Heloise),以及文艺复兴时代瑞典的布丽奇特(Brigitta of Sweden)、诺里奇的朱利安(Julian of Norwich)、克里丝汀·德·皮桑(Christine de Pisan)等。从近代至今,妇女哲学家更是不胜枚举,这无疑地证明了妇女哲学的存在,而传统哲学教科书却对这一历史事实视而不见,这正如玛丽·艾伦·韦特所言:"我已经得出结论——大约一百名,或者更多的妇女哲学家的成就一直被标准的哲学参考书和哲学史所忽略。"⑦或许,人们对于"妇女哲学是否存在"问题的回答最终要取决对于妇女哲学的界定。

(二)"妇女哲学"的界定

在古今中外的学术殿堂上和大学哲学课程的设计中,人们很难发现"妇女哲学"课程,因为通常在人们看来,妇女哲学根本就不存在。纵然在东西方哲学思想史上,不乏对妇女的哲学解说,但那些可以说成是"关于妇女的哲学",而不是"妇女哲学"本身。然而,一些哲学家在著书立说时,常常把这两者混淆起来,如玛丽·布里戴·马奥沃尔德(Mary Briody Mahowald)编辑的《妇女哲学:从经典到当代概念选集》以"妇女哲学"来命名,但书中却收录许多古今哲学家对于妇女的论述,这就要求人们在阅读时有必要把"关于妇女的哲学"与"妇女哲学"和区分开来。

在当代妇女哲学家中,对于什么是"妇女哲学"也有不同的理解。一种看法认为,妇女哲学意指说明妇女体验的哲学,例如霍兰德认为"我所指的妇女哲学著作的含义是(例如对于传统哲学问题的讨论)来自于并明确地涉及妇女的体验,而且试图对于这些体验进行说明"⑧。她还看到,男女的体验都是某种社会、经济、政治、宗教和哲学模式的产物,以往男性哲学的错误并不在于说明男性的体验,而在于试图以男性体验来代替人类体验,忽视女性的体验,并使这种哲学成为白人中产阶级男性的哲学。尽管在哲学传统上妇女哲学并不存在,但我们可以创造这样的理论,而"为了创立妇女哲学,我们中的那些在欧美哲学领域工作的人至少应当重新从头开始思考哲学,重新思考哲学提出的问题,重新思考什么可以

---

⑦ Mary Ellen Waithe ed., *A History of Women Philosophers*, Volume1 Ancient Women Philosophers, 600B. C-500A. D, Martinus Nijhoff Publishers, 1987, p. x.

⑧ Nancy J. Holland, *Is Women's Philosophy Possible?*, Rowman & Littlefield Publishers Inc., 1990. p. 1.

算成是对于这些问题的回答"⑨。另一种看法则是,只要是由妇女完成的讨论哲学问题、体现哲学观点和思想的作品便是妇女哲学。例如在加德纳看来,传统道德哲学强调公平、理性和普遍性,而妇女哲学则是通过小说、书信和诗歌体现出来的。由于女性受教育和发表论著机会受到限制,并且得不到公众承认,女性不得不采取偏离的方式来写作哲学,而这也从另一个角度证明性别实际上是社会的产物,在一个女性始终被限制发展空间的社会里,女性的哲学写作形式也必然受到影响。她也强调自己"重新发现妇女哲学家"的兴趣并不在于说明哲学史如何排斥了女性,也不想论述如何重写这部历史,以便把妇女的哲学论著包括进来,而是力图说明这些妇女哲学家的著作如何能为当代伦理学,特别是女性主义伦理学理论提供资源,成为当代哲学对话的组成部分。

这里,我们可以借鉴弗吉尼亚·伍尔夫对妇女小说的理解来解释妇女哲学的概念。在论及《妇女与小说》时,伍尔夫强调对于"妇女小说"可以有两种理解:一是为妇女写的小说;二是关于妇女的小说。依据这种区分,妇女哲学不是关于妇女的哲学,而是由妇女完成的哲学工作,因而妇女哲学可以简单地定义为**由女性完成的,表达出自身哲学思想和观点的哲学**。

而对于这一定义,我们还可以进行一些说明:其一,尽管妇女哲学与女性主义哲学呈现出一种交叉的、相互包含的关系,但妇女哲学未必是女性主义哲学,如果一种妇女哲学试图成为女性主义哲学,就必须以女性主义方法论为指导,对写作提出体现女性主体性别意识及其价值观的要求。其二,女性主义哲学家未必都是女性。只要男性哲学家依据女性主义方法论来提出和发展哲学,也可以被称为女性主义哲学家。其三,女性的体验是多元而具体的,体验永远都不是铁板一块的,因为妇女之间存在着阶级、种族、文化和社会地位等多重差异,但这些体验的基础是社会、历史和文化,而非妇女的生物学功能。其四,在研究妇女哲学时,必须关注每一位妇女哲学家的具体存在。根据描述现象学理论,在说明人对世界的体验时,必须首先对这些体验得以形成的社会历史条件进行本体论的说明。海德格尔也持一种类似的看法,认为存在中的人们总能理解自身,但却不能进行直接的说明,而必须通过其存在来说明。妇女哲学与女性本人生

---

⑨ Nancy J. Holland, *Is Women's Philosophy Possible?*, Rowman & Littlefield Publishers Inc., 1990. p. 4.

活的历史和社会、社会的意识形态密切相关。当代法国文学评论家罗兰·巴特在谈论意识形态对文本的影响时曾把那些与意识形态没有联系的文本比喻为没有影子的、没有生育功能的,没有创造力的贫瘠文本,认为它们如同一个失去生育能力的女性一样不令人期待。⑩ 在这里,尽管他把女性等同于文本,等同于客观对象而不是主体,等同于生育功能的看法是值得商榷的,但他对于文本与意识形态关系的说明却是可以借鉴的。其五,妇女哲学也是一种"不同声音"的哲学。吉利根通过对人们道德声音的考察得出一个令人耳目一新的结论:"在过去十余年来,我一直在倾听人们谈论道德和自我。在这一过程中,我开始听出这些声音中的差别——谈论道德问题的两种方式,描述自我与他人关系两种方式。"⑪ 她也正是循着这种声音建立起与公正伦理不同的关怀伦理。同样,妇女哲学也是哲学中的一种不同的声音。这种声音亦可以如同人们道德发展中不同的声音一样来源于性别而又不拘泥于性别。既然吉利根能从传统上被认为是妇女的美德——关怀、关心、注重关系、情感中观察到关怀伦理的存在,人们也可以从传统上被归结为女性的哲学特征中看到哲学中"不同的声音"的发展脉络。这种声音无疑多与情感/感性/身体/物质/性/欲望/内在性/私人领域/具体/特殊性/自然一类的概念相联系。盖洛普在分析19世纪初法国作家德·萨德的作品《卧室里的哲学》时看到,萨德的作品"要将身体、性、欲望和无秩序状态纳入到哲学和思想的明晰类别中去。但是,某些无秩序的特殊性却又始终存在着,它们超越于系统化了的话语之上,因而使得另一种意义上的哲学具有了必要性"⑫。这种被萨德强拉硬拽到他所理解的哲学中而未能获得成功的"身体、性、欲望和无秩序状态"与其说是一种"非哲学",不如说是一种"不同的哲学",抑或说是"另一种意义上的哲学",而对于哲学的这种理解也适用于"妇女哲学"。其六,妇女哲学也未必需要以传统哲学的方式和面目出现,女性通过文学作品表述的哲学思想也是妇女哲学。妇女哲学的写作形式更善于描述具体、特殊的人类情感的本质和日常生活,而不是对抽象和普遍的真理给予说明。即便是以往的女性在写作哲学著作时多采取小说、书信

---

⑩ 〔美〕简·盖洛普:《通过身体思考》,杨莉馨译,江苏人民出版社2005年版,第179页。
⑪ 〔美〕卡罗尔·吉利根:《不同的声音——心理学理论与妇女发展》,肖巍译,中央编译出版社1999年版,第36页。
⑫ 〔美〕简·盖洛普:《通过身体思考》,杨莉馨译,江苏人民出版社2005年版,第72页。

和诗歌等方式,也不能由此断定性别与写作方式之间存在着本质联系。事实上,通过文学作品来阐释哲学思想的做法并非是女性的专利,也是许多男性哲学大师惯用的写作方法,例如萨特在哲学与文学领域都作出了不朽的贡献,在青年时代,他曾谈到哲学与文学对自己的意义,认为哲学是一种对人的内在状态的有条理的描述,而这些描述是他进行文学创作的方法和工具。梅洛·庞蒂在评价波伏瓦小说时也指出:"当一个现象学的或存在的哲学指定给它自己的任务不是解释世界或发现其'可能性的条件',而是阐述关于这一世界的经验、与这一先于关于世界的所有思想的世界进行接触的时候,所有事物都发生了变化……从现在起,文学与哲学的任务再也不相互分离了。"⑬巴特勒也揭示过这样一个事实:"当前,欧陆哲学传统中很大一部分工作是在哲学系以外开展的。有时,这些工作是通过文学阅读,以极为丰富、惊人的方式展开的。具有悖论意义的是,哲学一方面在当代文化研究和对政治的文化研究中获得了新生,另一方面,哲学概念同时又丰富了社会和文学文本。这些文本本来并不属于哲学范围,但这样做就使得文化研究成了在人文领域内进行哲学思考的极具生命力的场所。"⑭因而,哲学与文学、文化和社会政治相互渗透,相互促进的发展不仅意味着哲学领地的扩展,也预示着哲学在人文社会科学中的新生。因而,当人们对于妇女哲学采取更为宽泛的理解时,便会发现它几乎同人类哲学思想发展的历史一样由来已久。

(三)妇女哲学是哲学吗?

即便我们已经断定妇女哲学的存在,并对这一概念作出界定,还会有人提出一个更为基础的问题:妇女哲学是哲学吗?而对于这一问题的思考有必要重温"哲学"的含义。

如果从其起源上解释,哲学就是"爱智慧"的话,那它无疑属于所有爱智慧的人们。几乎在一切有人类思维存在的时空里,都有哲学存在,能够进行思维的人就有自己的哲学,哲学并非仅仅掌握在一些特权者手中,也就是说,当一些权威和特权者定义自己的理论是哲学,而其他人不能,也不配从事哲学研究时,我们始终可以提出这种看法是否公正的伦理追问。也就是说,那种由哲学专家来判定"谁做的工作是哲学?"或者"谁的

---

⑬ 〔美〕加里·古廷:《20世纪法国哲学》,辛言译,江苏人民出版社2005年版,第149—150页。
⑭ 〔美〕朱迪斯·巴特勒:《消解性别》,郭劼译,上海三联书店2009年版,第240页。

工作不是哲学"的做法本身便是受到女性主义批评的观点,女性主义不仅要提出应当以什么原则来界定哲学的问题,也会提出"谁赋予这些人以专家身份?以及他们代表谁来说话?这样做的目的何在?"等问题。其次,人们也应当意识到,无论多么高深的哲学理论,都有其社会生活源泉。只要人类的社会生活有妇女参与,她们就能够对于哲学作出贡献。玛丽·艾伦·韦特发现,在毕达哥拉斯学派的妇女哲学家中,便已经开始探讨应用伦理学,"这些哲学家分析毕达哥拉斯的'和谐'概念如何应用到国家的建构和运作中,以及如何应用到家庭——它被看成是微观的国家。她们讨论女性如何以这一原则来教育子女,使其成为公正、和谐的个人,讨论女性如何把这一原则应用到自己日常生活的其他领域。这并不是家庭经济学,而是应用伦理学理论,需要通过道德发展心理学来完成,这也是一种关于家庭责任的理论以及具有更丰富内容的东西"[15]。再次,如前所述,人们应当承认哲学上有无数"不同的声音",古往今来被主流哲学界承认的哲学是哲学,那些不被承认的哲学也是哲学;古往今来被承认的哲学写作方式是哲学写作方式,而不被承认的写作方式也可能是另外的、不同的哲学写作方式。哲学不是一片有疆界的固有领土,需要生活在这块土地上的人们不断地进行"保家卫国"的战斗。相反,哲学是人类的一种自然天赋,是一种宇宙的资源。它同自然、大地、月亮和太阳一样属于每一个人。从这一意义上说,宣布"妇女哲学"存在的意义仅仅是作为一个榜样向世人告知哲学中"不同声音"的存在,而且随着社会和时代的发展,人类精神的进步和道德伦理胸襟的宽阔,必定会有更多不同的声音的哲学出现,例如"种族哲学""黑人哲学""老人哲学""病患哲学"和"打工妹哲学"等。最后,许久以来,哲学也一直被看成是关于思考的思考,它依赖于理性、系统的思考和争辩来追求诸如真理、知识和存在一类的概念。[16] 而且在一些哲学家眼中,"哲学是一门形成、发明和制造概念的艺术。""哲学是一门创造概念的学科。"因为概念是一种内在于思

---

[15] MaryEllen Waithe ed., "A History of Women Philosophers," *Ancient Women Philosophers*, Volume 1/600B. C-500A. D, Martinus Nijhoff Publishers 1987, p. xi.

[16] 〔美〕罗宾·罗森:《女性与学术研究——起源及影响》(英文版),北京大学出版社2004年版,第344页。

维的存在,一个使得思维本身成为可能的条件,哲学通过概念来获得知识。[17] 如果女性能够进行理性思维,并能够就一个问题进行系统的思索,通过内在的和外在的争辩来获得认识,就不能说她们不具有哲学思维,即便没有经过哲学训练的普通女性也能够以自己独特的概念来思考,只不过不能明晰地表述出来罢了。女性的哲学思考使用的是另一套完全不同于柏拉图的"理念"、亚里士多德的"形式",或者莱布尼兹的"单子",以及康德的"善良意志"一类的概念,但她们肯定也是有概念的。尽管这些概念是破碎的、零散的、模糊的、层出不穷的和短暂的,甚至是平淡无奇和无法登上大雅之堂的,但却是关于她们生命和思维的写照。正如我们无法准确地把握儿童和原始人的思维一样,我们也无法全面真实地把握在人类思想史中女性的哲学思考,不过这并不意味着女性没有哲学,或者其哲学不是哲学,女性实际上一直在以自己的方式进行哲学思考,"始于女性的视角,哲学不再需要一针见血,而在于通过经验的遮掩进行思考的漫步。不是为了使事实昭然若揭,而是为了揭示它们模糊的边缘"[18]。冯友兰先生也曾经强调:"哲学是人类精神的反思",其"大用"在于"提高人的精神境界"。从这一意义上说,任何以理性或理性之外的其他方式所从事的"人类精神的反思",就其反映人类精神本真的样式来说都属于哲学领域,这其中当然也包括女性所从事的哲学研究和女性主义哲学。基于上述理解,人们对于妇女哲学探讨的重心似乎不应置于诸如"妇女哲学是哲学吗?"一类的问题,而应换一种思路来梳理和挖掘女性对于人类哲学思想史的贡献。

(四)女哲学家身份

古往今来,女性的性别身份一直都是一个敏感而复杂的问题。据考察,只是到了17世纪妇女才正式进入大学学习哲学。[19] 尽管此后有无数女性在这一学科做出了骄人的成绩,但许多妇女哲学家依旧在自己性别

---

[17] 〔法〕吉尔·德勒兹、菲力克斯·迦塔利:《什么是哲学?》,张祖建译,湖南文艺出版社2007年版,第201、205页。

[18] Jeffner Allen edt., *The Thinking Muse*, Indiana University Press, 1989, p. 1.

[19] 据考察,世界上第一位进入大学系统学习哲学的女性来自威尼斯城,1678年毕业于帕多瓦大学。在意大利帕多瓦大学校园里,有一座拥有3000年历史,被称为Cortile Antico del Bo的古老建筑,在它的二楼上,便是举世闻名的作为人类医学发展里程碑的解剖学阶梯教室(Anatomical Theater),在这一古老建筑的入门处,竖立着这位学哲学女性的雕像。

身份和女性主义立场确认方面采取了不同的态度。

一些著名妇女哲学家公开否认自己的"女性"身份,并对女性主义哲学突出女性体验的主张持反对态度,例如前面提到的英国当代著名女哲学家沃诺克不仅否认自己的性别身份在哲学事业成功中的意义,也对女性主义哲学家提出的诸多观点提出质疑。首先,她对于女性思想家一直被边缘化提出质疑:"我并不认为曾有大批的女性哲学家受到过忽视。"哲学在17和18世纪时,"无论如何都是一门独特的学科。它在很大程度上依赖各门科学,而当时并没有太多的女性——事实上没有一位女性——除了能表达对于各门科学的兴趣之外,还可以做些什么,而且显而易见,她们更没有机会去追寻科学的基本原理,或者以男性的方式来探究科学中正在发生的种种变革。因此在我看来,将不少甚至任何一位曾遭到过度忽视的女性哲学家重新挖掘出来都绝非是易事。这之后,哲学就开始成为大学的一门专业课,并且在一段漫长的时间内,女性显然都无法涉足这一领域"[20]。其次,她也反对女性主义哲学家所讨论的哲学中的"性别差异",认为那种相信哲学论证本质上存在着"性别差异"的看法是不成立的,"是一种典型的后现代主义观点,它如同一切后现代主义观点一样,都是难以证明和反证的"。"无论对男性,还是女性而言,重要的是他们都在寻求事物的真相。而另外一些置于事外的人,如一名社会学家或女权主义者,或许他们本可以找到一种截然不同的理解方式,但他们却刻意去制造一些女性所独有的东西,这在我看来完全是一种理智上的骄横跋扈。"[21]此外,她还批评女性主义哲学家关于哲学领域存在性别歧视的主张,认为女哲学家为数很少并不是性别歧视的结果,而是因为她们本身人数太少,所以不为人知,也由于女性的生活通常是支离破碎的,要同时忙碌许多事情,因此无法专注哲学思考,学有所长。

另一些妇女哲学家,例如波伏瓦和英国女性主义哲学家珍妮特·拉德克利夫·理查兹(Janet Radcliffe Richards)等人都经历过一个从不承认自己性别身份到公开坚持妇女身份和女性主义立场的转变过程。波伏瓦曾对自己的这一转变过程总结道:"在《第二性》的结尾处,我说过自己不

---

[20] 〔英〕朱立安·巴吉尼、杰里米·斯唐鲁姆编:《哲学家在想什么》,王婧译,上海三联书店2006年版,第145页。

[21] 同上书,第149页。

是一个女性主义者,因为我相信女性问题将在社会主义发展的背景之下自动地得到解决。女性主义者对我来说意味着独立于阶级斗争,专门为解决女性问题而斗争的人们。我今天仍旧坚持同样的看法。按照我的定义,女性主义者是女性——或者甚至也有男性——他们正在联系阶级斗争为改变女性的处境而斗争,但这一改变女性处境的斗争也独立于阶级斗争之外,在没有发生女性主义者全力奋斗的,依赖于社会整体变化的变化下进行。我要强调的是,在这个意义上,我今天是一个女性主义者,因为我意识到,我们必须从现在起,在我们的社会主义梦想成为现实之前,就必须为女性的状况而斗争。"[22]而理查兹1980年出版的著名处女作《怀疑的女性主义者》(*The Skeptical Feminist*)则成为她承认自己的性别身份,向女性主义者转变的标志。她把这本出于一个意外邀请完成的著作看成自己生命中的一个转折点。"当时我还在从事形而上学和科学哲学研究,几乎从未涉足女性主义领域","但写这本书确实改变了我对女性主义的看法",而且"更为重要的是,它使我的目光转向了哲学在道德育实践问题上的应用,自此以后,这也就成为了我关注的焦点"。[23]

还有更多不胜枚举的妇女哲学家则自始至终确认表明自己的性别身份,以女性主义视角从事哲学研究。她们中包括凯瑟琳娜·麦考利(Catharine Macaulay)、玛丽·沃斯通克拉夫特(Mary Wollstonecraft)、贝蒂·弗里丹(Betty Friedan)、琳达·奥尔克芙(Linda Alcoff)、埃莱娜·西苏(Helene Cixous)、朱莉亚·克里斯蒂娃、露丝·伊丽格瑞、卡罗尔·吉利根、内尔·诺丁斯(Nel Noddings)、萨拉·拉迪克(Sara Ruddick)、凯特·米利特、托莉·莫娃、吉纳维夫·劳埃德、马乔里·米勒、詹妮弗·索尔、朱丽叶·米切尔(Juliet Mitchell)、艾莉森·贾格尔(Alison M. Jaggar)、伊丽莎白·格罗兹、弗吉尼亚·赫尔德、希拉·贝纳比(Seyla Benhabib)、桑德拉·哈丁和卡伦·沃伦(Karen J. Warren)等人。

总体来说,无论妇女哲学家对于自己性别身份和女性主义持何种态度,都有其自身以及时代的合理性。妇女哲学家对于自己性别身份的自我确认并非一个简单的问题,而是不同时代性别关系,以及女性社会地位

---

[22] Toril Moi, *Sexual /Textual Politics*, Routledge, 2001, pp. 89-90.
[23] 〔英〕朱立安·巴吉尼、杰里米·斯唐鲁姆编:《哲学家在想什么》,王婧译,上海三联书店2006年版,第21、22页。

对于哲学领域影响的一个历史缩影。应当说,许多哲学家,包括女哲学家对于妇女身份和女性主义的拒绝很大程度上与她们对于女性主义所强调的"妇女"身份的意义缺乏了解,以及自身不同的生活和存在状态相关,从这一意义上说,波伏瓦和理查兹的转变过程更耐人寻味。诺贝尔生理学或医学奖获得者、美国生物学家芭芭拉·麦克林托克被视为科学领域的女性主义先驱者,其代表作《情有独钟》也一直被看作女性主义科学研究领域的一部经典之作,而她在回复一位女同仁庆祝自己当选为美国科学院院士的贺信时却坦诚地强调:尽管自己并不是一位女性主义者,但依旧为打破一向不合逻辑的藩篱而高兴。这也表明了另一个事实——即便一些女哲学家或科学家并不理解自己的性别身份和女性主义概念,也依旧不妨碍她们已经在不自觉中成为坚定的女性主义者,为女性主义哲学和科学理论作出了重要贡献。

二 女性主义哲学

如同对于女性主义的理解一样,女性主义哲学也是一个有争议的概念。面对众多的争议,我们可以把女性主义哲学理解为一个伞状的概念,它有其自身产生和发展的历史,与浩瀚的哲学思想史中有着千丝万缕的联系。一般说来,女性主义哲学作为一门学科问世于20世纪70年代,但伴随女性主义运动而不断深入发展。在对当代女性主义哲学进行探讨时,重要的议题是说明女性主义哲学的方法论贡献。

(一)概念的界定

如前所述,妇女哲学并不等同于女性主义哲学。妇女哲学家从事的哲学研究也未必是女性主义哲学研究,无论一个人的性别如何,只要能够奉行女性主义方法论来研究哲学,都可以成为女性主义哲学家。简言之,**女性主义哲学是以女性主义思维方法论所从事的哲学批评、重建和创新研究,以及所建构起来的哲学理论**。女性主义哲学与女性主义运动的政治目标有着天然的联系,因而人们不能把女性主义哲学单纯地理解为一种高等院校所从事的知识活动,而应理解为一种行为哲学。作为一个年轻的学术领域,其宗旨主要在于揭露和批评哲学传统中的性别偏见,追求哲学中的性别平等与人类的自由解放。对于哲学的女性主义属性,可以有一个简单的判断标准:如果一种哲学能够以女性主义视角意识关注社会中的性别不平等和压迫现象,以及哲学传统中的性别偏见,并能够以女性主义哲学方法论从事哲学批评、重建和创新,这种哲学就可以被称为女性主义哲学。女性主义哲学无疑拥有广阔的研究天地,因为它并不仅仅是哲学领域中的一股思潮和不同的流派,更是女性主义视角对于哲学学科的介入、批评、重建与创新。

"女性主义哲学是哲学吗?"这是许多当代学者提出的质疑。或许从主流哲学视角来看,性别和社会性别研究本身并不是哲学问题,充其量是处于边缘的哲学人类学问题,而不属于哲学本体论、认识论和政治哲学等"核心"领域。而且,性别关系问题也是纯粹经验性的、实践性的,缺少理论深度和方法论意义。即便在女性主义学术圈子中,也有人把哲学视为男性霸权和父权制传统的遗风,只对女性主义政治科学、社会学和历史探讨具有辅助功能,并不能解决任何现实问题,甚至哲学本身也被视为需要被解决和消解的问题。[24]

然而,正如前面对于"妇女哲学"的讨论一样,在回答"女性主义哲学是哲学吗?"这个问题之前,也有必要探讨女性主义哲学作为哲学的可能性和合法性问题。巴特勒曾以"哲学的'他者'能否发言?"为题对女性主义哲学的合法地位进行分析,并强调说:"我的观点是,我们不应该接受这样的问题,因为它是错误的。如果非要提一个正确的问题的话,那么这个问题就应该是:'哲学'这个词的复制何以成为可能,使得我们在这样古怪的同义反复之下来探询哲学是否是哲学。可能我们应当简简单单地说,从它的制度和话语的发展历程来看,哲学即使曾经是等同于自身的,现在也已经不再是这样的了,而且它的复制已经成为一个不可克服的问题。"[25]对于巴特勒来说,当代哲学已经不可避免的呈现出一种"非制度化"倾向,因为它已经不再受控于那些希望定义并保护其领地的人们,而面对一种被称为"哲学"的事物,一种"非哲学",它并不遵守那些哲学学科原有的、看似明了的学科规则,以及那些关于逻辑性和清晰性的标准。巴特勒认为,这种"非制度化"的哲学是哲学本身的复制品和替代物。面对这种"非制度化"倾向,"哲学这个学科发现自己被自己的替身很奇怪

---

[24] Sara Heinamaa, *Introduction: Feminist Philosophy and the Nordic Situation*, Nordic Journal of Women's Studies, Vol.14, No. 3, 2006, p.147.
[25] 〔美〕朱迪斯·巴特勒:《消解性别》,郭劼译,上海三联书店2009年版,第247页。

地侵占了。它越想和这个替身分开,就越会巩固在它的界限以外的另一种哲学的地位。这些哲学再也不能回归自己,因为标志着回归的界限正好也是将哲学划到它的学科位置之外的界限"[26]。对于巴特勒来说,女性主义哲学似乎也是这样一种"哲学外的哲学",因为人们常常会对女性主义哲学研究者说:"我不理解你这个说法,或者说,我不知道你的观点是什么;你说的都很有趣,但的确不够哲学。"[27]巴特勒也看到,显然说这种话的人自以为具有决定什么可以算作合法知识的权威。然而,女性主义哲学的存在却只能向人们揭示这样一个事实:那种纯粹的哲学今天已经不复存在,而当"哲学失去了它的纯粹性时,它相应地从人文科学那里获得活力"[28]。当代哲学愈是一味地壁垒森严和自我保护,就愈会离群索居。因而,人们应在对于哲学概念的理解上进行一场方法论革命,这场革命的意义不仅关乎女性主义哲学的学科定位,更关乎哲学的发展和未来。

我们还有必要对女性主义哲学概念进行如下一些说明。其一,妇女哲学并不等同于女性主义哲学。妇女哲学家的性别身份并不一定决定她能够成为女性主义哲学家。其二,女性主义哲学是差异而多元的,并不存在唯一正确的,可以视为标准的理论。其三,尽管女性主义哲学尊重女性的性别体验,以反对性别歧视和压迫,追求性别平等和人与人之间的平等,鼓励弱势和边缘群体发出不同的声音,但这些体验并非是相同的,不同的体验决定不同的女性主义哲学理论,而把基于不同体验形成的不同女性主义哲学凝聚起来的东西并不是同一种或统一的女性体验,而是女性主义运动追求的政治目标。其四,女性主义哲学并不是凭空产生的,而与各种哲学传统有着紧密的联系。显然,"女性主义哲学学术研究在方法和结论上都是不同的。事实上,女性主义哲学圈中对于哪一种哲学方法更能有效地为女性主义哲学目标服务的问题一直存有争议。例如一些人看到,分析哲学方法更能提供其他大陆哲学学派所不具有的形式与争论的清晰性。而另一些人则认为,这些所谓的清晰性是以牺牲修辞风格和方法论探讨为代价的,而后者可以对情感、心理或者人类缘身性的体验进行说明。另一些女性主义者发现,美国实用主义可以提供有时被大陆

---

[26] 〔美〕朱迪斯·巴特勒:《消解性别》,郭劼译,上海三联书店2009年版,第246页。
[27] 同上书,第239页。
[28] 同上书,251页。

哲学视角所丢失的形式和争论的清晰性,以及被分析传统所丢失的与现实世界的联系"[29]。因而,女性主义哲学具有悠久而丰富的思想资源,例如亚洲的哲学与宗教、过程哲学中的非二元论的形而上论证、被修正的实用主义,以及现象学、存在主义、结构主义、后结构主义和解构主义等当代大陆哲学,都为女性主义哲学提供了理论基础和方法论借鉴。

(二)产生与发展

尽管有其悠久的思想渊源,但女性主义哲学作为一个学科概念和理论体系却问世较晚。通常说来,女性主义哲学产生于20世纪70年代,主要是伴随美国社会20世纪20年代兴起的第二次女性主义运动浪潮而发展起来的。美国女性主义哲学家南希·特纳(Nancy Tuana)在总结这段历史时强调,美国女性主义哲学的问世受到两大时代背景的影响:其一为美国女性主义政治运动,其二为美国哲学发展。在女性主义运动的历史发展中,许多女性主义学者试图分析性别歧视的本质和女性被压迫的原因,探讨女性解放的途径。在对于性别平等权利的追求中,这些人也看到,传统哲学中关于女性的意象不仅渗透和影响到当代哲学,也对社会和政治实践中的性别歧视负有不可推卸的责任。因而,女性主义有必要在哲学领域来一场思想革命。20世纪60—70年代哲学在美国学术界的地位也促进了女性主义哲学的产生和发展。首先美国的许多哲学家卷入60年代的社会公正运动,而大多数为女性主义哲学问世作出贡献的哲学家也是美国70年代的女性主义运动的活动家,或者深受这一运动的影响,因而更关心由于性别歧视所导致的社会不公正问题,例如美国早期的女性主义哲学始于草根问题,如流产和支持行为(affirmative action)等[30]。同时,这一时期在哲学领域工作的女性也对哲学中的性别歧视有着深切的感受,为了反对这一行业中的性别歧视,1972年,美国女哲学家组成了"妇女哲学学会"(Society for Women in Philosophy,SWIP),旨在消除这一

---

[29] *Approachesto Feminism*, in Stanford Encyclopedia of Philosophy, http://plato.stanford.edu/entries/feminism-approach 30/10/2010

[30] 支持行为(affirmative action),最初是美国最高法院于19世纪中叶在有关种族司法判决中,依据宪法的平等保障原则来保护黑人公民权利的行为。随着时间的推移,这一范畴的内容不断地扩大,并且引发各种争议,事实上,这一范畴主要关乎消除歧视和社会公正,作为一种协调手段,对于社会中存在的不公平现象进行弥补与消除。

职业中的性别歧视,支持女性主义学术的发展。[31]

在20世纪60年代以前,美国社会很少有女性能够进入大学学习哲学。即便一些女性成为哲学系的毕业生,也难以在哲学领域就业。20世纪60年代中叶,尼克松总统签署了一项实施"支持行为"的法令,女性才开始有希望在大学哲学系就职,但这一法令却遭到保守主义者的反对,他们认为这会导致大学雇佣不合格的教师。女性主义哲学家哥特鲁德·叶卓尔斯基(Gertrude Ezorsky)为此组织了一次签名活动,1975年4月6日,《纽约时报》以整版篇幅发表这一份由3000多名学者,包括诺贝尔获奖者签署的声明,支持在大学中实施这一法令,这也鼓励福特总统签署同样的命令。尽管如此,许多大学哲学系仍以找不到优秀的女哲学家为由拒绝实施这一法令,即便勉强在哲学系存活下来的女性也一直被安置在较低的岗位上。[32] 据美国女性主义哲学家卡罗尔·古尔德(Carol Gould)考察,从20世纪70年代到90年代,美国女性主义哲学讨论主要包括两方面内容:哲学思考能够对女性主义哲学发展作出什么贡献?以及女性主义能够为哲学带来什么?而且在这一时期,许多女性主义哲学家也开始接受左翼的社会主义模式,试图对女性主义哲学方法论进行探讨。[33] 此后,美国的女性主义哲学队伍不断地发展壮大。欧洲社会的情形也大体上如此,自20世纪末以来,欧洲女性主义哲学得到空前的发展,它利用欧洲大陆哲学资源,例如维特根斯坦哲学、分析哲学和实用主义,以及现象学等理论,探讨诸如权力、知识和性别差异等核心概念,挑战哲学的中立性,以辩证和平等的新方式进行哲学探讨,在本体论、认识论和政治哲学与哲学史等领域作出重要贡献。

(三)方法论革命

在哲学社会科学研究中,尤其是女性主义和女性主义哲学研究中,方法论具有至关重要的意义。我们正生存在一个复杂、混乱和相互冲突的无序世界中,"如果我们试图从根本上思考这些混乱,那么就将不得不教

---

[31] *Approachesto Feminism*, in Stanford Encyclopedia of Philosophy, http://plato.stanford.edu/entries/feminism-approach 30/10/2010

[32] Linda Lopez McAlister, "On the Possibility of Feminist Philosophy," *Hypatia* vol. 9, no. 3 (Summer 1994), p. 191.

[33] Carol Gould, "Feminist Philosophy after Twenty Years Between Discrimination and Differentiation: Introductory Reflections," *Hypatia* vol. 9, no. 3 (Summer 1994), p. 184.

导自己如何以一种新的方式去思考、去实践、去联系,以及去认识"[34]。从某种意义上说,如果把女性主义学术研究视为一种学术视角,它的重要贡献便在于方法论上的革命。一般说来,方法与方法论并非是等同的概念,前者更为具体和简单地指明探讨问题的技巧和程序,例如女性主义学者对于妇女问题的方法(Asking the Women Question);女性主义实践推理方法(Feminist Practical Reasoning);提高觉悟方法(Consciousness Raising);社会性别分析方法(Methodologies for Gender-Based Analysis),以及提高觉悟方法(Consciousness Raising)进行大量的讨论。后者则体现出特有的本体论和认识论基础。依据女性主义术语,本体论意指一种相信性别是由社会而非自然构成的信念,而认识论试图提供准则说明如何生产关于社会现实的有效知识,以及如何证明这些知识的合法性。"方法论包括知识产生的社会和政治过程;关于观念性质和意义,体验和社会现实,以及这些如何/是否有可能被联系起来的假设;对于被宣称由知识所导致的权威性东西的批判反思;对于知识生产的政治和伦理含义的可说明性(或对可说明性的否定)。在明确说明社会现实如何生产知识的准则过程中,每一种方法论都与一种特有的本体论和认识论相联系。"[35]"女性主义方法论的独特性在于它是由女性主义理论,政治学和伦理学,以及基于女性的体验来塑造的。尽管女性主义者会强调不同的认识论,但都意识到政治与认识论是不可分割的。"[36]

由于女性主义方法论是基于女性主义哲学本体论和认识论来建构的,因而女性主义方法论本身便是女性主义哲学方法论。从哲学角度回答社会现实如何被理解,性别与社会性别如何具有不同的意义,人们如何呈现自己的体验,以及权力如何寓于知识生产之中,女性主义知识和生产如何得到证明,以及在这一生产和证明过程中,如何作出关于方法论的决定等问题,以新的方式来建构哲学概念和体系,阐释哲学与性别、权力和社会现实的关系,说明人们在不同境遇中的体验差异。

女性主义哲学方法论主要有三个基本问题和三个关键词。这三个基本问题是:"1. 在什么程度上哲学方法假设或者与其实践者文化的主宰

---

[34] John Law, *After Method: Mess in Social Sciences Research*, Routledge 2004, p. 2.
[35] Caroline Ramazanoglu with Janet Holland, *Feminist Methodology: Challenges and Choices*, SAGE Publication Ltd, 2002, p. 11, p. 172.
[36] Ibid., p. 171.

政治意识形态纠缠在一起;2.在什么程度上哲学方法忽视、模糊或者否定了女性的体验;3.是否或者在什么程度上哲学方法能够与女性主义理论方法或者女性主义和谐一致。"㊲而女性主义哲学方法论的三个关键词是:观念、现实和体验。观念主要指政治和哲学价值观,现实主要指社会和历史现实,而体验主要指社会不同群体以及构成这些群体的个体所具有的不同体验。女性主义哲学方法论是以女性主义视角把这三者联系起来的一种独特的哲学方法论。

事实上,在女性主义哲学发展中,方法论问题始终是一个颇具争议的未决问题,其主要原因在于:1.我们今天面对的是一个复杂、混乱和冲突的世界,因而不可能想象以一种方法论来回应各种问题。2.古往今来的哲学本身就无法拥有一种人们普遍赞同的方法论,不同哲学之间的差异本质上是方法论的差异。3.女性主义哲学既要针对传统哲学进行方法论革命,又要借鉴传统哲学;既要与后现代主义哲学一道批评传统白人男性哲学的"宏大叙事",又要以现代主义哲学的稳定主体、自我和性别来争取自身的合法地位,因而自身也充满矛盾。4.女性主义哲学本身是多元的和差异的存在,会提出不同的本体论和认识论主张,并以此为准则生产知识和证明这些知识的合理性。"女性主义者必须找到使自身知识值得信赖的途径,对于各种冲突的知识主张作出评价,但却有多种不同的方式把女性主义观点与女性的体验,以及特有的现实概念结合起来。"㊳5.女性主义哲学方法论也必须在不同的学科领域得到促进和发展。女性主义学术在不同学科领域对于自身方法论的研究也是对女性主义哲学方法论的贡献,因为只要这一学术具有女性主义的标识,它就必须体现出女性主义本体论和认识论的特点,例如女性主义法学十分关注对于指导法律及其实践的方法论研究,认为方法论体现出每种有关社会现实理论的特点,它确定了这种理论的核心、组成和过程,并且会产生不同的政治概念。从这一意义上说,方法论构成对于真理的理解,以及证据和结论的标准。如果使用"父权制"方法论去挑战现存的权力结构,显然无法揭示现存权力结构的不合理性。因而女性主义法学必须以自己的方法论揭示法律事务

㊲ Ann Garry and Marilyn Pearsall, *Women, Knowledge, and Reality: Explorations in Feminist Philosophy*, Routledge, 1992, p.1.

㊳ Caroline Ramazanoglu with Janet Holland, *Feminist Methodology: Challenges and Choices*, SAGE Publication Ltd, 2002, p.2.

中易于被传统体系忽略或压制的内容。

鉴于上述局面,女性主义哲学方法论是充满创新性、开放性和差异性的,永远都处于变化之中的一个宽阔的研究领域,而且,对于女性主义哲学方法论的探讨本身也存在着一个研究方法问题,不能就方法论本身来研究方法论。因而,与其说给出女性主义哲学方法论的普遍定义,不如具体说明它的出发点和特点,从而呈现出女性主义哲学方法论革命的概貌。

总起来看,女性主义哲学方法论有六个出发点:其一,对于政治和社会意识形态的解构分析。女性主义哲学相信,哲学从来就不是中立的。"个人是政治的",每一个人类主体都是处于多种权力和身份关系中的差异的、具体的社会存在。由男性主宰的传统哲学并没有提供普遍的视角,而是特权人的某种体验和信仰。这些体验和信仰深入到所有的哲学理论中,不论是美学、认识论,还是道德和形而上学。女性主义哲学方法论否认哲学与社会意识形态的分离,并试图对于传统哲学所宣称的中立性、公正性和客观性进行解构分析,例如许多分析哲学家相信自己的哲学任务是分析语言,不存在性别歧视问题。但在女性主义哲学家看来,这种观点忽视了一个事实:即在男性主导的哲学概念和理论体系中,语言并不是中立的、公正的和客观的,而是男性利益和观念的反映。又如,女性主义哲学对于传统哲学中的本质论、二元论和父权制结构也进行解构,其目的一方面在于改变这些哲学的政治基础,对公共和私人领域的区分提出质疑。另一方面,在试图颠覆人们政治思考途径的同时,也主张要颠覆人们思考哲学的途径。同解构主义哲学一样,女性主义哲学始终把自身与所处的社会现实和政治环境联系起来,而不仅仅是一种学院式的哲学思考。"首先我怀疑学院和实践女性主义的区分:在当代西方社会,成为一个女性刚好也同哲学一样是一个实践问题。其次,我并不相信解构主义仅仅如同通常被宣称的那样是学院式的,解构有助于思考人们对于当代时间和呈现体验方面的精神分裂症的复杂性。"[39]

其二,女性主义哲学认为,哲学不应成为理性,尤其是被性别化了的"理性"的一统天下,因为以理性或者逻辑制定出来的条理和方法论仅仅是人为的规则而已,无法具有普遍性,只有人在特定情境中的情感和关系

---

[39] Caroline Ramazanoglu with Janet Holland, *Feminist Methodology: Challenges and Choices*, SAGE Publication Ltd, 2002, p. 9.

体验才是具体的和真实的。"始于女性的视角,哲学不再需要一针见血,而在于通过经验的遮掩进行思考的漫步。不是为了使事实昭然若揭,而是为了揭示它们模糊的边缘。"⑩然而,这也并非意味着女性主义哲学要以"经验""情感""体验"等方式取代传统哲学中的"理性"霸权,而是要敞开人类的哲学想象力和创造力,呈现出无尽丰富的哲学思维样式,因为人类的精神世界原本就如同四季一样没有任何羁绊,在时空上无限伸展、无限变化。倘如有人说:"如果四季不规则,人就不能思想。人们首先就忘记了,它们是不规则的;他们忘记了,在一个时间和空间上都是无限的世界,规则一词没有意义。最后,人们忘记了,如涉及一个无限且无限变化的世界,说它会不同于它所是者,是没有任何意义的。"⑪

其三,强调对于"差异"与"性别差异"的研究。通过思考主体或自我概念来尊重差异,以便女性能被呈现为"在除了性别之外的多种权力和身份维度中的社会存在已逐渐成为女性主义哲学的核心方案"。而"作为一种女性主义口号,'差异'关系到女性之间的社会差异——例如人种差异,或者性取向差异、或者阶级差异。在女性主义理论中,'差异'已经逐渐地象征由女性并不具有统一社会身份的社会观察所得出的所有复杂性"。女性主义哲学对于这种承认差异存在的承诺来自20世纪60年代的一种持续十余年之久的政治力量⑫,当时由于白人中产阶级的排除性偏见,女性主义运动自身开始分裂,这种局面推动了女性主义政治哲学的发展。如今女性主义哲学对于"差异"和"性别差异"的研究已经分布在各个哲学分支中,如精神分析让人们关注到生理、心理发展,以及道德发展方面的差异;认识论则探讨不同认识主体之间在知识概念形成、认识体系和观念之间的差异,以及这些差异如何受到认识者身份及社会存在的影响;伦理学更多思考道德行为者的各种道德选择与其体验、道德理性和情感能力之间的关系,呼唤把"公正"和"关怀"伦理结合起来,而不是由于在传统伦理文化中一直由女性扮演"关怀"角色以致忽略这一美德对于建构和谐社会,培育公民道德感,缓解"道德冷漠"现象的重要意义;而

---

⑩ Jeffner Allen ed., *The Thinking Muse*, Indiana University Press, 1989, p.1.
⑪ 〔法〕西蒙娜·薇依:《西蒙娜·薇依早期作品选》,徐卫翔译,同济大学出版社2007年版,第35页。
⑫ 〔英〕米兰达·弗里克、詹妮弗·霍恩斯比编著:《女性主义哲学指南》,肖巍、宋建丽、马晓燕译,北京大学出版社2010年版,第6页。

政治哲学更关心对于公民权利与资格的探讨,研究身份政治,以及差异与平等的关系,在这方面,美国当代女性主义政治哲学家南茜·弗雷泽的研究具有重要意义,她试图建立一种承认政治,在一个包括道德哲学、社会学和政治分析的理论框架内,提出一种经济、文化和政治互动的三维公正观。这一公正观可以简化为对于公正的三种诉求:再分配、承认和代表权。弗雷泽以这种公正观来阐释当代社会不同群体对于公正的追求,审视社会不公正,尤其是性别不公正的现象、成因及其矫正的途径,力图在女性主义政治哲学框架内提出构建公正平等的社会制度与和谐社会的理想及途径。同时,无论是英美哲学还是大陆分析哲学,都可以成为女性主义研究差异问题的重要理论资源,例如波伏瓦从存在主义现象学方法考察女性的个体生活史,描述其在不同境遇中存在体验的差异,并深刻揭示出男女差异体验背后的意义,强调由于身心关系是相互统一而非分离的,所以人类心灵的塑造离不开人的身体,而在这种心灵"缘身性"塑造过程中,性别差异是导致性别不平等的原因之一,这种理论可以称作"性别差异现象学",它是当代女性主义哲学批判的一个重要的路径。[43] 可以说,这些女性主义哲学对于"差异""性别差异"的研究不仅能让人们保持对于"性别歧视"之外的其他压迫的敏感性,也有益于在实践层面形成女性之间的公正与团结,意识到每个人作为哲学主体的多重身份,并为承认和尊重这些差异身份而努力。

其四,把社会现实与知识紧密联系在一起。女性主义哲学从知识与社会现实的紧密联系思考问题,无论是对于观念还是体验的界定都与人们社会生活现实紧密相关。这正如卡罗琳娜等人的分析,哲学观念、理论、概念和意识、知识和意义都是根据人们对于现实的想象和体验提出来的,并借以对这些现实进行说明。体验表明人们如何生活,如何为社会现实,以及相互的日常生活赋予意义;社会现实是那些对于人们生活产生影响的事物、关系、权力、机制和非个人的力量。而方法论选择通过联系观念、体验和现实为女性主义研究打开思路。[44] 正如女性主义科学哲学家多娜·哈拉维(Donna Haraway)所言,"技术并不是中立的,我们在自己所

---

[43] 参见屈明珍:《论波伏瓦女性主义伦理思想的当代价值》,载《浙江学刊》2011年第1期。
[44] Caroline Ramazanoglu with Janet Holland, *Feminist Methodology: Challenges and Choices*, SAGE Publication Ltd, 2002, p.9.

创造的东西之中,这些东西中包括我们"。"我们生活在一个联系的世界中,这一世界关系到那些被创造和未被创造的事物。"⑥因而,在女性主义哲学方法论看来,知识与其生产者永远无法分开,无论是对于人文社会科学,还是对于科学技术,都是如此。

其五,突出女性和被以往哲学所忽视的边缘人的体验。女性主义哲学方法论具有一种强烈的"个人是政治的"意识,强调以个人经验和叙事为基础的与他人的合作或相互接触,相信女性的个人问题实际上是社会和政治问题。强调女性日常经验的广泛性和复杂性,从而使被哲学所忽视的声音成为具有合法性的知识来源。在许多学者看来,女性主义研究如果过分关心哲学形而上问题便会对实践失去意义,例如在一些倡导实践活动的美国学者看来,伊丽格瑞等人对哲学的研究是缺乏现实意义的,因为在有形的世界中,性别歧视已经足以让人们应接不暇了,如果还要把精力放在研究无形的、抽象的范畴和实体方面,显然会力不从心。然而,这种认识的缺陷在于没有意识到人类哲学概念如何长期以来被具有主体性的、理性的男性所把控,女性又如何被这一背景下产生的"真理"和"知识"排除在哲学和意识形态话语之外,如何由于这些"知识概念"而受到伤害。因而,女性主义哲学研究即便表面看起来是抽象的,但却正在从人类哲学价值观的深处涤荡各种性别歧视的意识和潜意识,进行"心灵的革命",这无疑会带来更具有现实和历史意义的社会变革。无论是认识论还是伦理学研究都具有这样的意义,如果说女性主义认识论将从政治方面为日常认识实践提供资源的话,那么伦理学则试图通过对于社会化主体的探讨,揭示认识主体之间的认识差异实则是社会地位、阶级和性别等方面的差异,而女性主义对于道德主体性和道德证明的探讨不仅在于揭露传统伦理学和认识论中的性别偏见,更重要的是把女性作为道德主体行为者的社会地位、生存样态与其体验联系起来,使之不仅可能成为真正的认识和道德主体,也能通过这一过程审视和批评,甚至颠覆妨碍女性成为这种主体的社会实践与认识活动,因为在女性主义哲学看来,传统哲学中的很多主题实质上主要来自男性的生活和认识体验,而女性则以一种不同的方式体验和认识世界,因而必须尊重女性与其他边缘人的体验。

---

⑥ Donna Haraway, *Modest_Witness@ Second_Millennium. FemaleMan_Meets_OncoMouse*, *Feminism and Technoscience*, Routledge,1997.

其六,具有某种实用主义精神。当代美国实用主义哲学家理查德·罗蒂(Richard Rorty)对实用主义曾有三个概括:它是一种反本质主义,所针对的是如同"真理""知识""语言"和"道德"等观念以及类似的哲学思考;它强调在"真理应当是什么"与"真理实际上是什么"之间没有任何认识论区别,在事实与价值之间,在道德与科学之间也没有任何区别。西方传统哲学认识论寻找科学的本质、让理性服从规则的出发点是错误的,这些认识论都是通过不同策略强调非历史、非人类的本性;对于研究来说,除了对话的制约之外没有任何别的制约。哲学要求我们把来自人类伙伴的遗产和与他们的对话看成我们唯一的指导。⑯ 作为一个实用主义者,罗蒂还考察过实用主义与女性主义的关系,建议女性主义从杜威那里汲取一个思想:"假如你发现自己是一个奴隶,请不要接受你主人关于实在的描述;请不要在他们划定的道德宇宙界限之内工作。相反,通过挑选出你据以判断自己生活价值的这个世界的某些方面,你要创造出你自己的一个实在来。"⑰而且在选择实在的过程中,你将不断改变自己的想法,因为人们无法基于一种道德实在的本质来明确地断言自己的目标。

其七,对于主流哲学中的许多"真理"一直持批评和质疑态度。女性主义哲学的重要特点在于它是一种批判哲学,例如女性主义哲学对传统哲学中的理性、真理、客观性和稳定的自我认同等概念一直保持批评和质疑态度,这是女性主义哲学与后现代主义哲学在方法论上的共同特点。两者都强调碎片化、灵活性以及差异的话语。但女性主义哲学在方法论上也有自己的特点,并非完全等同于后现代主义,因为后者对女性主义哲学的许多基本观点构成威胁,例如对于性别化的主体和自我等概念提出质疑等。

总之,多元与复杂的身份、抵抗被排除和要求被包含的政治诉求,以及社会变革的行动是女性主义哲学方法论的特点。毫无疑问,女性主义哲学方法论会面临诸多挑战,例如一些人认为它缺乏理性、科学性和无偏见性,以及强调后现代主义和后结构主义对于女性主义知识与方法论的挑战等。然而,这种层出不穷的新挑战将一并为女性主义哲学方法论提供不断完善和发展的契机与空间。

---

⑯ 〔美〕理查德·罗蒂:《后哲学文化》,黄勇编译,上海译文出版社1992年版,第245—251页。
⑰ 〔美〕理查德·罗蒂:《后形而上学的希望》,张国清译,上海译文出版社2009年版,第245页。

第三章
后现代女性主义哲学

在当代哲学领域,女性主义与后现代主义之间呈现出复杂的关系,一方面与其结为盟友,一起解构现代主义哲学的男性中心主义,反对它的二元论、本质论以及一元论体系,强调差异、多元性和非线性。另一方面,女性主义也与后现代主义的对手——现代主义有着千丝万缕的联系,甚至女性主义本身也被喻为"最后的现代主义"。而且对于后现代主义来说,本身也未必是父权制的掘墓人,因为在批评解构这一制度的同时,它依旧怀有一种乡愁和不甘。女性主义文论家简·盖洛普(Jane Gallop)把这种现象概括为女性主义与后现代主义的"双重错位":"后现代主义思想家挽救父权制度沦落的方式是力图改变自己的男性特征。他们穿上女性的服装,模仿女性的特征,而不再去想自己作为男性在一个行将过时的父权制社会中的地位。女性主义后现代主义思想家发觉自己处在一种两难困境之中,即她们想要的是像父亲那样,而父亲却又想要像一位妇女一样了。这种双重错位既让人好奇,又让人觉得好笑,不过,假如有人怀疑这是父亲既要诱惑女儿,又要保持她对自己尊敬的最后一条诡计的话,那倒也是让人烦恼的。"[①]因此,男女两性、现代主义和后现代主义双方都试图寻找错位的身份,而对于女性主义者来说,更重要的是避免"穿上男人们留下的、并不合身的旧衣服"。因而,审视后现代主义哲学中的"性别差异"是一项颇为困难的工作,为此,本章以当代法国女性主义哲学为例分析后现代女性主义哲学,探讨女性主义哲学在后现代主义时代的生存。

---

① 〔美〕简·盖洛普:《通过身体思考》,杨莉馨译,江苏人民出版社2005年版,第156—157页。

后现代主义哲学的灵魂是解构,不仅要对作为传统哲学支柱的形而上学和二元对立结构进行解构,也要对构成传统哲学认识论的基础主义进行解构。而后现代女性主义在这一基础上又加入了性别思考的成分,不仅对传统哲学中的男性/菲勒斯中心主义进行解构,也对传统哲学中的女性、男性和性别概念,以及性别关系进行解构。同时试图重新说明女性身份及其性别差异,阐释性别的伦理关系。当代法国女性主义哲学是后现代女性主义哲学的重要代表,因而有必要以前者为例阐释后现代女性主义的主题。

当代法国女性主义哲学在时间上大体分为有所交叉的三个主题:其一是波伏瓦以《第二性》和《模糊伦理学》等著作对父权制哲学进行批评,通过对父权制社会女性生存发展的历史条件的分析来倡导男女平等和女性解放。这一主题可以被定义为个体自由责任。其二是20世纪60—70年代以来的"解构主义女性主义",主要代表有西苏、伊丽格瑞和克里斯蒂娃等人,她们借鉴德里达和福柯等人的理论对菲勒斯中心主义提出批评,解构传统哲学的二元论思维模式,试图颠覆传统哲学的理论基础。这一主题可以说是"对性别形而上学的解构"。其三是指从20世纪80年代开始,法国女性主义者更多地注重对哲学的建构,而这一工作多半从女性身份和性别伦理的建构入手,主要代表有伊丽格瑞和克里斯蒂娃等人,例如克里斯蒂娃跳出传统哲学二元论的形而上学模式,把女性主义思想纳入人类文化与思想史的框架中,对于女性身份及其历史贡献进行探讨,从人的个体性入手说明人本身的多元异质性,反抗社会的一致性标准和语言霸权。② 法国女性主义哲学家还试图借助大陆哲学的资源,如存在主义、现象学、符号学、精神分析和结构主义、解构主义等理论探讨女性受压迫的本质、女性的自由与主体性、性别差异的构成以及女性写作等问题。同美国同行相比,法国女性主义哲学家更喜欢以文学的形式探讨哲学理论,并把诗歌、文本、语言、符号学和精神分析理论结合起来,以一种充满激情的、智慧的和玄妙的超越性思维为哲学赋予新的疆界与活力。

---

② 这三个阶段的划分参见高宣扬:《论克里斯蒂娃的新女性主义》,载《同济大学学报》2009年第6期。

一 个体自由责任

在一些人看来,波伏瓦对于女性主义哲学的贡献主要体现在她的文学作品中,而她的经典著作《第二性》并不是一部哲学著作。从严格意义上说,波伏瓦只有一部哲学著作,就是她在1948年完成的《模糊伦理学》。波伏瓦也曾明确表示自己并不是一位哲学家:"对我来说,一位哲学家是某个像斯宾诺莎、黑格尔之类的人物,或是像萨特那样的人物;是某个建立伟大体系的人……而我并没有建构起一个哲学。"③但是,在另一些人看来,波伏瓦不仅是一位伟大的哲学家,而且对存在主义伦理学作出了重要贡献,她启发了一代又一代女性主义哲学家。在评价她的《第二性》所作的哲学贡献时,巴特勒强调过两点:首先,"它作为一本奠基性或者原创性著作争辩女性实际上是受压迫的,通过跨学科的方法,求助于文学想象、生物学和心理学理论,以及历史和人类学证据,《第二性》使这种压迫得以呈现"。其次,这本著作也"提供一个基础对于身体体验进行明确的女性主义说明,对女性主义理论作出不同的哲学贡献"④。巴特勒还强调,事实上,《第二性》的哲学贡献体现在波伏瓦所提供的具体的、跨学科的分析之中。也有人认为,波伏瓦的《第二性》以"一种非常有力而有独创的男女平等主义表述展开和改写了存在主义范畴"⑤。因而,可以肯定的是,波伏瓦对于法国后现代女性主义哲学和当代世界女性主义哲学都作出了不可磨灭的贡献。

早在童年时代,波伏瓦便从交友的体验中提出"如何爱一个人而又不失去自己独立性"的问题,这后来成为她探讨一生的主题:"一种意识怎样与另一种意识可靠地联系起来?"她的哲学和伦理学理论最终要解决的问题是"最初分离的人怎样才能结合在一起",这与当代女性主义伦理学,尤其是关怀伦理学的研究宗旨不谋而合,因为在关怀伦理学家吉利根看来,关怀伦理学关注的核心是人与人之间的联系和关系问题。

---

③ 〔美〕加里·古廷:《20世纪法国哲学》,辛言译,江苏人民出版社2005年版,第197页。
④ Judice Butler, "Gendering the Body: Beauvoir's Philosophical Contribution," in Ann Garry Marilyn Pearsall ed., *Women, Knowledge, and Reality: Explorations in Feminist Philosophy*, Routledge, 1992, p.253.
⑤ 〔美〕加里·古廷:《20世纪法国哲学》,辛言译,江苏人民出版社2005年版,第197页。

存在主义是一种探讨个体以及个体生命意义的哲学,其核心思想在于否定人的普遍本性,主张个体的自由选择,因为在存在主义者那里,事物的存在被称为"自在的本质",而意识的存在才被称为"自为的本质"。每一个个体的人都是具有自我意识的存在,必须通过自由选择建立起一种价值体系,对自我和世界负起责任,在对目标的追求中不断地实现自我的意义,并为生活和世界提供意义。萨特在批评胡塞尔关于意识是一种超验的自我活动时强调,自我是存在的,但它与意识并不等同,"'自我'既非形式地、也非物质地存在于意识之中:它在世界中,是外在的;它是世界的一种存在,就像他人的'自我'一样"⑥。因而,这样的自我能够成为他人意识的对象,而两种意识和自我主体之间产生的对抗及其解决便是存在主义思考的重要问题。

波伏瓦也相信个体,尤其是女性个体的自由选择,认为现存的每一个个体都有责任为自身和世界的存在提供意义。同时她从本体论和伦理学角度对存在主义作出四点强调:首先强调个体与社会之间的不可分离性和依赖性。一方面,个体必须在社会中生存,实现自身的意义与价值。另一方面,社会必须尊重每一个成员自身的具体性和特殊性,把其当成个体和主体来尊重。在批评黑格尔试图消解个体性存在意义的观点时,波伏瓦看到,对于黑格尔来说,个体仅仅是绝对精神历史发展中的一个抽象时刻,此时的个体实际上成了整体的绝对精神的牺牲品,绝对精神成为了主体,但根据笛卡尔以来的哲学传统,人们必须探讨究竟谁是主体的问题,如果个体是虚无的,整体和社会就不会存在。相反,"只有主体能够证明自身存在的合理性;不是外在的主体,不是客体,才能把他从外部世界中拯救出来。既然所有事物的意识都集于他一身,他就不能被当成一种虚无"⑦。而且,"为了使这个世界具有意义,为了使我们承担起一种意义和值得作出牺牲,我们必须肯定这个世界的具体性和特殊性,以及我们的方案和自身的个体现实性,这便是民主社会所理解的东西,社会努力确实使公民感觉到个体存在的价值……各种公正的仪式寻求表现的是社会对其被视为具有特殊性的每个成员的尊重"⑧。

---

⑥ 〔法〕让·保尔·萨特:《自我的超越性——一种现象学描述初探》,杜小真译,商务印书馆2005年版,第3页。
⑦ Simone de Beauvoir, *The Ethics of Ambiguity*, Kensington Publishing Corp, 1976, p. 106.
⑧ Ibid., pp. 106-107.

其次,强调他人意识的存在是存在主义要解决的核心问题。萨特等存在主义哲学家非常关注其他人心灵的本体论问题。而波伏瓦的贡献在于不仅意识到他人意识的存在,也主张与他者建立联合的互惠关系。萨特认为,当自我意识与他者意识相遇时,会出现三种存在状态:一是自为的存在,把自我看成一种意识;二是自在的存在,把自我看成反思意识的一个客体;三是为他之存在,自我成为"为他者存在"的自我和"为他之存在"的意识。而第三种存在的特点在于:我本身成为"为他之存在"的意识,其他人把我视为一个客体,具有固定的特性,而不是把我视为一个自为存在的透明意识。我对于其他人来说是一个自在的存在。此外,我也意识到其他人把我视为客体的那种意识,但这并不意味着我正以其他人的方式"从内部"体验到其他人的意识,我并不以其他人的方式看待世界,但我却意识到其他人是与我不同的自由,由于这种自由可以为世界赋予意义,所以其他人的自由对我的世界霸权提出挑战。同时,我既无法对他人的体验和自由进行控制,也无法破坏他对我的解释,也包括他对我如何看待自身的解释。所以,我便会与其他人产生冲突,这就是我的为"我之存在"与"为他之存在"的冲突,"冲突是为他之存在的原意"。⑨ 但是,萨特在这里仅仅以形而上学的方式描述了这种冲突,而波伏瓦却试图探讨各种解决冲突的途径。事实上,黑格尔已经提出一种解决问题方案,强调在个体意识发生冲突时消灭一种意识,因为每时每刻其他人都有可能从我身边把世界偷走,所以"每一人的意识都在寻找他人意识的灭亡"。而波伏瓦却试图以一种与他人联合的互惠关系来解决这一冲突。她认为"意欲存在的'存在'也是意欲人的存在,通过和为了人的世界才被赋予意义。一个人只能在其他人揭示的基础上获得对世界的了解。……要使得存在'存在'就要通过存在的手段与其他人交流。""只有他人的自由才能使我们中的每一个人摆脱现实荒谬中的冷酷。"⑩ 只有两个具体意识在承认和尊重对方自由的前提下相互作用才能产生一种互惠关系,并使每一个人都能在这种关系中实现自身的自由。

再次,波伏瓦也意识到自由的相对性和反对压迫的必然性。对于存在主义来说,不论是世界还是人类本身都不具有固定本性,这种不确定使

---

⑨ 〔美〕加里·古廷:《20 世纪法国哲学》,辛言译,江苏人民出版社 2005 年版,第 176—177 页。
⑩ Simone de Beauvoir, *The Ethics of Ambiguity*, Kensington Publishing Corp, 1976, p. 71.

世界和人类,以及个体的未来呈现出开放的状态。波伏瓦之所以用"模糊"来称呼自己的伦理学理论,也意欲说明存在本身的不确定性。她把"模糊"和"荒谬"进行对比,"模糊的概念不必与荒谬的概念混淆起来。宣称存在是荒谬的是否认它在任何时候都能被赋予一种意义;说存在是模糊的就是断言它的意义是从未被固定的,它必须不断地被赢得。荒谬对一切伦理学提出挑战,但也由于结束了使现实合理化的进程而没有为伦理学探讨保留空间;而正是因为人的条件是模糊的,他才历经失败和疯狂挽救自己的存在"⑪。对于波伏瓦来说,自由是选择自由的自由,而不是不选择自由的自由,每一个人都必须是自由的,这种自由是一个人的责任,它赋予个体和世界以意义,如果一个人放弃自由,便是放弃责任和道德。但是,她也看到,无论在社会中还是历史上,并非每一个人都能够自由,这是因为自由是相对的,受制于个体所处的历史和社会环境,自由是"以社会为中介的"。压迫来源于压迫者以强制和暴力手段中断了个体的自由和选择,来自种族、阶级和性别的压迫便是如此。然而,既然存在和自由都要通过个体努力来赢得,那么被压迫者就应当起来反抗压迫,而不应当以沉默和忍受成为被压迫者的同谋。如果忍受压迫,那么和压迫者一样,被压迫者也应当受到道德谴责。存在主义是突出个体性和个体自由的学说,把道德看成个体意识的产物,强调个体通过主观选择来建立自身和世界的意义,这就产生了一个被压迫者是否可以形成一个群体共同反对压迫的问题,也就是基于个体的主观选择能否形成群体革命价值观和行为的问题。萨特曾认为,作为客观社会结构的群体是诸多个人选择的结果,但并没有回答主观自由如何达到客观结构的问题,而波伏瓦力图让个体意识和自由携手社会和他人,她认为个人的社会处境会决定群体行为,"斯多葛派怀疑家庭、友谊和国家的维系力,他们只意识到普遍形式的人。但人之为人仅在于生活在各种境遇之中,境遇的特殊性准确地说是一个事实。"黑人之所以帮助黑人,犹太人帮助犹太人都是由于特殊的境遇,"但是这种特殊的团结断言并不必然与普遍的团结意志相矛盾,每一个有限的承担也必然开放了人的整体性。"⑫

此外,波伏瓦也以存在主义分析女性问题,"以独创的男女平等主义

---

⑪ Simone de Beauvoir, *The Ethics of Ambiguity*, Kensington Publishing Corp, 1976, p.129.
⑫ Ibid., p.144.

表述展开和改写了存在主义的范畴"。在她看来,女性一直被当成男人的他者来建构,这就否定了她的主体性和自由,她用黑格尔的"超越性"和"固有性"分析女性处境,意识到男性可以自由地谋划和行为,从事对于历史有影响的超越性工作,而女性则被剥夺了这种权利,日复一日地从事固有性的家务劳动。[13] 这种区分不仅主宰了社会生活,也建构起社会和政治结构。用萨特的术语分析,女性是"为他之存在"。然而,波伏瓦并不否认每一个人都能处于"为我之存在"和"为他之存在"的状态,如同她认为每一个人都应当同时具有超越性和固有性一样,但她要思考的问题是:为什么父权制社会总要把女性固定在固有性方面,阻碍其超越性行为,从而成为男性的附庸,而不能在性别之间产生互惠关系呢?她认为其原因不仅在于男性通过各种意识形态保持自己的主人地位,也在于女性对压迫的认同。在波伏瓦看来,作为被压迫者的女性如果不起来反对压迫、争取自由权,就应当受到道德谴责,她试图以这种方式唤醒女性的革命意识,而事实证明,《第二性》已经成为引发第二次女性主义运动浪潮的理论巨著。

波伏瓦的理论对后来的法国后现代女性主义哲学产生了巨大影响,例如她对女性处境的存在主义现象学分析,关于他者的理论,关于主体和女性主体性的讨论,对于性别解放和自由的追求等都得到继承和发展。波伏瓦的思想不仅深受萨特等人的影响,还深受黑格尔、胡塞尔、马克思、恩格斯、弗洛伊德和卢梭等人的影响。"从黑格尔那里,她学会将辩证法作为一种分析工具,并将主奴之间的对立当作自我—他者之间对立的一种模式;从胡塞尔那里,她借用了现象学方法,这是一种描述性分析的形式;从马克思和恩格斯那里,她援用了对历史的一种既辩证又唯物的分析,并对社会主义持乐观态度;弗洛伊德和其他心理分析学家提供了一种将人看作生物个体的观念,而波伏瓦则把人看作意识的具体化,以此来反对弗洛伊德学派的宿命论。最后,从卢梭那儿,她获得了对于社会对在孩童期个体自由产生影响的正确评价。"[14]因而,波伏瓦的存在主义和女性主义思想事实上是在借鉴大量传统哲学,以及她所处时代的思想资源的基础上形成和发展的,这也表明女性主义哲学与不同时代哲学发展的密

---

[13] 〔美〕萨莉·J. 肖尔茨:《波伏瓦》,龚晓京译,中华书局2002年版,第5页。
[14] 同上书,第2页。

切关联,在她之后的法国后现代女性主义哲学家不仅借鉴了波伏瓦的理论,也汲取自己所处时代的哲学资源,例如精神分析学、符号学、解构主义和语言学等,从而对女性主义哲学作出了新的贡献。

二 性别形而上学解构

《周易·系辞》有言云:"形而上者谓之道,形而下者谓之器。"形而上学可以说是对于"形而上",或者说是关于"形而上"的研究。当代法国后结构主义哲学家福柯和解构主义哲学家德里达为法国后现代女性主义哲学对性别形而上学的解构奠定了基础。福柯选择了一种不同于传统哲学的病态语言进行哲学思考,形成了自己的理论,而德里达则对形而上的大文本进行了解构。

福柯对于性别持一种现实主义态度,这既是分析的,也是描述性的。对他来说,在纯粹陈述意义上,性别并不存在,它总是被置于历史之中,而历史则以各种方式构造着性别,而且性别也总是以各种方式与家庭联系在一起。他所要做的是揭示这种历史和文化形式,包括如何把性别建构成某种令人欲望的东西。在福柯看来,性别总是根据理论和实践话语来构造的,话语之间是可以相互取代的,这一观点让女性主义哲学意识到无论性别话语如何被解构,都不是话语的废除,而是要找寻可以相互替代的新话语。

德里达的主要工作是剖析传统哲学的认识本体,揭示思想的本质特性和局限性。在他看来,读者与文本,说者与听者,以及文字表达与实存之间存在着不可跨越的差异。首先,一部作品总能逃避全面阐述,总有不可解析性,这些都妨碍我们理解作者的真实意思。其次,在说者与听者之间也存在不可避免的差异(在过去的经验中,在期望中,在个人习语中),这将导致永恒的误解可能性。再次,一个人对于自我思想的内在表述也是不充分的,因为人们总要用语言来表述自己,而语言是一般性的,不能表述思想中直接的、先于语言而存在的恰当性和完美性,以及情感本身的细微差异,因而人们的表述永远都达不到全面和清晰,在被思考的(被体验的、被说的和被写的)对象与纯粹理念——自我等同的意义之间总是存在着差异。⑮ 德里达试图说明哲学领域的差异是永远不可避免的,文字既是表述工具,也能把我们引向歧途。然而,西方传统哲学却基于三个中心原则假设哲学思想和语言能够达到完美的程度,成为颠扑不破的真理。这三个中心原则都围绕着特有的逻辑建立起来,其一为对立原则,意指思想与语言由一对对相对对立的概念构成,例如在场/不在场、真理/谬误、阳性/阴性等。其二为逻辑排他性原则,意指一对相互对立的概念被认为是相互排斥的,受同一律和不矛盾律制约,例如存在排除了非存在,存在是它所是,而不是它所不是。其三为优先性原则,每一对基本概念在意义上都是不对称的,总有一方要优于另一方,这一方不仅更为基本和真实,在道德上也更为优越。而德里达的解构试图表明:任何文本中的这种二元对立都是不能成立的,因为二元对立的文本本身都既违背了排他性原则,也违背了优先性原则,任何具有优先性的存在一方总要依赖非存在一方而存在,被理解为某种东西的对立方,而这种东西是否定的、不完整的、复杂的和派生的,例如物质、动物和现象等,所以存在的纯洁性和优先性受到了玷污,无法得到证实,结果形而上学的存在结构被自身所否定。在认识论领域也是如此,基础主义相信可以把一切知识建构在某些基本的确定性上面,例如理性或者感觉经验,但这种确定性也必须包括自身要否定的非确定性,因而这种被确定的基本要素本身被它们意在克服的认识论局限性所腐蚀,绝对正确的理性自身中包括有问题的假定,而且纯粹的感觉也包括在文化上相对的解释框架。而在伦理学上,解构主义也揭示出所谓的永恒真理价值不过是特殊文化历史发展的产物。⑯

福柯和德里达的这些观点直接为法国后现代女性主义哲学解构性别形而上学所用,后者不仅接受福柯关于性别的话语理论,也借用了德里达对理性/逻各斯/男性中心主义的批评。这里的性别形而上学主要体现为父权制哲学中的性别二元论结构。在这方面,西苏、伊丽格瑞和克里斯蒂娃都作出过重要贡献。女性主义哲学家南希·杰(Nancy Jay)曾对这种形而上学二元论/性别二元论作出解释:"1. 在二元对立中的两个术语是矛盾的,因而是相互排斥的。它们之间没有调停的可能性,因为它们是严重断裂的。2. 这两个术语是相互耗尽的,没有第三个术语,它们之间没有

---

⑮ 〔美〕加里·古廷:《20世纪法国哲学》,辛言译,江苏人民出版社2005年版,第358页。
⑯ 同上书,第360—362页。

中间基础,两个对立的术语包括每一种情形和可能性。3. 在二元对立的结构中,只有一个术语具有积极价值,第二个术语是根据对于第一个术语的否定来界定的。它只是第一个界定性术语特性的缺乏或丧失。因此它自身不能被承认为有任何特性或者价值。4. 尽管第一个术语乐于澄清和准确地提出自己的否定方面,但第二个术语也是无所遁形的,包括并非第一术语的一切内容。"[17]女性主义哲学认为,在父权制哲学中,这两个术语之间的对立也可以被视为性别之间的二元对立,男性无疑属于第一个术语,女性属于第二个术语,所以对于父权制哲学的批评需要打破这种性别形而上学的二元对立结构。

西苏试图从女性写作的角度借鉴德里达的差异和解构理论,对传统文本和哲学进行解构,她认为女性文本就是研究差异的文本,它朝着差异的方向努力,去颠覆菲勒斯中心的主宰逻辑,打开二元对立的封闭结构,沉浸在敞开文本的快乐之中。她也看到,"对于弗洛伊德和拉康来说,女性被置于符号系统之外:这也意味着在语言和法律之外,被排除了与文化和文化秩序之间发生任何关系的可能性。她之所以被置于符号系统之外,是因为缺少任何与菲勒斯的关系,因为她并不能享有男性的秩序——阉割的情结"[18]。所以西苏以充满激情的语言呼唤着"女性写作",因为只有通过这一方式,女性才能表达出自己的欲望,解构男性话语中的霸权和性别形而上学结构,解构男性性别"债务"(debt)经济学,建立起女性性别"礼物"(gift)经济学。在建构性别差异过程中,她首先把差异区分为两种类型:不同(difference)中的差异和对立(opposition)中的差异。前者是她试图倡导的差异,而后者是她和德里达等人批评的形而上学的男性中心主义观点。她"相信性别差异就是意识到差异是不同的。准确地说是美妙的,至少有两个源泉才能构成的差异。这种差异是一种运动,总是在穿越之中,在两者之间穿越。而在差异呈现出对立时,则是只有一种源泉存在的可怕事情。而且只有一种的话,它便可以说什么都不是"[19]。男性性别经济学把压抑女性永久化,是一种体现出父权制交换和菲勒斯中

---

[17] Elizabeth Grosz, *Sexual Subversions: Three French Feminists*, Unwin Hyman Inc., 1989, p.106.

[18] Helene Cixous, "Castration or Decapitation," in Kelly Olivered., *French Feminism Reader*, Rowman & Littlefield Publishers Inc., 2000, p.280.

[19] Helene Cixous, "Rootprints," in Kelly Olivered., *French Feminism Reader*, Rowman & Littlefield Publishers Inc., 2000, p.294.

心的债务经济学,没有任何慷慨的动机,所有的付出都要求回报。而女性性别经济学则是欲望付出的经济学,它是流动的、敞开的和多元的,具有纯粹的丰富性。女性写作是创造这种女性性别经济学的方式,它不仅具有巨大的颠覆父权制文化的力量,也以一种类似于火山爆发的大笑撼动古老的逻辑基础,推翻理性的堆积,把父权制的法规摧毁成碎片。严格地说,西苏的"女性写作"并不仅仅意味着女性的写作,它实际上是一种写作方式,体现出给予和不求回报的特点,而不是如同父权制文学、哲学和历史所描述的男性面临被阉割,而女性面临被砍头的风险。而且,作为"另一种元语言,女性写作是难以遵循的,因为它并不是线性的,而是同时从各个方向开始的,允许有一个新的历史出发点,在不为人知的领地四处徘徊,超越分离和边界,跨越不同的范畴,面对某种笑声敞开"[20]。女性写作能让人进入到超越和穿行的风景地,找到出入对方的通道,在彼此的运动中,性别差异交融在一起。

　　同西苏相比,伊丽格瑞则从语言和本体论方面解构父权制哲学。在她看来,父权制哲学把所有东西都简化为同一的经济权力,这种简化的结果是消除了两性之间的差异,所采取的主要方式是精神分析。她联系女性解剖学、神秘主义、癔症和潜意识研究女性,不仅揭露哲学中的男性偏见,还试图寻求一种话语来论述女性,解决女性在"话语中的明确表达问题"。性别差异是伊丽格瑞哲学的主题,她与德里达等解构哲学家一道,为破除"同一性形而上学"而努力,因为她认为西方哲学正是凭借着这种同一性排除了作为女性的"他者"。[21] 伊丽格瑞首先强调当代哲学必须讨论性别差异,认为这一问题即便不是我们时代的问题,也是重要的哲学问题之一,然而,在当代的哲学、科学和宗教理论中,依旧没有对这一问题给予足够的重视,事实上,如果我们深入地思考这一问题,就可以审视今天破坏世界的各种形式,以及为什么会出现词语的失信、哲学的终结和宗教的失望等问题。性别差异可以缔造一个新的世界,而不是把我们的生活和生命还原为身体和生育。性别差异"也将带来一个思考、艺术,诗歌和语言的新时代:新的诗学时代的创造"[22]。其次,伊丽格瑞也试图系统建

---

[20] Kelly Olivered., *French Feminism Reader*, Rowman & Littlefield Publishers Inc. ,2000, p.256.

[21] 〔美〕加里·古廷:《20世纪法国哲学》,辛言译,江苏人民出版社2005年版,第429页。

[22] Luce Irigaray, "An Ethics of Sexual Difference," in Kelly Oliver ed. , *French Feminism Reader*, Rowman & Littlefield Publishers Inc. ,2000, p.227.

构性别差异哲学,不仅从本体论和认识论意义上讨论时间与空间,主体与话语,以及认识的途径和方式,从精神分析学阐释主体的形成过程,也从伦理学和宗教学意义说明理想的性别关系,试图对于人与神、人与人、人与世界和性别关系作出新的解释。再次,为了说明和确定性别差异,伊丽格瑞还试图通过确定女性特质来证明性别差异的存在,让女性重建自我,而不是消解在男性的同一性之中,"女性应当能在其他事物中找到自己——通过在现存历史中的自我想象,以及通过男性创造生产的条件,而不是基于他的工作和他对系谱的阐述"[23]。伊丽格瑞也以这种女性的特质来强调性别差异,并以这种性别差异来解构性别二元对立和同一性形而上学,试图在这些工作基础上建构性别差异伦理学。

克里斯蒂娃的工作集中在语言知识领域,她也以精神分析学和符号学、历史学和文化学等学科为工具揭示潜意识中的主体结构。格罗兹分析说,法国哲学的特点是解释语言和主体性的关系,而法国女性主义者则致力于深入分析被视为菲勒斯中心的语言与特有性别主体类型之间的互动,她们并非像英美女性主义者那样把语言作为经验研究的对象,关注性别歧视的语言,对于词语、语法、造句法规则及传统进行探讨,研究性别歧视短语的使用,而是对于话语的基础结构和普遍形式提出质疑。语言不仅是命名、标示或交流的系统,也是所有可能含义与价值的入口。[24] 雪莉·克里默(Cheris Kramer)等人也认为[25],英美女性主义语言学关注的领域是:"1. 在语言使用、说话和非词语交流中的性别差异与相似性;2. 在语言中,尤其是在语言结构与内容中的性别歧视;3. 语言结构与其使用之间的关系;4. 改变的努力和方案。"[26] 与其不同的是,法国女性主义者更关心对于语言本身的讨论,对于克里斯蒂娃来说,语言是语言学家所选择去界定作为自己研究对象的东西,而这种选择和界定无疑具有深刻的政治和伦理含义,她把言说的主体(speaking subject)作为研究的突破点,试

---

[23] Luce Irigaray,"An Ethics of Sexual Difference," in Kelly Oliver ed., *French Feminism Reader*, Rowman & Littlefield Publishers Inc.,2000,p.229.

[24] Elizabeth Grosz,*Sexual Subversions: Three French Feminists*,Unwin Hyman Inc.,1989, p.39.

[25] 雪莉还总结出女性语言的特点:"絮絮闲聊、柔声轻语、彬彬有礼、热情洋溢、斟酌词句,有时候莫名其妙,令人不得要领。"而男性的语言的特点则为:"傲慢自负、使用咒语俚语、盛气凌人、气粗声大、言语有力、直来直往、敢说敢道和不容置疑。"http://www.xl360.com/reading/1/287,2010/11/05。

[26] Toril Moi, *Sexual/Textual Politics*,Routledge,2001,p.150.

图把原有的单调和同一的语言学系统扭转为差异的不同的过程。因而,"作为一种不同的在言说主体之间确定意义表达过程,克里斯蒂娃的语言学理论强调一种不同的选择:在特有情境中研究特有语言的策略"[27]。她要突出的是特有的话语而不是普遍性的语言,与伊丽格瑞不同,克里斯蒂娃并不认为女性具有特殊身份,因而不可避免地存在性别差异,并用它来解构性别形而上学及其二元论,而是采取反对对性别差异进行普遍概括的做法,进而强调不同人作为主体在不同情境言说时有话语差异的过程和变化。在她看来,任何强调男女具有某种稳定和不变差异的观点都是一种性别本质论,即便是强调这种差异来自社会历史和文化的塑造也是如此,而且这种差异观也无法排除贬低和压迫女性的可能性。克里斯蒂娃的这一观点也在其对于性别身份和伦理的研究中得以深化。

三 性别差异伦理

每一个体和群体的人都要确定自己的现实地位,确定自己在社会生活中的角色,身份认同包括自己在社会中的角色定位及其自身的认同,以及他人对自己的承认。我是谁?我从哪里来,我将到哪里去?这些身份问题已经远远超出一个哲学范畴本身,而成为现实政治和权力的标志。早在古希腊神话中,人们便开始思索性别与政治权力的关系,阿里斯托芬的《利西翠坦》曾就此提出一系列的问题:政治在本质上是一项男性专有的,富有男性气概的活动吗?如果由女性来管理世界,政治会有所不同吗?这就提出了男女如何看待世界,如何行动,以及如果男女角色互换,政治将会有何种不同的问题。[28] 这也意味着不同的生活体验会产生不同的政治眼光和性别身份。20世纪90年代以来,"性别身份"的概念,性别差异和女性的身份,以及身份政治问题成为女性主义哲学讨论的重要问题。而后现代女性主义哲学对于女性普遍身份的解构似乎预示着女性主义理论和实践已经失去有效基础,这显然不是女性主义哲学发展的目的,因而,女性主义哲学研究亟须以新的方法论阐释女性的性别身份和性别

---

[27] Toril Moi, *Sexual/Textual Politics*, Routledge, 2001, p. 153.
[28] 〔美〕唐纳德·坦嫩鲍姆、戴维·舒尔茨:《观念的发明者——西方政治哲学导论》,叶颖译,北京大学出版社2008年版,第42页。

差异问题,而后现代女性主义哲学本身也意识到这一问题的重要性,在解构了性别二元论和形而上学之后,又转过身来建构基于女性身份的性别伦理。

然而,在法国后现代女性主义哲学家中,对这一问题的解释并不一致,西苏通过呼唤"女性写作"来恢复和张扬女性的特殊身份与社会地位,尽管她也强调这是一种不分男女的写作方式,但这一方式无疑是以突出女性为主的,例如她主张"女性必须肯定这种差异,直到自己在这一财产交换制度中的陌生人地位得以呈现。女性必须通过写作标明自己的性别差异来完成推翻父权制历史的任务,女性写作主要是触觉的,身体的和极端内在的——以如同经血和母奶一样泻出的方式"[29]。然而,伊丽格瑞和克里斯蒂娃在说明女性身份方面却有所不同,前者试图建构女性特有的身份,坚持性别差异,后者虽然也被称为"性别差异"女性主义者,但却采取了对于性别身份进行解构的方式。格罗兹曾对二人评价道:"克里斯蒂娃对于性别差异的理解包括对所有性别身份的消解,以及把女性主义为女性建构一种身份的热望转变为一种与两性相关的性别不同的分散过程。不是像伊丽格瑞一样,寻求一种女性自主性和特殊性的概念,克里斯蒂娃意在通过意识到男女'身份'得以建立的,并使其易受伤害的一种压抑性符号语言,性别能量和驱动力工具来除去女性被压抑的男性气质,以及不被承认的男性的女性气质。在克里斯蒂娃挑战和解构性别身份概念之处,伊丽格瑞则积极肯定一个方案,挑战和解构女性的文化呈现,以便女性能够以自我定义的术语得到呈现和承认。准确地说,她坚持克里斯蒂娃试图取消的女性性别特殊性的概念。"[30]然而,从更宽泛的意义上说,无论后现代女性主义哲学如何解构哲学,从女性主义意义上说,都总要对女性及其性别身份进行说明,以巴特勒为例,尽管她是一个激进的后现代女性主义哲学家,但也不得不强调性别差异或多或少是女性主义的一个永恒追问。因而,西苏对女性写作,伊丽格瑞对女性性别特殊性的说明,以及克里斯蒂娃对性别身份的解构,都可以视为探讨性别差异的不同方式,而且她们也都试图说明性别互动的伦理关系,建立性

---

[29] Kelly Oliver ed. , *French Feminism Reader*, Rowman & Littlefield Publishers Inc. ,2000, p. 255.
[30] Elizabeth Grosz, *Sexual Subversions*: *Three French Feminists*, Unwin Hyman Inc. ,1989, pp. 100-101.

别差异伦理学。

西苏通过保持和追求性别差异挖掘性别之间有心、有爱和有身的共性,试图在保持个性的同时,建立享有交流快乐的性别伦理关系。她通过谈论男女共同的人性来建构这种关系,承认自己总是由于人性而激动和震撼,尽管人们被区分成不同的性别,但却有着共同的心。"性别之间共同的东西是心。有一种共同的表达,共同的话语,有一种普遍的总可以通过相互交换的,通过心这一器官来穿越的情感。心这一最神秘的器官实际上对于两性是共同的。好似心是两性性别的共同点一样。"[31]而且这种心的沟通是因为有爱,灵魂通过内在狭长的隧道,通过声音和血脉缔造了爱。"爱是一种回归,回到最初的起源,爱属于第一时刻,爱想爱一切东西,想去爱来自母亲子宫的他者。"[32]这种来自心灵的爱还要通过欲望进行身的交换,而"性别差异真正是欲望的女神"。"她给予我们自己身体的快乐(jouissances[33]),我们自己性别的快乐,我们自己的快乐加上另一方的快乐。叠加的混合的快乐。"[34]尽管性别之间可以获得双倍的快乐,但却由于身体的差异而不能还原为一种快乐,这就保持了对于另一种性别的欲望和好奇心,而每一性别都有自己的神秘性。所以对于西苏来说,理想的性别关系就建立在这样一种有心、有爱和有身的平等差异的伦理关系基础上。

同其他当代法国哲学家一样,伊丽格瑞受古希腊哲学方法论的启示,也对他性、神性和伦理学进行探讨。在其颇具影响的《性别差异伦理学》一书中,她从哲学和伦理学角度阐述了释放性别欲望、追求性别平等的社会理想。她的性别差异伦理学意在阐释性别伦理关系问题,主要回答了三个问题:性别相遇的条件、情景和结果。首先,伊丽格瑞认为性别相遇要以保持双方的他异性(alterity)、自主性和主体性为条件。她看到传统

---

[31] Helene Cixous, "Rootprints," in Kelly Oliver ed., *French Feminism Reader*, Rowman & Littlefield Publishers Inc., 2000, p. 290.

[32] Ibid., p. 291.

[33] 法语中 jouissance 一词对于英美女性主义哲学家来说是难以翻译和准确表达的词语,甚至在美国女性主义哲学家艾利森·贾格尔看来,这个表达快感的词是不可能被翻译过来的。如果翻译,就会难以保持它的殊异性和异域性的特点,而且这个词在某种意义上说承担起作为法国女性理论标志的功能。

[34] Helene Cixous, "Rootprints," in Kelly Oliver ed., *French Feminism Reader*, Rowman & Littlefield Publishers Inc., 2000, p. 295.

性别伦理学之所以不能形成的理想性别关系,关键是身体与灵魂、性别与精神、外在与内在、男性与女性、性别与性行为之间关系的割裂,以及把女性还原为男性的同一性,在空间上成为男性的对象、包裹男性的信封和容器所导致的。因而,她的性别伦理学首先要强调他者的不可还原性、自主性和独立性,认为不能把性别的任何一方归结为与另一方的同一。

"在寻求一种建立在承认他异性,而不是以自我统一为模式的伦理学方面,对伊丽格瑞更有影响的理论来源是犹太学者,现象学和伦理学理论家伊曼纽尔·列维纳斯的理论"㉟。列维纳斯的他异性主要体现出四个特点:1.它是一个外部的形式,与主体分离并且不能为主体所预言。2.它是超越的所在地,是一种不能被吸收、不能被消化的残余,主体不能把它同化为自身。3.它是一个无限的范畴,能够超越所有边界,以及主体试图强加的限制。4.它是一种主动性,在与其关系中,主体被动地被定位。㊱ 受其影响,伊丽格瑞也强调:既然自我总要与他人相遇,有着不同他异性的他者便必然成为自我主体性的必要条件,性别伦理学也是不同性别的主体之间必要协商的结果。"列维纳斯在爱欲的相遇上不仅以抽象的术语把自己和他者关系进行理论化,而且也把男女的具体关系理论化。他至少捕捉到伊丽格瑞也在寻求的一些相互尊重和不可还原的自主性特性。"㊲其次,伊丽格瑞也描述了性别相遇的情景。她强调为了建构性别伦理学,至少要回到笛卡尔的第一激情:惊讶。这是一种相当于第一时间的激情,在这种状态下,男女好似第一次见面,无论两者之间有多大的相似性,每一方都可以保持自己的欲望而非把彼方还原成此方。"我从不能占据男人的位置,他也从不能占据我的位置。无论具有何种身份证明的可能性,一方都无法准确地占有另一方的位置——他们彼此是不可还原的。"㊳再次,伊丽格瑞也说明了男女相遇的结果,那就是带来关系的新变化、性别之间的富饶性,女性身份的重建和世界观的改变,因为在她看来,今天的性别实践依旧保持着两极世界的对立——男性的世界和女性的世界,而非传统的、两性相遇的富饶关系尚未呈现。因此,要缔造

㉟ Elizabeth Grosz, *Sexual Subversions: Three French Feminists*, Unwin Hyman Inc., 1989, p.141.
㊱ Ibid., p.142.
㊲ Ibid., p.144.
㊳ Luce Irigaray, "An Ethics of Sexual Difference," in Kelly Oliver ed., *French Feminism Reader*, Rowman & Littlefield Publishers Inc., 2000, p.231.

性别之间的这种新的伦理关系,就必须进行思想革命,重新说明主体与话语、主体与世界、主体与宇宙,微观和宏观宇宙之间的关系,而这也是同其他法国后现代女性主义哲学家相比,伊丽格瑞更为重视以性别视角重新对哲学进行系统说明的原因。

尽管克里斯蒂娃挑战和解构了性别身份,但她也对性别之间的伦理关系进行精神分析学和语言符号学的说明。与伊丽格瑞的正面建构不同,克里斯蒂娃的性别理论体现出反面解构的特点,她不仅不想确定女性的身份,也不想给出女性的定义,认为这两者都是父权制所给予的,体现出菲勒斯中心主义把女性置于边缘的立场,因而要解构这一秩序就必须拒绝自己的女性标识。然而,这并不等于说克里斯蒂娃意识不到女性主义运动的宗旨,她只是提醒女性记住自己"不是"什么,拒绝父权制所给予的身份。而且,为了这一运动而对于女性的界定只能是关系方面和策略上的。她采取与其他女性主义者不同的方式说明性别伦理关系,反对通过身份把女性固定在某种特征或模式上,也反对一些女性主义者基于这种身份倡导某种伦理。在讨论斯宾诺莎提出的"女性要服从伦理学"的问题时,克里斯蒂娃强调女性的确不需要服从传统哲学制定的伦理规范,但这并不意味着女性不能参与到如今人们正在体验的、需要新伦理来支持的各种层面的社会激变中来。"如果我们把女性主义想象为与那种正在削弱我们人类自由的,以人类为中心的身份有关的一个思想片刻,一旦这一瞬间即将结束,我们对于这一问题的回答只能是肯定的。"㊴在克里斯蒂娃看来,不同代际的女性主义者都与传统伦理规范有着危险的联系,而且都在不同程度上主张"女性"身份,因而她试图与这些理论保持一定的距离。然而,这并非意味着克里斯蒂娃主张女性不能参与到各种当代的社会变革中来,而是主张不应以固有的女性身份,而应以一个言说的主体来参与。事实上,她的所有理论都体现了一个政治目标:为女性和所有边缘人追求言说主体的地位。

在语言哲学方面,克里斯蒂娃最有影响的贡献是把意义区分为符号的(semiotic)和象征的(symbolic)两个要素,认为所有意义都围绕着这两个要素的变化构成。前者是异质的、不确定的、非决定性的、先于符号的,

---

㊴ Julia Kristeva, "Women's Time," in Kelly Oliver ed., *French Feminism Reader*, Rowman & Littlefield Publishers Inc., 2000, p.199.

因为它尚未(如在新生儿那里)和不再(如在精神病人那里)以一种武断的意识关乎一个所指的对象,它类似于婴儿的、精神病人的和诗歌的语言。而且男性的艺术家们也总是在自己的创作中呼唤和回归这种语言。"与符号要素相反,象征要素体现出这种不可避免的意义特征,胡塞尔的超越自我所指的对象——意识。"⑩在克里斯蒂娃看来,科学语言尽可能地还原符号要素,试图成为一种元语言,而诗歌语言尽管也具有象征的约束,但在牺牲自我判断意识的武断性和预定性方面略高一筹。在诗歌中,不仅节律的限制能够起到尽可能违背语法规则,忽视构思意义的组织功能,而且不能被恢复的句法省略也伴随着这些符号要素的限制,使人们不可能再度构造特有的被省略的句法范畴,使表达的意义不可能具有确定性。在精神分析领域,克里斯蒂娃也用这种语言学区分阐释母亲地位。符号语言活动把模糊性、漫游性引入语言之中,从历史同步性来看,它成为一种驱动力的标志,从历史观点来看,它来自古老的符号身体语言。而本能的、母性的和符号的过程也要为一个未来的言说者进入语言的意义与象征层面做好准备。"作为象征功能的语言以压抑本能的驱动力和与母亲关系的延续为代价来构成自身"⑪,而诗歌语言则把过程中的主体安置在古老和本能的母亲领地——前俄狄浦斯阶段领地。那么,如何形成人的个体性和主体性呢?婴儿又是如何进入语言意义系统呢?克里斯蒂娃的回答是:第一步是对母亲身体的厌弃(abjection),由于母亲身体在个体主体形成过程中构成具有威胁性的边界,在母亲没有成为婴儿的对象之前,她便成为厌弃物。不仅个体的发展如此,人类语言、文化和社会的发展也是以压抑母性的权威为代价的,"母亲的身体也是'自然'面对'文化'的门槛"⑫。克里斯蒂娃对于女性主义哲学的一个重要贡献是呼唤一种新的母性话语。她对于个体主体以及语言、文化和社会的形成过程中对母性的压抑提出批评,"对西方文化中一些关于母性的传统话语,尤其是关于圣母玛利亚的神话进行批评,因为它们并没有把母亲呈现为一个重要的言说的存在。而没有一种新的话语,我们就不能开始想象伦理学。

---

⑩ Julia Kristeva,"From One Identity To An Other," in Kelly Oliver ed., *French Feminism Reader*, Rowman & Littlefield Publishers Inc.,2000,p.159.

⑪ Ibid.,p.161.

⑫ Julia Kristeva,"Motherhood," in Kelly Oliver ed., *French Feminism Reader*, Rowman & Littlefield Publishers Inc.,2000,p.159.

如果伦理学是我们对于彼此责任的哲学,那么为了把伦理学理论化,我们便需要分析彼此的关系结构"。依据精神分析学,我们与母亲的关系是随后所有关系的样板,所以我们要分析自己与母亲的关系,而"为了想象一种伦理关系,我们必须把与母亲的关系想象为一种社会关系,把母亲看成一种言说的社会存在"[43]。因而,克里斯蒂娃是基于语言哲学和精神分析学等理论,从对母亲的研究入手来建构性别伦理学的。

四 "双重错位"境遇

如前所述,女性主义与后现代主义之间呈现出一种"双重错位"的关系,而且被后现代主义所批评的,启蒙运动以来的哲学思想已经成为女性主义及其哲学立足的根基。尽管启蒙运动是男性的知识方案,但它的许多基本理念仍旧是女性主义追求女性解放和男女平等目标中的核心概念,如权利、自由、平等和主体性等,甚至性别概念本身也是具有启蒙特征的概念,如果后代主义把这一切都解构掉了,女性主义也就失去了自身存在的意义。因而,在后现代主义时代,女性主义哲学必须思考如何为女性寻求身份,如何研究哲学中的性别差异,以便为女性主义的政治目标服务等问题。因而,女性主义哲学,连同后现代女性主义哲学,最终都不免要在现代与后现代之间生存,这可以说是所有女性主义哲学的共同特点。

事实上,与其说后现代主义是一个独立的学派,不如说它是一种认识方式。其核心目标在于反对逻各斯中心主义,反对理性至上的原则,反对以统一性为核心的现代认识论,主张依据差异性、多元性、非理性、随机性等特征来阐释新的认识论。后现代主义认识论大体上有四个特征:1.反基础主义。以往的哲学总是试图找到具有某种终极特性的观念或者出发点作为基础,认为基础找到,知识的统一性和确定性便有了保障,所以理论研究的主要目的是发现和确立这种基础。与这种基础主义的本质论相反,后现代主义主张用多元性取代统一性,用不确定性和模糊性取代确定性,用破碎性、边缘性取代中心性,用情感和冲动反对理性。2.反本质论。反对传统认识论中本质与现象的二元对立,反对在认识论中套用规律、原则和模式一类的概念。3.反表象主义。近代以来的西方哲学主流是认识

---

[43] Kelly Oliver ed., *French Feminism Reader*, Rowman & Littlefield Publishers Inc., 2000, p. 156.

论,笛卡尔等人把关于人的心灵活动的认识论作为哲学核心,后现代主义则认为这种做法是错误的,其实无论人还是心都已经消亡,根本不存在什么认识主体。4.非理性主义。后现代主义也反对传统认识论中源于理性的普遍性,认为以理性或者逻辑制定出来的条理和方法论只不过是某种游戏规则而已,不能成为普遍的规范,只有人的情感、经验和想象才是真实的。

后现代女性主义也继承了德里达等人的后现代主义认识论精神,以三种解构倾向对认识论作出贡献:一是解构男性和理性中心主义,一些学者甚至拒绝任何带有"主义"的标签,认为这些标签会带有阳具和理性中心主义的色彩。二是解构二元论,这首先针对的是自我与他者的二元对立。以波伏瓦为代表的存在主义女性主义指出,在西方哲学中,女性被置于"第二性"和"他者"的地位,因而女性应当批评和超越这种存在方式。后现代女性主义在认同波伏瓦这种批评的基础上强调他者的优越性,认为如同女性一样处于社会边缘地位的人能够提供更为优越的社会规范、价值和实践。他者的存在方式更为开放,并使差异成为真正的可能。另一些后现代女性主义者,例如西苏则从文学写作角度解构二元论。在她的思想中,最易于被接受的观点是对于"父权制二元论思想"的分析,这种二元结构呈现为主动/被动,文化/自然,昼/夜,父亲/母亲,头脑/感情,理智的/敏感的,理念/情感。与之相应的便是男女的二元对立,每一对概念都可以分析为一种等级结构,而女性总被看成是否定的、没有权力的一方。在西苏看来,西方哲学和文学一直是这样一种无穷尽的等级制的二元对立,而这些二元对立的双方最终都要回归到一个基本的对立项——男女对立。因而,女性主义哲学和写作的根本任务就是解构这种二元对立。三是解构本质论。后现代女性主义认为女性并不具有成为女性的本质属性,那种认为女性的生理本质决定某些感情和经验的观点实际上还在坚持男女的二元对立的理论,"女性"仅仅是社会的产物,它作为一个术语,取决于被讨论的语境,而并非取决于某种生理本质或者社会经验。例如女性主义哲学家南希·弗雷泽(Nancy Fraser)等人认为,后现代女性主义应当以多元的和复杂的社会建构身份概念来替代统一的女性以及性别身份的概念,不仅把性别看成一个人多种身份中的一种身份,也应当关注到阶级、种族、族群、年龄以及性倾向等。因而,后现代女性主义认识论的一个突出特点是强调是承认多元的碎片化的社会身份,因为在这一理论看来,任何身份的普遍性都无法把握现实中人们社会地位的无限多样和复杂多变的组合,"借助于命名所体现出来的排外意识是尖锐的。身份认同似乎是对立的、局部性的以及策略性的"。"差异"主张是后现代女性主义认识论对传统认识论提出的一种挑战和批判,因为任何普遍性的理论和社会范畴都是片面性的、局部性的、虚假的和缺乏正当性的,并"不存在超越局部的理性和正当性的标准,任何通过诉诸普遍性的理性而给思想强加限制的企图都被判定为是'恐怖'的行动"。然而,对于后现代女性主义来说,承认差异更多的是意味着一种政治意义,而不是认识论上的经验意义。如果说后现代主义认识论的核心是在认识论中为多元主义留有余地的话,后现代女性主义认识论的核心则是以对于差异的关注表达政治上被包含和自由表达的要求。从这个意义上说,这一理论由于自身的女性主义政治诉求而无法成为真正的反本质主义者、反基础主义者和反理性主义者,至少这一理论需要有策略地认同女性的身份,并对理性有不同程度的保留,这也可以解释为什么西苏在批评父权制哲学中的二元论时又强调用"白色的墨水"写作,并把它与"母亲的乳汁"联系起来,以及伊丽格瑞试图发展一种女性的语言,使女性不再使用"非男性"的语言讲述自己不同故事的做法。女性主义哲学家米兰达·弗里克强调一种"视角实在论"的可能性,认为在任何既定的历史时期,构成这一历史时刻的众多事实都可以从多重视角进行理性的审视,而这种理性是一种具有伦理学含义的实践理性,它直接体现出女性主义在认识论上被包含,以及进行有差异的自由表达的政治要求和社会变革的愿望。

就本章讨论的法国女性主义哲学家而言,从某种意义上说,波伏瓦是一个偏向现代主义,而又具有后现代主义哲学倾向的女性主义哲学家。而西苏、伊丽格瑞和克里斯蒂娃也等人一方面对于传统哲学的性别形而上学进行解构,另一方面也从不同角度论述"性别差异"和女性身份,即便在建构一种女性的新方案,以便取代弗洛伊德等人的男性尺度时,克里斯蒂娃也反对女性有一种固定不变的身份,她呼吁把母亲当作"言说的主体",以此来建构女性/母性的主体地位。由此可见,后现代女性主义哲学家本身的"双重错位"处境是由女性主义追求的政治和社会目标决定的。

就本章讨论的后现代女性主义哲学主题而言,无论是对于性别形而上学的解构,还是对于女性身份和伦理的探讨,法国后现代女性主义哲学家都始终围绕着现代与后现代哲学的边界来探讨性别差异问题,尽管不同的哲学家对其讨论的方式各有异同。例如当这些哲学家在讨论身份概念时,既要解构父权制哲学的本质论和菲勒斯中心主义,又要兼顾到对女性身份的界定,并由此从哲学意义上为女性主义运动提供论证。英美女性主义学者更关心从关系角度揭示女性身份,例如米勒等人相信女性身份是一个位置和关系问题,它包括女性复合体轮廓与它的任何完整性之间的关系,前者指的是女性位置的连续性和完整性,以及完整性之间的相互联系。完整性是命名复合体位置的一种方式,指明一种复合体定位在一种特有秩序中的方式。同时,在女性的各种完整性之间存在真正的差异,每一种完整性所具有的特点也不同。美国马克思主义女性主义哲学家安·弗格森也试图通过拓展马克思主义的阶级范畴在阶级关系中揭示女性的身份,她把单一的经济阶级概念拓展为四种阶级关系概念,即剥削关系、政治关系、历史凝聚力、主宰关系与自主性,这四种关系也决定了女性相应的阶级身份:种族阶级、性别阶级、家庭阶级,以及个人经济地位阶级。她认为正是这些阶级关系和身份决定了一个女性的个体身份,无论她的家庭阶级如何,每个女性都会在性别经济关系中受到不同程度的剥削,因而,女性的身份和主体地位更多地来自性别阶级而不是家庭阶级。而法国后现代女性主义则在此基础上借助大陆精神分析学、符号学、语言学和解构主义等哲学资源,尤其是把精神分析作为工具,从个体和女性的心理发展过程中揭示和说明性别差异,解构菲勒斯中心主义。在20世纪60年代的美国同行通过贬低弗洛伊德理论来建构女性主义哲学理论时,1968年出现的法国新女性主义则同巴黎知识界一道关注精神分析学,认为这一学说能够提供一种个人解放的理论,从个体的童年心理成长探索男女潜意识中性别差异及其认同的形成与驱动力,分析父权制社会中女性被压迫的状态,说明女性身份和主体如何被压抑,探讨女性解放的路径。在父权制哲学中,"如果像西苏和伊丽格瑞表明的那样,女性被定义为意义的缺乏、否定或者缺席,非理性、混乱、黑暗——简言之是非存在的话,克里斯蒂娃对于边缘化的强调使我们看到女性的这种压抑来自位置而非本质。在任何情况下我们所设想的边缘都取决于一个人所占有的位置"[44]。而且,在揭示女性身份时,无论是西苏和伊丽格瑞从秩序和时空

---

[44] Toril Moi, *Sexual/Textual Politics*, Routledge, 2001, p.165.

角度的理解,还是克里斯蒂娃从位置角度的说明,都与英美女性主义哲学家相得益彰。

从本章的讨论中,我们也可以清楚地看到女性主义哲学在后现代时代生存所遇到的一些理论困境,例如当法国后现代女性主义哲学家试图以解构和性别差异来开拓与宣布一个女性主义诗学的新时代,批评菲勒斯中心主义,父权制哲学的性别形而上学和本质论,以及同一性逻辑时,其理论依旧有可能具有为自己批评和否定的父权制哲学的特性。"法国的女性理论以解构的语言危险地接近恢复传统的对于女性和女性创造性的假设。"⑤女性主义哲学家德曼·斯坦顿(Doman C. Stanton)分析了西苏和伊丽格瑞、克里斯蒂娃对于女性/母性的论述,指出她们的理论中,或者说后现代女性主义哲学的理论中依旧存在着重蹈父权制哲学覆辙的可能性。⑥ 其一,这些哲学家并未逃脱父权制哲学的性别本质论,并再现了性别二元论。斯坦顿认为,这三位哲学家对于女性差异、把女性比喻为主要差异的观点依旧延续了海德格尔以来现代性哲学家的思想脉络,实际上,在她们关于女性/母性的隐喻中,"伊丽格瑞、西苏和克里斯蒂娃从相反的方向响应了传统的二分对立——把男性同文化等同起来,把女性限定在自然本能方面"。"她们复制了男性的理性和女性的物质性、肉体性和性。"⑰又如,伊丽格瑞试图以海洋般流动的本质来说明女性差异,把女性的身体描述为总是如同双唇讲话般的同为彼此、开放和分享,呈现出没有任何壁垒和边界的多元性,拒绝定义自我和他者,把这看成是菲勒斯中心主义的二元论。然而,在斯坦顿看来,这实际上还是在坚持古老的把男性本质描述为坚硬、严酷和死亡,把女性本质看成柔软、流动、运动和生命的菲勒斯逻辑。而且"母亲的奶水对于西苏的女性写作来说是以占据主导地位的隐喻载体出现的"。她也反对男性为女性写作,因为女性的声音是"子宫的声音",是内在的母性沉思的女性声音,是她为其他女性吟唱的歌曲,而这在斯坦顿看来,依旧是在坚持性别本质论。其二,这些后现代女性主义哲学家对于弗洛伊德精神分析学的批评并不彻底,甚至

---

⑤ Domna C. Stanton, "Difference on Trial, A Critique of The Maternal Metaphon in Cixous, Irigaray, and Kristeva," in Jeffner Allen and Iris Marion Young ed., *The Thinking Muse: Feminism and Modern French Philosophy*, Indiana University Press, 1989, p.171.

⑥ Ibid., pp.156-178. 这里提到的可能性仅基于本书作者对于这篇文章的解读和概括。

⑰ Ibid., p.167.

依旧在某种程度上延续着他的理论逻辑。西苏、伊丽格瑞和克里斯蒂娃都关注被弗洛伊德看成女性前历史的,外在于父亲和丈夫关系领域的前俄狄浦斯阶段。而且,同西苏和伊丽格瑞相比,克里斯蒂娃更多地把这一阶段作为自己颠覆性理论的基石,提出符号语言和象征语言的区分,认为前者与母亲身体相联系,而且婴儿必须通过厌弃母亲才能进入由父亲代表的语言和象征秩序中。但对斯坦顿来说,尽管这三位强调差异的女性主义哲学家把前俄狄浦斯阶段看成以女性为中心的空间,但依旧延续了弗洛伊德的俄狄浦斯世界观。而且克里斯蒂娃在说明男性艺术家对于符号语言的回归时依然如故地使用了弗洛伊德菲勒斯主义文献对于母亲的说明,例如认为母亲是被动的,不能自己言说,必须通过男性来言说,男艺术家在她所不在和不知道的地方言说,描述她的身体快乐。[48] 因而,在斯坦顿看来,这三位法国后现代女性主义哲学家虽然都以"性别差异"作为自己理论的核心,但事实上都依旧在不同程度上以古老的哲学语言来描述女性,再现父权制的菲勒斯中心主义和同一性逻辑,尽管西苏"像伊丽格瑞一样强调并不存在女性的本质、自然和命运,但她试图建立一种赋权方法论,抑或没有女神的魔法的欲望却导致对于'普遍女性主体''新女性'的肯定,'如果上帝一直是一个女性的话',他将以女性的方式来呈现亚当"。而且"更为重要的是,古老的菲勒斯体系和有问题的言说在新女性身上大量地得以体现"[49]。

  总体上看,上述批评有一定道理,也可以证明后现代女性主义哲学不可避免地要在现代与后现代之间生存。在后现代主义境遇中,女性主义哲学与后现代主义始终处于一种"双重错位"的状态,这本身缘于后现代主义所导致的女性身份碎片化的境遇。"后现代主义典型地提倡一种有关碎片化身份的社会本体论,不是基于社会学的精确性,而是基于政治理由,即任何其他的本体论都是具有排斥性的。问题就在于,任何身份的普遍性类别都不适合把握现实的人们所占有的社会地位之无限多样的组合

---

[48] Domna C. Stanton, "Difference on Trial, A Critique of The Maternal Metaphon in Cixous, Irigaray, and Kristeva," in Jeffner Allen and Iris Marion Young ed., *The Thinking Muse: Feminism and Modern French Philosophy*, Indiana University Press, 1989, pp. 164-165.

[49] Ibid., p. 161.

以及多变的组合。"㊿如果说马克思主义女性主义突出的是"阶级身份",那么后现代女性主义强调的则是"碎片化身份"。这种身份变化是由政治原因所导致的,突出强调某一种身份都会遇到政治的"排斥性",以及由此带来的权力地位和资源配置方面的不公正,被排斥的群体不可避免地处于边缘和劣势地位,这本身便违背女性主义的初衷,然而,后现代主义所强调的女性碎片化的身份势必与女性主义强调女性身份以及女性群体利益的政治诉求形成一种理论悖论,而鉴于女性主义的政治使命,这种局面必将长期存在下去。

㊿ 〔英〕米兰达·弗里克、詹妮弗·霍恩斯比编:《女性主义哲学指南》,肖巍、宋建丽、马晓燕译,北京大学出版社2010年版,第162—163页。

第四章
精神分析中的女性主义

从临床心理学意义上说,精神分析是一种独特的、增强性的心理治疗形式,它可以加速个人的发展,使他们从生活中的不满意或者痛苦中解脱出来。在追求这一目标的过程中,需要患者与精神分析学家紧密配合,认真关注过往与现在、身与心以及幻想的与实际的个人体验、人际关系体验之间的交互作用,这是一种深层的,能够启动一个人转变过程的解释说明。而从哲学意义上说,精神分析则不仅是一种身体理论和把握人们精神世界的方法,也是一种人类体验自身和心灵,以及周围世界的方式,"精神分析思想有助于把不同领域的体验联结在一起:过去与现在、清醒与睡眠、思维与情感,人际事件与最隐私的幻想"[①]。精神分析也提供了一种语言,用以描述精神的结构和灵魂的深度,以及主体、身份、性别、自我和道德观的形成与发展过程。而"当代精神分析文献和当前分析性实践中主要关心的内容——主观性的性质、个人意义和创造力的产生、主体在文化、语言和历史背景中的存在,实际上都是我们时代最重要的关心内容"[②]。因而,当女性主义浪潮带来当代哲学思维的革命时,必须深入到精神分析领域研究"性别差异",发展女性主义精神分析学。当代女性主义精神分析学已经超越批评弗洛伊德等人"解剖即命运"的阶段,而更多地从学理上以这一理论为基础探讨性别差异、女性的主体地位、性别身

---

① 〔美〕斯蒂芬·A.米切尔、玛格丽特·J.布莱克:《弗洛伊德及其后继者——现代精神分析思想史》,陈祉妍等译,商务印书馆2007年版,第6页。
② 同上书,第11页。

份,女性的欲望和心理发展、母婴关系等问题,从意识和潜意识的关系中,从现实和理想之间说明女性的心灵体验,以女性为主体阐述"性别差异"话语,从人的自我和道德的动态发展中解释和追求性别平等的目标,探讨女性/人类的心灵与社会发展之间的互动。

一 "双刃剑"效应

"性别差异"一直是精神分析理论关注的问题。因而,精神分析理论似乎不分学科地成为女性主义理论研究的一个出发点。伊丽格瑞认为,在哲学话语中,性别歧视的首要工具是精神分析。事实上,几乎所有的女性主义学派都试图从不同角度对精神分析学传统提出批评,而女性主义精神分析学的探索也多半是从弗洛伊德的理论出发的。

从精神分析学来说,性别差异主要指男女之间性别身份上的差异,性别身份来源于人们潜意识中对于自我的选择③,这一身份定位的过程是自我决定采取男性或者女性生存方式的过程。由于男女对于性别身份的选择是不断变动的,性别差异也是动态的。而且,这种状态的出现实际上并非取决于个体的主观选择,而是取决于性别的生存方式,即每一性别都存在于一定的社会、文化和历史之中。因而,研究性别差异的目的主要在于研究女性自我和主体形成的过程;研究性、性别和性别身份在这一过程中的功能和作用;研究主体与话语之间的关系;主体与社会、文化和历史之间的关系,以及主体与自然之间的关系。

弗洛伊德试图从性与潜意识入手研究性别差异,说明女性自我和主体形成的过程,他以潜意识为场所解释性别差异和性,而其中的关键环节

---

③ 现代精神分析的自我意识理论建立在自我认同的基础上,无论是拉康还是女性主义理论都把它看成是重要的概念。埃里克·埃里克森提出认同危机的概念,他强调主要有三种认同危机:第一种是姓名危机,要知道我是谁,以父亲的名字作为归属;第二种是种族认同危机;第三种是职业和人生的危机。笔者认为,女性主义要解决的是性别身份危机。这种危机至少发生于性别(sex)与社会性别(gender)之间,以女性为主体的社会性别与以父权制建立起来的社会性别之间,女性自我对性别与社会性别的认知同社会对于女性性别的认识,以及社会性别的规定之间等。女性的自我和主体的建立必然要受到性别差异的影响,而如何协调女性作为个体与自我、与社会之间的性别身份危机,如何颠覆父权制的社会性别构成,使女性的性别身份更接近本真的性别,更体现出自主性和主体性,便是女性主义讨论性别差异的重要意义,也是它所追求的政治目标。

是俄狄浦斯情结和阉割情结。1900年,弗洛伊德在《梦的解析》一书中,首次提出"俄狄浦斯情结"的概念,用它来解释人的主体和欲望,后来这一概念成为精神分析的基石。1905年,弗洛伊德在《性学三论》中又提出"阉割情结"和"阳具嫉妒"(penis-envy)两个概念,认为无论男孩还是女孩,最初都会以为对方拥有阳具,但女孩的阳具却被阉割了,这就导致男孩产生害怕被阉割的恐惧。然而,当许多男孩后来知道女孩原本就没有阳具时,便会对女性产生一种鄙视。相反,当女孩发现自己的性器官不同于男孩时,便会形成嫉妒心理。④ 他认为两性都围绕着阉割情结形成性别,而阳具是一种标志,男孩的"阉割恐惧",女孩的"阳具嫉妒",以及由此产生的对于阳具和孩子的欲望,使儿童拥有了性别差异,并在此基础上形成了各自的自我和主体。因而,"阉割情结"在性别、自我和主体形成中的作用。弗洛伊德强调自己并不感兴趣描述女性是什么,因为这是一个很难完成的任务,他只是关心女性如何才能成为女人,获得自己主体地位的问题。然而,尽管弗洛伊德对于性别差异提出许多设想,但他自己也承认"有一个重要问题尚未被解答,纵然我研究女性的灵魂达30年之久,我仍然无法回答,这问题便是:女性究竟想要什么?"的问题⑤,因而,女性的心理对他来说一直是一片黑暗的大陆。⑥

　　拉康承担起重新提炼和解释弗洛伊德女性心理学理论的任务。在20世纪70年代,他集中探讨了女性的性问题,其目的在于对任何以性面目出现的确定性、权威性提出质疑。他从弗洛伊德关于性别差异的理论中察觉出一种内在逻辑,并试图通过现代语言学对它进行阐述。他的理论深受结构主义的影响,而结构主义旨在揭示对象和关系系统的秩序特征,分析其表现方式和结构,"研究结构的人把现存事实拿来,打碎,再重

---

④ 〔奥〕弗洛伊德:《爱情伦理学》,林克明译,作家出版社1986年版,第71、85页。
⑤ 〔法〕保罗-罗宏·亚舜:《弗洛伊德与女性》,杨明敏译,台湾远流出版公司1993年版,第47页。
⑥ 法国女性主义哲学家托莉·莫娃曾借用克里斯蒂娃的理论对弗洛伊德的这一观点进行有趣而形象的分析,因为父权制把女性置于符号体系中的边缘地位,女性便成为秩序的边界和界限。在菲勒斯中心主义者看来,女性呈现为男性与混乱的必要边界。因为她们是十分边缘的,所以总要后退到边界之外的混乱之中,换句话说,女性总要体现出所有边界令人不安的特征,她们既不在边界内也不在边界外,既不能被认识也不能不被认识。女性的这种地位使得男性文化有时把她们呈现为黑暗的和混乱的,有时她们提升为更高或者更纯粹的自然的代表,尊为圣母。就前者来说,边界被看成边界之外的荒野,而就后者来说,边界是边界内固有的部分,保护和遮蔽着符号秩序不受想象中的混乱的破坏。参见Toril Moi, *Sexual/Textual Politics*, Routledge, 2001, p.166.

新组合在一起"⑦。拉康精神分析的特色是"以结构主义哲学为基础,以语言为工具来解析潜意识",认为"语言结构是潜意识内在结构的外化","潜意识就是被内在地结构化的一种语言"。⑧ 拉康借用瑞士语言学家索绪尔的符号学解释潜意识功能,从符号学角度阐述菲勒斯的地位,说明女性及其性概念,他认为两性都需要菲勒斯来进入他者的领地,但方式有所不同。"他者"在这里可以有两种理解——作为由类似于语言规则来规定的社会符号系统;作为心理结构,这种社会他者的代表内化在潜意识结构之中。拉康以菲勒斯置换弗洛伊德的阳具概念,解释性别差异,认为弗洛伊德的"俄狄浦斯情结"仅仅是在符号结构中才具有意义,把弗洛伊德对主体与性别形成过程的解释从生理欲求上升到社会文化结构,这也是拉康对弗洛伊德理论的发展。

总起来说,拉康对于性别差异的讨论对于女性主义精神分析学的发展意义主要体现在四个方面:其一,他以菲勒斯来置换弗洛伊德的阳具概念来解释性别差异,无疑削弱了弗洛伊德仅仅突出阳具作用的父权制观念;其二,他以语言符号系统作为社会的先在结构,这就表明弗洛伊德的"俄狄浦斯情结"仅仅是在符号结构中才具有意义,而不是存在于现实关系中的生理欲望,在说明主体和性别形成的过程中便把弗洛伊德的理论从生理欲求上升到社会文化意义的结构;其三,他转变了理解和再现父权制的基础,强调并不是男性导致了女性的被压迫境遇,这一状况是由社会经济和语言结构即他者所导致的;其四,他强调了在父权制体系中,女性在语言和符号中的缺席,或者在潜意识中没有能指的状况是对所在社会和文化的客观反映,女性问题准确地说是构成她的符号表达问题,追根究底,女性问题是一个社会问题。虽然拉康没有直接批评这种社会现实和符号体系,但无疑使女性主义精神分析学家得到了有益的启示。

伊丽莎白·格罗兹认为:"弗洛伊德的工作可分为两大主题:性和潜意识。拉康则在这一基础上注入一种符号学的洞察力。他对于潜意识、性、欲望和身份证明的理解暗示着这些都是生产意义和越轨的场所。潜意识被建构成'像一种语言'的东西,因为它由两个具有语言功能的支柱来支撑:比喻/节略和换喻/替换。性驱动力则是具有文化意义的系统及

---

⑦ [德]格尔达·帕格尔:《拉康》,李朝晖译,中国人民大学出版社2008年版,第2页。
⑧ 申荷永:《精神分析:理解与体验》,三联书店2004年版,第101—102页。

其再现的结果。这正如我们所欲望的对象并不能让自己感到满足一样,只是因为它们意味着某种东西才拥有价值和意义。"⑨格罗兹的这一解释不仅概括出了弗洛伊德与拉康理论的差异,也强调了拉康工作的意义,即从文化、社会和语言来说明潜意识和性驱动力,阐释主体和性别差异,这就为女性主义精神分析学理论敞开了进一步探索的理论空间。

女性主义学者对弗洛伊德等人的经典精神分析学大都采取谨慎的态度,有批评也有汲取,例如简·盖洛普看到:"尽管精神分析学很可能与从维多利亚时代以来的性压抑中获得解放相联系,它同时又难免成为压制妇女的另一个化身,因为它要求妇女回到适合于她们的位置上去,并为妇女安然地待在那个位置上提供自我调节的方法。"⑩而美国女性主义学者朱丽叶·米切尔则明确赞成弗洛伊德和拉康的主要观点,并提出三点理由为其辩护:其一,精神分析的本质是理解男女如何把父权制的意识形态内在化,弗洛伊德不是在规定女性应当如何,而是在描述父权制文化对女性提出的要求,试图说明父权制的性别角色如何得到内化。他实际上是一位科学家和观察者,而不是父权制的倡导者。没有弗洛伊德的精神分析,性别角色以及它们的社会价值就不能够当作意识形态或者政治影响来看待,不能被当成权力关系的结果和复制来看待。"对于弗洛伊德来说,如果精神分析学是菲勒斯中心的,那么是因为它所感知的人类社会秩序反映了个体人类主体以父权为中心的倾向。"⑪而"拉康对于弗洛伊德的重读似乎解释了为什么女性隐藏在历史中,为什么女性是不存在的"⑫。其二,女性主义不应当谴责菲勒斯中心主义,因为它把主体和性视为社会产物,而不是自然发展的结果。菲勒斯实际是一个中性概念,两性围绕着它被当作社会产物建构起来。其三,精神分析学可以提供一种与性别斗争紧密联系的意识形态分析。作为一种解释模式,精神分析具有政治和社会意义,而不仅仅是一种治疗技术。米切尔有兴趣用精神分析解释父权制压迫结构如何在文化上得以不断复制的问题,而不想用它来解释性别歧视和不平等问题。可以说,米切尔的这种立场在女性主义

---

⑨ Elizabeth Grosz, *Jacques Lacan: A Feminist Introduction*, Routledge, 1990. p. 4.

⑩ 〔美〕简·盖洛普:《通过身体思考》,杨莉馨译,江苏人民出版社 2005 年版,第 197 页。

⑪ Jacques Lacan and the ecole freudienne, *Feminine Sexuality*, George J. Mcleod Limited, 1982, p. 23.

⑫ Juliet Mitchell, "Psychoanalysis and Feminism at the Millennium," Elisabeth Bronfen & Misha Kavka edt., *Feminist Consequences*, Columbia University Press, 2001, p. 11.

精神分析学中具有一定的代表性,而这本身缘于女性主义与精神分析学关系之间复杂的关系。格罗兹认为,我们可以用"迷人的"一词解释这种关系,精神分析吸引女性的原因在于它可以提供一种说明,解释女性在父权制文化中的社会和精神状况,同时它也会让女性陷入男性规范的陷阱。因而,女性主义者应当能动地颠覆这一理论,利用它的一些方法理解女性是如何在文化中,并且通过文化来造就的。归根结底,"精神分析对于女性主义的用处依旧是不清楚的,它是一把危险的'双刃剑',因为作为一种概念体系,它一方面要对父权制的膨胀负责,另一方面却可以毫不犹豫地与各种厌女症理论体系进行战斗"[13]。正如格罗兹所言,女性主义精神分析学家完全可以利用这一精神分析工具来建构自己的理论,因为"精神分析女性主义视角的优势是有价值的。在精神分析理论中,正如在精神分析人类学和人类学亲缘关系理论中一样明确地关注到性别和社会性别,这一直是理论与实践的核心内容和基础,即便并非从女性主义视角的探讨也是如此"[14]。

二 驳"解剖即命运"

如前所述,精神分析是性别形而上学的一种重要形式,而俄狄浦斯情结则是精神分析理论的基础,旨在讨论父母与子女的地位,相信每一性别都与自身的形态相关,女孩由于缺少某种器官——阳具而必须通过两个指标来定义自身的性别和主体:身体的形态和与男性的关系。此外,弗洛伊德还认为,在性别差异形成过程中,父亲地位具有重要的意义,因为他不仅拥有阳具,也是菲勒斯的象征[15]。尽管拉康对于弗洛伊德的解读突出了语言和符号意义,强调菲勒斯是两性共同的能指,在面对阉割折磨时,每一性别都以自己的方式成为主体,但他最终还是恢复了弗洛伊德理论中的男性特权。因而,在弗洛伊德和拉康的理论中,女性被否定性地建构起来,因此,"我们必须把精神分析学置于厌女症的历史背景之中,女性主义者能够策略性地颠覆和/或治理有用的东西,而不陷入到其本身很

---

[13] Elizabeth Grosz, *Jacques Lacan: A Feminist Introduction*, Routledge, 1990. p. 147.

[14] Nancy J. Chodorow, *Feminism and Psychoanalytic Theory*, Yale University Press, 1989, p. 2.

[15] Phallus,菲勒斯,一般为解剖学用语,指阳具,或者阴蒂。在精神分析学中有特殊的含义,被认为是父亲的隐喻和象征,在拉康和后现代主义理论中,集性别、名号、父权和法权于一身。

成问题的本体论、政治学和道德承诺中去"⑯。

因而,女性主义在批评弗洛伊德和拉康的理论时,需要把握两个重要问题:对于"解剖即命运"和菲勒斯中心主义的批评。事实上,女性主义对前者的挑战至少始于20世纪30年代。例如人类学家玛格丽特·米德曾研究了三个新几内亚社会,并得出结论说:每个社会在男女性别以及性观念方面都是不同的。"我丝毫不怀疑,我们所谓的先天性别气质只不过是人类气质的不同变异。因此,无论哪种单一的性别或者男女不同的性别,均可以通过训练而使其成员变为在气质上大致相近的人。"男女的性别特征是文化作用的结果,"性别之间标准化了的人格差异也是由文化'监制'的。每一代男性或女性都要在文化机制的作用下,适应他们所处的社会文化环境"⑰。文化是人为的,是人类一切创造的总和。到了40年代,波伏瓦等人也通过对"女性永恒气质"的讨论批驳弗洛伊德等人的"解剖即命运",强调"女性不是生就的,而是造就的。生理上、心理上或经济上的命运并不能决定人类女性在社会中出现;是作为整体的文明造就了这一介乎于男性与无性之间的,被描述为女性的生物"⑱。因此,无论是男性还是女性,都不是一个自然物种,而是一个历史概念。人类永远处于不断变化的状态之中。弗洛伊德设想女性自认为是残缺不全的男人,但实际上"弗洛伊德从未对妇女命运表示过多的关注,而只是将对男人命运的阐述稍加修正和改头换面,便成了对妇女命运的阐述"⑲。

在精神分析领域,当代美国心理学家卡伦·霍尔奈(Karen Horney)也对"解剖即命运"的观点提出批评,在她看来,本质是在与环境相互作用的过程中产生的,并不是一成不变的,精神分析的最终目的是解决幼年的神经质(Neurosis)问题,这是治疗成年神经质的核心。她之后的一些女性主义精神分析家,伊丽格瑞和克里斯蒂娃等人也对"解剖即命运"的理论提出批评,弗洛伊德强调女孩在解决俄狄浦斯情结时表现出三个特点:"正常的"被阉割的被动性、胆怯和男性气质。而"伊丽格瑞在描述女性起源的方案时却试图给出一个超乎弗洛伊德限定的不同选择,为女性

---

⑯ Elizabeth Grosz, *Jacques Lacan: A Feminist Introduction*, Routledge, 1990, p. 7.
⑰ 〔美〕玛格丽特·米德:《三个原始部落的性别与气质》,浙江人民出版社1988年版,第266—267页。
⑱ Elizabeth Frazer ed., *Ethics: A Feminist Reader*, Blackwell Publishers, 1993, p.194.
⑲ 〔法〕西蒙·德·波伏瓦:《女性的秘密》,中国国际广播出版社1988年版,第36页。

找到位置。与克里斯蒂不同的是,她拒绝了父亲的名义,承担起精神错乱的风险,但是颠覆了女性被限于符号秩序(男性的,菲勒斯中心的)的命定论空间"[20]。

格罗兹也曾把克里斯蒂娃、伊丽格瑞的理论与弗洛伊德和拉康的精神分析学进行比较,认为克里斯蒂娃与弗洛伊德、拉康精神分析学的差异体现在五个方面:其一,尽管在拉康理论中有一种概念空间可以解释具体的历史决定因素,但拉康本人却很少说明它,而是更喜欢一种专横的、普遍的形而上学风格。而与之不同的是,克里斯蒂娃主张意义和主体特有的历史性和社会性,认为个体和能指实践的社会历史决定因素永远是本质性的。其二,拉康过于专注词语的语言而牺牲其他表达意义的方式。但克里斯蒂娃认为音乐、绘画和电影等文化形式产生的前提条件也能够成为词语的前提条件。如果想象具有视觉的秩序,它也同样也是由有声的结构,通过接触、品尝和味觉来组织的。其三,拉康强调阉割导致了想象与符号之间的决裂,但克里斯蒂娃却提出一个"符号想象"范畴,认为它是先于俄狄浦斯出现的。其四,克里斯蒂娃的概念既非直接与拉康对立,也不是对拉康概念的发展,例如拉康假设在母亲照顾中形成爱的关系,以及菲勒斯与母亲潜意识的一体化,而克里斯蒂娃则把养育与想象的,以及最终为符号之爱区分开来。其五,克里斯蒂娃的工作集中于前俄狄浦斯阶段、自恋、身份证明、母亲依赖以及身体快乐,这些都是被弗洛伊德和拉康所忽视的方向。[21] 格罗兹也总结了伊丽格瑞与弗洛伊德、拉康的精神分析学的不同之处:其一,弗洛伊德和拉康基于统一性来探讨性别差异,把差异理解为二元区分中的对立,抑或单一术语的出现或缺席,伊丽格瑞则提出一种没有确定术语的差异。不是在与男性的关系中,通过把男性定义为 A 来把女性定义为 – A,而是要寻求一个完全不同的空间,把女性定义为 B。其二,伊丽格瑞指出弗洛伊德等人的精神分析学呈现的是一种男性的历史秩序和自以为是的真理,例如关于菲勒斯重要性和女性阉割必要性的主张否认了他者的存在,而这显然不是关于男女两性的真理。其三,弗洛伊德和拉康把社会和个体关系作为自己推测的对象,而伊丽格瑞则把精神分析学作为自己分析的对象。因而她的研究是对前

---

[20] Elizabeth Grosz, *Jacques Lacan: A Feminist Introduction*, Routledge,1990,p.150.
[21] Ibid., pp.157-159.

者的解构。其四,拉康严肃地对待比喻和换喻,而伊丽格瑞更注重阅读文本。依据弗洛伊德等人的说法,她的写作方式是女性的,遵循歇斯底里的文本规则,深入到精神分析的内在逻辑中考察什么东西构成了对其自身解释机制的抵制,什么东西被其同一性逻辑所汲取。伊丽格瑞也强调多样性和多元性,但为了开辟女性空间,她把这种特性引入单一性别模式中,认为男性要为女性说话就必须具备这种条件:从男性俄狄浦斯化的躯体中撤离出来,形成中立的和无偏见的空间。这也表明伊丽格瑞的一贯立场,即建立一个并非是作为男性之他者的女性空间。[22]

综上所述,克里斯蒂娃和伊丽格瑞对于弗洛伊德和拉康的批评主要运用了三种方法:其一是对弗洛伊德和拉康所宣称的其理论具有普遍性和中立性的虚假性提出批评,解构前者的男性/菲勒斯中心主义倾向。其二是对于性别差异采取一种截然不同的理解,并借此来开辟女性的空间,突出女性/母性在人类心理发展中的意义,强调女性的欲望和存在价值等。克里斯蒂娃和伊丽格瑞都把研究的重点放在被父权制精神分析学所忽略的前俄狄浦斯阶段,试图从这里出发探讨女性主义精神分析学。其三是强调社会和历史对于塑造性别和主体的意义。女性主义进行哲学解构的根本目的在于政治和社会的变革,这正如女性主义解构主义代表黛安·伊拉姆(Diane Elam)所言:"我并不相信解构主义仅仅如同人们通常宣称的那样是学院式的,解构有助于思考人们对于当代社会及其体验呈现方面精神分裂症的复杂性。"[23]因而,克里斯蒂娃和伊丽格瑞都试图通过解构传统精神分析学来建构女性的主体和社会地位,实现女性主义的政治目标。

三 重释女性/母性欲望

女性主义精神分析学大多围绕着女性身份、性及主体的建构等问题展开。"精神分析学对于女性身份、力比多、性和发展的探讨对于女性主义来说具有重要意义。"[24]一些有代表性的人物和学说包括 20 世纪的美

---

[22] Elizabeth Grosz, *Jacques Lacan: A Feminist Introduction*, Routledge, 1990, pp. 172-174.
[23] Diane Elam, *Feminism and Deconstruction*, Routledge, 1994, p. 2.
[24] Elizabeth Grosz, *Jacques Lacan: A Feminist Introduction*, Routledge, 1990, p. 8.

国心理学家卡伦·霍尔奈对于女性及其本质的研究[25],英国精神分析学家梅兰妮·克莱因(Melanie Klein)对于女性的解剖学研究[26],美国心理学家南希·乔多罗(Nancy Chodorow)对于母性及其复制的研究,以及伊丽格瑞等人对于女性欲望的研究等。

(一)女性本质

霍尔奈被称为精神分析女性主义的第一位代表,她的《女性心理学》一书扭转了弗洛伊德时代对于女性心理发展的解释,使当代精神分析学出现颇具历史意义的女性主义转向。

从20世纪20年代起,霍尔奈便开始在临床精神分析实践中纠正弗洛伊德的观点,发展自己的"性别差异"理论。首先,她试图批评弗洛伊德关于女性心理发展的"本质论"看法,认为精神分析能解脱手脚受限的人类,精神分析学家已经向我们展示了这样一个事实:许多被认为是生而俱有的东西仅仅代表着成长中的阻碍,这一阻碍是可以去掉的。在霍尔奈看来,本质不是一成不变的,而是与环境相互作用产生的,精神分析的最终目的是解决幼年的神经质,这是驱除和治疗成年神经质的核心。其次,霍尔奈也揭露了弗洛伊德等人理论中的"男性价值取向"。她认为精神分析是由一个男性天才创造的,几乎所有发展其思想的人都是男性。他们应更容易发展男性心理学,并更多地理解男性的发展而不是女性的发展。不仅如此,在任何一个时代,有权威的一方总要创造一种合适的意识形态支配被统治的一方,由于人类的文明是男性的文明,国家、法律、道德、宗教以及科学都是男性创造的,连人们用来评判男女天性的标准也并非是中立的,其实质也都是男性的。再次,霍尔奈也看到女性在面对传统

---

[25] 卡伦·霍尔奈(Karen Horney,1885-1952)的主要著作有《我们时代的神经质人格》(1937年)、《精神分析新法》(1939年)、《我们的内心冲突》(1945年)、《神经质与人的发展》(1950年)和《女性心理学》(1967年)。其中《女性心理学》收集的是她在20世纪20至30年代期间所写的关于女性心理学的论文。

[26] 梅兰妮·克莱因(Melanie Klein,1882—1960),英国精神分析学家,生于维也纳,主要贡献是对儿童的精神分析以及对象关系理论(Object Relations Theory)的发展,后者是关于心理动力取向的人格发展理论,主张人类行为的动力源自"对象的寻求"(object seeking),即人类关系的建立与发展,而非弗洛伊德所强调的"快乐的寻求"。克莱因与女性主义有着复杂的联系,一些人把她看成女性主义精神分析学的先驱,另一些人则对她的观点进行女性主义批评。克莱因的著作主要有四卷本:《爱、内疚和补偿及其他著作(1921—1945)》《儿童精神分析》《嫉妒与感恩》和《一个儿童分析的叙事》。

精神分析理论时所产生的困境。在整个社会和文明从里到外都以中立、客观、真理的面目呈现出男性文明时,女性是极其矛盾的。一方面她在无形中已经接受了这种男性的文明,以男性愿望所要求的方式看待自己,适应自己的"天性",顺从男性思想的暗示。另一方面,女性的自身利益和需求又不断地与这种"天性"和方式冲突,而女性为了迎合男性、文化和社会又故意对自己的利益和需求视而不见,继续用男性的标准要求自己,这就使她们面临内心更为激烈的冲突。

事实上,霍尔奈所做的工作是希望剥离男权社会对女性心理的概括,剥离女性本身由于受到这一社会的影响而形成的对于自我"天性"的认识,获得一幅真正的女性精神发展的图画。然而,在她对"性别差异"的研究中,却遇到一个前所未有的困境:因为她无法剥离文化在女性心理形成过程中的角色,由于文化的影响,她也无法确认哪些心理特征是女性纯天然的特征,这一困惑使她在1935年宣布放弃对女性心理的研究,把对"女性的本质"的探讨寄希望于未来。在她后期的著作中,霍尔奈并没有再度探讨这一问题,而是更积极地研究文化对于人们心理的影响,认为神经质归根到底是由文化因素导致的,来源于人际关系的障碍,并最终成为强调文化决定作用的新弗洛伊德主义者。事实上,霍尔奈的研究代表了早期女性主义精神分析学理论对于弗洛伊德学说的批评,尽管在当时并没有对主流精神分析学理论产生很大的冲击,但却为后来的女性主义精神分析学发展奠定了基础,许多女性主义精神分析学家都从她那里获得了启示,例如乔多罗在评价霍尔奈理论时曾指出:霍尔奈作为"第二代精神分析学家,其早期论述女性的成果对弗洛伊德提出有力的挑战。……她试图把自己对于精神分析学和女性心理学理论的批评与自己关于男性主宰社会和文化的意识联系起来。事实上,霍尔奈的理论和早期关于女性的精神分析辩论似乎长期以来并没有对主流精神分析学形成重要冲击,直至新近的女性主义运动和挑战才重新激起人们对于女性心理学的兴趣。然而,她的理论为许多精神分析学关于性别理解的新近修正奠定了基础,也为许多关于性别问题的精神分析学的早期争议奠定了基础,不管人们是否意识到这一点"[27]。

---

[27] Nancy J. Chodorow, *Feminism and Psychoanalytic Theory*, Yale University Press, 1989, p.3.

(二)女性"解剖学"

克莱因也是女性主义精神分析学的先驱者,在英国女性主义哲学家萨拉·里奇蒙(Sarah Richmond)看来,"克莱茵对经典精神分析的发展要先于女性主义精神分析理论所接受的拉康的'语言学转向',为女性主义理论家提供一个更具有建设性的思想体系。在对人性观念的拒绝中,女性主义理论既抛弃了一些关于人性的有价值的见地,也抛弃了一种对能够预示变革的方案的理解。克莱茵对我们内在的、基于生物学精神气质的描述,和在人格形成过程中,这些倾向与社会环境互动的精确说明对于制约变化的可能性,以及限制女性主义想象力的范围提供了有价值的建议"[28]。在20世纪20到60年代期间,克莱因发表了一系列研究成果,与弗洛伊德一样都相信存在着一种人性,而心理学的重要任务是对其进行整合。然而,尽管她在某种程度上纠正了弗洛伊德理论的男性中心倾向,但许多主张性别社会建构论的女性主义学者却忽视了她的研究,使其理论中的女性主义因素没能得到充分的展开,里奇蒙则试图纠正这一倾向,并通过对于克莱因的研究得出结论说,即便她同弗洛伊德一道相信"解剖学上的性别差异"具有"心理上的结果",她的"解剖学"也是女性的。因而,克莱因的研究既可以看成是从弗洛伊德到女性主义精神分析学过渡的桥梁,也可以视为在女性精神分析学对于性别与社会性别关系的研究中,把侧重点放在前半部分,并力图通过这一部分来构建女性主义精神分析学理论的尝试。事实上,女性主义精神分析学本身具有多种多样的研究,而且在性别与社会性别之间有一个灰色的地带,理清和说明这一地带是女性主义理论的艰巨任务,克莱因可以被看成是精神分析学领域从事灰色地带研究的女性主义学者。

克莱因的女性"解剖学"主要由她对于儿童心理学及其母婴关系的研究构成。与弗洛伊德不同的是,她的研究主要关注在前俄狄浦斯阶段,不同性别的婴儿在母婴关系中所形成的不同的"对象关系"体验。她通过研究证明,婴儿在出生后的第一年里,要经历从偏执狂——精神分裂状况,再到抑郁症状况的转变,母婴关系也伴随这一转变而发生变化,这种变化主要体现为婴儿对于母亲幻想(phantasm)的变化,具体说来是从"部

---

[28] Sarah Richmond,"Feminism and psychoanalysis:Using Melanie Klein,"see Miranda Fricker and JenniferHornsby ed.:*Feminism in Philosophy*,Cambridge University Press,2000, p.71.

分对象"到"整个对象"的转变。㉙"'部分对象'的术语被用来说明婴儿最初的对象关系特征。有不止一个理由使用'部分'的前缀:首先,因为在部分对象关系中,婴儿只能最低限度地把自己同对象区分开来;其次,部分对象通常是身体的某一部分;再次,部分对象仅仅包括事实上被相互举例说明的一方面,或者部分特征。部分对象是在婴儿体内或体外的项目,在幻想中,他把它看成是自己感觉的原因。婴儿根据自己的意愿与部分对象联系,相应的部分对象也被想象为导致不同种类的感觉:因而导致快乐体验的部分对象想法被看成是人们仁慈地为婴儿提供的东西,而那些作为不快乐体验来源的东西则被视为邪恶的。无论部分对象关乎什么——现实中的另一个人,或者另一个人身体的一部分,婴儿都从这些'个人的'态度中获得娱乐。"㉚婴儿也主要有两种幻想机制:内射和投射。前者表现为婴儿幻想通过把对象安置在自己身体内来占有它;而后者表现为幻想着把对象驱逐出体外,这些幻想实际上是基于婴儿的身体体验形成的。而"对于克莱茵学派来说,身体体验不仅首先关系到我们生而俱有的本能存在,也提供了模式——最初的精神作用据此来发生,根据这些模式,精神作用才能得到理解。最初的投入和投射幻想具有非常具体的特征,在这种幻想中,在婴儿吃喝拉撒时,他自我感觉到正在重新安置关乎他身体边界的东西"㉛。克莱因也认为,婴儿自我的建立,从"部分对象"到"整个对象"的转变在很大程度上依赖于他所接受的照顾。正是母亲给予婴儿的爱和照顾才使他有了自信、自爱的情感,以及对于他人的道德感。母亲在塑造婴儿认知发展的"完整"对象关系中具有重要作用。因而,人类不仅在婴儿的内在世界里,而且在成人之后都始终与这一"内在母亲"保持着密切关系。

此外,克莱因扭转了弗洛伊德等人的经典精神分析学中的妒忌指向。"依据经典精神分析理论,妒忌主要依附于阳具:弗洛伊德争论说,女孩对自己没有阳具的发现作出妒忌反应,这是女性性别身份的基本成分(例如产生对于可能补偿这种缺憾之物——丈夫的阳具或者对孩子的欲

㉙ 根据苏珊·艾萨克(Susan Isaacs)的定义,幻想为"最初的精神上的推论,本能的心理呈现",参见 Sarah Richmond,"Feminism and psychoanalysis:Using Melanie Klein,"see Miranda Fricker and JenniferHornsby ed.,*Feminism in Philosophy*,Cambridge University Press,2000,p.74.

㉚ Ibid.,pp.72-73.

㉛ Ibid.,p.74.

望)。克莱因强调妒忌是所有人发展中的一个重要因素,但坚持认为妒忌的目标首先是母亲的乳房,其次才指向阳具。"[32]克莱因对婴儿早期心理发展中妒忌指向的扭转是其理论被视为女性"解剖学"的原因。然而,由于克莱因与弗洛伊德理论过于紧密的联系,在女性主义学者中,克莱因始终是一个有争议的人物,例如美国学者艾莱恩·肖瓦尔特认为,克莱因曾经反对弗洛伊德,并选择儿童精神分析作为自己的研究领域,虽然她也注意到母子关系和前俄狄浦斯阶段的意义,但克莱因学派避免在女性心理的理解方面提出任何真正有价值的东西。[33]然而,即便如此,克莱因也提出值得女性主义精神分析学,甚至整个女性主义理论深入思考的问题,即生物性别与社会性别究竟如何联系,人类是否可以如同巴勒特所言可以完全不相信生物性别对于社会性别的影响,甚至否认生物性别的范畴?克莱因实际上在尝试从女性或者女性主义角度探讨这一极为复杂的女性主义理论的基础问题。因而,把她的研究称为女性"解剖学"也未尝不可。对于克莱因的理论贡献,乔多罗曾评价说:"克莱因把精神分析学从男孩与父亲关系的心理学转变为两性与母亲关系的心理学。对于克莱因来说,孩子对于母亲、她的乳房、她的内部世界和权力的强烈反应与婴儿期的恐惧形成了其随后的情感生活,导致他们对于自我与他人,对于他人道德关切的建构。尽管克莱因对于女性主义的贡献……不那么明确,但在其内容及所带来的辩论中,产生了一种充满激情的、甚至是痛苦的、天然的、直接的关于性别的精神分析话语,更为确切地说,是关于母亲的话语。"[34]

(三)母性复制

像许多精神分析女性主义学者一样,南希·乔多罗也是基于弗洛伊德理论研究儿童性心理学的。[35]她对精神分析学和女性主义采取广义的

---

[32] Sarah Richmond,"Feminism and psychoanalysis:Using Melanie Klein,"see Miranda Fricker and JenniferHornsby ed. ,*Feminism in Philosophy*,Cambridge University Press,2000,p.79.

[33] 〔美〕艾莱恩·肖瓦尔特:《妇女·疯狂·英国文化》,陈晓兰、杨剑锋译,兰州大学出版社1998年版,第187—188页.

[34] Nancy J. Chodorow,*Feminism and Psychoanalytic Theory*,Yale University Press,1989,p.3.

[35] 南希·乔多罗在这一领域有影响的两本著作是:Nancy J. Chodorow,*The Reproduction of Mothering:Psychoanalysis and the Sociology of Gender*,University of California Press,1978. Nancy J. Chodorow,*Feminism and Psychoanalytic Theory*,Yale University Press,1989.

理解,着重研究女性的母亲角色对她们建构精神生活,以及自我与他人体验的意义,集中讨论性别(性)与社会性别之间的关系。与马克思主义女性主义不同的是,乔多罗认为,在阶级社会产生之前便存在着对女性的压迫,而且这种压迫也并非局限在劳动关系中,她试图从精神分析学来探讨女性被压迫的原因。

在《母性的复制——精神分析与性别社会学》一书中,乔多罗探讨了"女性的母亲角色构成男性主宰的原因或来源"[36]。她提出一种在前俄狄浦斯阶段由母亲主宰的,而不是在俄狄浦斯阶段由父亲主宰的精神分析学说,强调必须从历史和社会视角重新理解母亲和前俄狄浦斯阶段。乔多罗认为女性的母亲角色是代代复制的,而美国二战后的社会现实又进一步强化了由女性扶老携幼的劳动分工,女性的这种角色一直被社会意识形态和心理学所强化,在后弗洛伊德时代,心理学和社会学又为女性母亲角色的理想化和实现提供了新的理论基础,重申母子关系对于后者发展的意义。但是,女性在家庭中的情感角色,以及母亲角色在心理学意义上的增强却带来女性自身经济和生物学地位的下降。而且,社会生产关系的改变并不意味着家庭再生产关系的变化。

乔多罗进而又提出一个问题:为什么只有女性才能做母亲?她观察到,在人类历史中,女性要承担做母亲的社会角色,而"做母亲不仅意味着生育子女,也包括把其抚养成人的社会化过程。这是为人父母和抚养者的主要责任。所以我们能够提出为什么要由女性做母亲的问题,为什么要不断重复所有这些活动,为人父母的人不是男人?"[37]她认为这一提问至关重要,因为女性的母亲角色是形成性别分工的主要因素,这对于女性生活、关于女性的意识形态、男性和性别不平等的复制,以及父权制的复制都具有深远的影响。

许多人类学和社会学理论把女性生养子女的行为视为一个自然事实,而乔多罗则提醒人们思考以下四个问题:其一,是否应当把生育和养育区分开来,因为生育并不意味着养育,后者是一种社会行为。其二,母亲照顾新生儿是否有生物学基础?什么因素构成了这一基础?照顾多长时间才算符合女性的本质?其三,假如有"代孕母亲",是否一个未生育

---

[36] Nancy J. Chodorow, *Feminism and Psychoanalytic Theory*, Yale University Press,1989,p.6.
[37] Ibid.,p.11.

过的女性比男性更适合照顾孩子？其四，如果主张女性做母亲是一种生物本能，那么是否不做母亲是对女性的伤害，或者新生儿没有女性做母亲是对他的伤害？[38]乔多罗认为女性做母亲是社会性别分工的结果，这种分工不断地鼓励女性发展这方面的能力以便获得心理满足，久而久之，这种心理便成为女性心理结构的一部分。因而社会准则和女性对于这些准则的内化在其中起到了关键作用，女性的母亲角色归根结底是一种社会性别分工和社会建构。

此外，乔多罗还看到，精神分析不仅能够说明男性如何走出家庭进入社会公共领域，也可以解释女性如何在成长过程中培养了自己的关系能力，建立起性别互动关系——把自己留在家庭和再产生领域，转而成为下一代的母亲。因而，她认为在前俄狄浦斯阶段，所有的新生儿都依赖自己的母亲，把她看成是万能的。然而，男孩为了逃脱被父亲阉割的命运，最终结束了与母亲的这种亲密关系，融入到父亲和社会生活中。而女孩却保持着与母亲的这种共生关系，处于文化的边缘地带，其性别和自我意识都是母亲性别和自我意识的继续。尽管女性在长大成人后，这种关系会弱化，但却永远不会中断。因而，女性试图在关系中发展自我，而男性试图在否定关系和联系中发展自我。男性倾向于独立和自主，而女性倾向于养育和责任。男性会在社会公共领域遇到关系问题，而女性则会在个体性和分离与独立方面出现问题。可以说，乔多罗这些观点不仅没有跳出弗洛伊德理论的窠臼，反而从心理学意义上起到了证明女性母亲角色的作用，这显然不是乔多罗研究的初衷，她的意图是提出一个方案来解决男性过分个体化和女性过分关系化的问题，从而把女性从仅仅做母亲的社会角色中解放出来。

在思考这一方案的过程中，乔多罗对弗洛伊德和拉康的理论再次进行了思考，认为弗洛伊德坚持一种个人主义的内驱力心理学和结构理论，并没有把自我和情感与性别问题紧密地联系起来，拉康的理论也没有给出一个理想的自我和关系范畴，相反，对象关系理论却有许多可以借鉴之处。因而她更多地基于这一理论来建构自己性别平等的理想。她认为女性成为母亲是因为本身是由女性母亲养育的，而同样由母亲养育的男性却被削弱了做母亲的能力。因而，改变这种局面的策略是重构社会的性

---

[38] Nancy J. Chodorow, *Feminism and Psychoanalytic Theory*, Yale University Press, 1989, p.16.

别劳动分工,重构父母的角色,即主要的父母角色由两性共同来承担。这样一来,"孩子在一出生就可以依赖两种不同性别的人,在与两性的关系中形成个体意识。这样,男性就不再会否定对女性的依赖和贬低其价值。而女性也会减少对个体化的偏见,孩子也不会产生对于万能母性的恐惧和期待女性独有的自我牺牲特性。这也将削弱男性守护自己本性的需求,以及放松对于把女性当作第二性和无权势者来对待的社会和文化领域的控制,也有助于女性培养通常说来由于过于沉浸在关系中而失去的自主性"[39]。

总体来说,乔多罗的理论功绩是联系精神分析学和母亲角色来讨论母性的复制和女性被压迫的根源,相信"精神分析不仅能解释我们早期的心理结构,也可以说明如何克服它的局限性。精神分析不仅可以争辩反对单一的社会决定论方式,也可以支持人们在建构自身早期和后来体验中的变化和创造性"[40]。但显而易见,其理论的不足之处在于过于天真和不切实际。

(四)女性欲望

在女性主义精神分析学家中,伊丽格瑞的理论贡献不仅在于对弗洛伊德和拉康等人"男性秩序"理论的解构,也在于对女性欲望的探讨。作为拉康的学生,她的这一探讨是从批评拉康理论的基石——菲勒斯的主导地位开始的。她首先批评拉康对于身体的想象,认为他始终把身体想象为男性的,在他的镜子中,他只看到女性身体是一种缺少,而没有意识到自己实际上需要一面能够看到女性内部的理论和话语之镜。伊丽格瑞研究女性欲望的目的就是要提供这面镜子。

在早期著作中,伊丽格瑞主要讨论心理语言学问题,这关乎她后来对女性欲望的研究,因为在早期研究阶段,她从语言结构中看出女性自我身份的缺失和对自身欲望及主体性的压抑。她通过使用语言的正常特征——造句法结构,以及不同的失语形式来解释精神错乱现象,并在研究中意识到,人的身份有一部分是通过人们在面对面交流中的自我定位确立起来的,男女的语言表达有所差异:1.男性更可能在语言中呈现出主体地位,把自己描述成话语或者行为主体,女性更可能抹杀自己,把优先权

---

[39] Nancy J. Chodorow, *Feminism and Psychoanalytic Theory*, Yale University Press, 1989, p.218.
[40] Ibid., p.217.

让给男性。2. 由女性使用的第一人称代词 I 并不必然表明一种女性身份。3. 女性习惯于作为男性自我表达的载体,她们在语言中或多或少缺乏自我表达。4. 女性更可能进行对话,男性在与世界和对象发生关系过程中显示出特权,而女性则在人与人之间的关系中显示出特权。5. 女性在讲话时并不比男人有更多的情感和主体性,她们的话语可能消解自己主体性的表达。6. 女性不像男性那样抽象,更愿意联系情境思考和讲话。伊丽格瑞分析说,这些语言表达差异的原因在于男女之间的语言交流是在父权制已经确立起来的符号体系内进行的,男性占据主体地位,女性所获得的身份或者是"有缺陷的",或者是被"阉割了的"男性身份。语言上的性别差异实际上是社会与文化方面的差异,是女性压抑自我和欲望的结果,因此,语言结构的改变也意味着社会文化的变革。

在研究女性欲望的过程中,伊丽格瑞有一个重要的发现,即无论在历史上还是现实中,女性欲望始终是被扭曲的,因为它一直是根据男性的参数来评说的,"缺少""萎缩"和"阳具妒忌"便是女性的命运,而女性也把自己的身体出卖给不属于自己的欲望,使自身处于众所周知的依附状态。她绝不会说自己想要什么,也不知道或不再知道自己想要什么,她的欲望已经被古希腊以来的西方主宰逻辑掩盖了,这也正如西苏所见到的那样:"当弗洛伊德提出'女性究竟想要什么'时,已经预示了答案,正像从一个不希望有任何答案的男人那里获得的答案一样,因为这一回答是'她不想要任何东西'。……因为她是被动的,男人能做的唯一事情是提出一个问题'她能想要什么? 她不想要任何东西?'或者换句话说,'没有我,她能要什么?'"[41]因而,女性在男性那里仅仅具有使用价值,所以是货物,是由工人、商人和消费者等"主体"根据自己的工作、需要和欲望来定价的物品的看护者。伊丽格瑞认为这种状态并非是常态,也不应当是常态。当女性开始纠正欲望的扭曲,恣意地展开自己欲望的翅膀时,那种腾飞的欲望便是人们闻所未闻的。

伊丽格瑞揭示出女性欲望的几个特征:其一,女性的欲望是多元的。例如女性并非只有一种性,她确实有许多种性,她的性征其实是多元的。其二,女性的欲望是不可言说的。对于理性和逻辑而言,女性的欲望是不

---

[41] Helene Cixous, "Castration or Decapitation," in Kelly Oliver ed., *French Feminism Reader*, Rowman & Littlefield Publishers Inc., 2000, p. 280.

可理喻的、心气浮躁的、变幻莫测的和东拉西扯的疯话,然而只能以一种不同的方式来聆听她,才能听见处于不断编织过程中的另一种意义,既能不停地拥抱词语,同时也能抛开它们,使之避免成为固定不变的东西。诱使女性给自己下一个定义,使她通过重复以澄清意义注定是徒劳的,因为她们已经不在人们可以惊吓她们的这个话语机器里了。她们已折回自身,而"在她们自身里面"意味着在沉默的、多样的、弥散的触觉中。其三,女性的欲望存在于零与无限之间。女性对什么都有欲望,对什么也都没有欲望。人们往往把女性欲望理解为一种永不满足的饥渴,以为女性会用这种欲望把人囫囵吞掉,其实,她们什么都欲求,也什么都不欲求。其四,女性的欲望与他者的欲望是浑然一体的。他者是女性的一部分,但她不会占有他者,只是不停地把自身与他者对换,但却无法辨别出是自身的还是他者的欲望。女性的这种欲望方式使她获得无限增长的快感。

在《性别差异伦理学》一书中,伊丽格瑞还从哲学和伦理学角度阐述如何释放性别欲望和追求性别平等的社会理想。她认为现有的哲学、心理学和政治学都无法为这一理论的实现提供基础,因而,"为了性别差异工作能够开展起来,需要有一场思想和伦理学上的革命。我们需要重新解释围绕着主体与话语、主体与世界、主体与宇宙、微观世界和宏观世界之间的关系而产生的一切"[42],因为所有这一切以往都始于这样一种方式:即主体总是作为男人,以男性方式来书写的,即便这个主体宣称自己是普遍的或者中性的。伊丽格瑞还从时空概念入手说明女性欲望的住所(place)问题,认为以往女性作为母亲仅仅是男性的住所,母亲—女性仅仅提供一种类似于信封和容器的服务,所以女性要重新考虑住所概念,这一方面是为了走向新的差异时代,另一方面也是为了建立起一种激情伦理学(an ethics of the passions)。"我们需要改变形式、物质、间隔与局限之间的关系,这是一个迄今为止从未以一种允许两个不同性别的相爱主体之间关系的方式来思考的问题。"[43]为了使相爱的男女之间作为主体建立起性别差异伦理学,伊丽格瑞主张我们回到笛卡尔的第一激情:惊讶(wonder),这是一种相当于第一时间的激情,在这种状态下,男女好似第一次见面,无论两者之间有多大的相似性,每一方都可以保持自己的欲望

---

[42] Luce Irigaray, *An Ethics of Sexual Difference*, Cornell University Press, 1993, p. 6.
[43] Ibid., 1993, p. 12.

而并非是把此方还原成彼方,所以伊丽格瑞探讨女性欲望的最终目的是为女性欲望和性别平等开辟空间,让不同的性别都能在保持主体独立性和完整性的状况下寻求欲望的满足。

总体来看,女性主义精神分析学家对于"性别差异"的探讨呈现出相互补充和促进的关系,其大致线索为:从霍尔奈开始,精神分析学出现了女性主义的转向,她强调摒弃以往心理学以男性视角说明女性、以男性标准度量女性心理发展的做法,从女性的角度理解她们的生理构造和成长方式,而且不应当以这些构造和方式与男性的差异为借口把女性置于劣于男性的地位。然而,由于她试图在人类社会中寻找到一片真空探讨不受任何文化污染的、纯粹的"女性本质",最终无奈地放弃了这一研究。尽管她后期没有继续从事女性本质的研究,但她对于人类心理文化本质的研究无疑启发了后来的女性主义精神分析学家。同样,在精神分析和精神病学领域,克莱因创立对象关系理论,为精神分析由驱力结构模式向关系结构模式的转变奠定了基础,她对儿童心理结构和精神病学的研究产生了深远的影响。尽管在女性主义阵营内,她的理论多少受到冷遇,但不容否认的是:克莱因为女性主义精神分析学奠定了生物学基础,她对于"性别差异"的贡献是独特的,这主要体现在三个方面:其一,为精神分析学提供女性主义基础;其二,为在精神分析领域为女性主义研究提供了生物学证据,使女性主义对于性别的想象有了被纳入到当代心理学科学体系中的可能;其三,克莱因较早加入到女性主义队伍中来阐释人类,尤其是女性的道德和心理发展,这对于20世纪80年代以后的女性主义心理学发展产生了积极的影响,例如后来的学者更为集中地研究"关系"在人类道德心理发展中扮演的重要角色。而乔多罗对于母性复制的研究从另一个侧面探讨妇女的解放,在解释女性受压迫的原因方面作出重要的理论贡献。伊丽格瑞对于女性的欲望有着独特研究,对于父权制精神分析学的解构也使女性主义精神分析学在当代主流学术思潮中产生了重要影响。

四 精神分析学工具

精神分析学是当代学术研究中的一种价值观和方法论,也是女性主义从事哲学研究的一个有力工具。它同所有文化理论一样,其理论设置、假设性和概念化只是通向真理和客观的工具与方法,而不是真理或客观本身。作为一种哲学方法论,女性主义精神分析学的目标也不是"不可错性",而是解决我们时代所面临的诸多理论和现实问题,与其他哲学理论一道追求一个更为公正和理想的人类社会。面对女性主义学术内部对于精神分析的褒贬,乔多罗曾经提醒人们,"精神分析学是一种方法和理论,目的在于探讨和理解我们如何产生和体验潜意识的幻想,以及我们今天如何建构和重构自己所感觉的过去"。"精神分析使用一种普遍的范畴把意识和潜意识的精神过程区分开来,标明和分析自我防卫,争论基础自我和自我感觉是由早期对象关系体验到的结果或建构,而并不必然规定潜意识幻想的内容,规定特有防卫无法逃避的咒语,以及规定或者特殊的发展或自我的故事。"[44]

如前所述,或许由于性别与种族繁衍之间的关联,自古希腊以来,哲学史上就不乏对于"性别差异"的探讨,这种探讨大体上有三种模式:生物学模式、语言学和符号学模式,以及历史文化和社会意识形态模式,有时这三者也交叉在一起。弗洛伊德所强调的"解剖便是命运"的观点便是生物学模式的集中体现。而后现代哲学家则突出语言和社会文化在主体和性别生成中的意义,对于性别差异多半采取语言学和符号学模式的探讨。同时,也有许多学者对于性别差异进行了历史文化和社会意识形态模式的探讨,例如福柯认为,从纯粹陈述的意义上说,性别并不存在,因为它总是被置于历史文化之中,后者也总是以各种方式对性别进行构造,而且这些方式总是与不同的家庭模式联系在一起。因而,哲学的任务是揭示这些历史文化形式,说明人们为什么以及如何把性别建构成某种令人欲望的东西。马克思主义哲学则从社会意识形态意义上探讨性别差异,更为关注阶级和种族问题,把女性解放纳入到社会和人类解放中来。就女性主义精神分析学对于"性别差异"的探讨而言,霍尔奈的探讨相当于历史文化和社会意识形态模式的探讨;克莱因的探讨相当于生物学模式的探讨;而乔多罗对于母性的社会性别探讨和伊丽格瑞对于女性欲望的探讨相当于语言学和符号学模式的探讨。这种女性主义精神分析学对于"性别差异"的探讨与西方哲学思想史上相应探讨的对应关系不仅表明女性主义与精神分析、传统与当代哲学之间的内在联系,亦揭示出这样

---

[44] Nancy J. Chodorow, *Feminism and Psychoanalytic Theory*, Yale University Press, 1989, p. 4.

一个事实——女性主义、精神分析理论和哲学可以在"性别差异"问题上融会贯通,一并在人的心理与道德发展中,动态地解释主体、性别身份和两性关系的形成,分析阻碍女性发展的社会文化条件和意识形态偏见,为缓解和消除两性,尤其是女性发展中的困境和危机而进行不懈的努力。

精神分析在女性主义哲学中的作用不仅仅是一个学派,也构成了女性主义哲学的重要基础,因为它对人们的身份、主体性、自我、性与性别都有颠覆性的研究。或许精神分析学给女性主义学术发展带来的启示在于:我们既不能相信弗洛伊德"解剖即命运"的理论,也"不能仅仅以社会决定论的术语测量人的精神生活。如同在社会和政治中一样,人们是在自己的意识和潜意识的整合中,在自己与他人的重要情感关系的特性中帮助自身建立起更有意义的生活"[45]。

显而易见,女性主义精神分析学在对经典精神分析学"解剖即命运"的批驳中,在建构自身性别差异理论的过程中,始终会面临一个理论困境,即说明生物学与社会建构,或者自然与文化的关系问题。女性主义哲学家格罗兹的《时间的旅行——女性主义、自然、权力》一书给出了一个新思路[46],她强调达尔文进化论与弗洛伊德的精神分析学有异曲同工之妙,都开启了一个全新的思维方式和解释模式,有助于女性主义理解自然与文化的关联。达尔文的进化论可以解释所有生命形式从低级到高级的运动,从政治生命、文化生命、自然生命到人工生命,而形成这种运动的机制便是自然选择和变异。"'再生产'是各种形式的重复,它制造出了各种变体,这些变体是不完全的或者新型的复制品,亦即形式多样的差异。"格罗兹相信,女性主义可以从达尔文的这些理论中汲取以下一些思想成果:其一,不要对自然有强烈的抵触情绪。在女性主义理论和实践中,一直存在一种把自然视为某种有待抗争的障碍的观点,但格罗兹却批评了这种排斥自然和生物学的倾向,这不仅是因为生物学的研究对象包括生命、机体、有机进程或有机活动,也因为既然人是自然生物,就没有理由不对自身进行说明,回答诸如生命体中究竟蕴含着何种现实和潜能,可以使得文化、社会和历史的力量作用其中,并积极地改造这种存在,以及

---

[45] Nancy J. Chodorow, *Feminism and Psychoanalytic Theory*, Yale University Press, 1989, p.9.
[46] 参见〔美〕伊丽莎白·格罗兹:《时间的旅行——女性主义、自然、权力》,胡继华、何磊译,河南大学出版社2012年版。

作为生命系统的结构与组织,生物又如何推动促成文化生活与社会变迁等问题。与达尔文一样,格罗兹也主张:物种本身的特性是不固定的,永远处于生成之中的,自然生物的变迁中包括历史和文化的变迁,而历史和文化的变迁本身也是自然生物的变迁。其二,达尔文的进化论也告诉人们,压迫是各种危害与不公体系运作的结果,这些体系把某些成员的身体与活动特权建立在剥夺其他群体权利的基础之上,因而后者需要为生存而斗争,而在这种斗争中,重要的武器便是"自我扬弃",从这一意义上说,人类社会的政治也是一种激发个体和群体进行自我扬弃的努力。其三,要意识到统治权是无形的和不固定的,而且会不断地受到抵抗与力量重组的影响。达尔文认为,无论在自然界还是人类社会中,权力与抵抗之间的循环往复都体现为一个永无止境、螺旋上升的自我扬弃过程。其四,达尔文也为女性主义理论提供了一种重构概念的方式,使之有可能从自然与社会、生物与文化的二元对立结构之外理解两者的关系。在达尔文看来,文化本质上与自然无异,自然不是某种有待完善之物,文化也不是自然的完善形式。自然具有无穷的创造力和选择能力,其作用范围无限广阔并难以估量。自然与社会之间始终存在着某种连续性和共谋关系。长期以来,人们一直认为达尔文是一个地道的生物决定论者,但格罗兹对达尔文思想的解释却表明自然选择本身也是一种社会和文化选择,在人类社会中,并不存在纯粹自然的"生物"和"性别",女性主义在政治上的努力不仅是为女性生存而斗争,也是一个人类社会、历史与文化,以及权力本身不断敞开自我,追求差异和变化的"自我扬弃"过程。

第五章

女性主义精神分析
——母婴关系

母婴关系是一个能够把传统精神分析学与女性主义精神分析学联系起来的关键性课题,因为在女性主义学者看来,母婴关系不仅是最原初的人性形式,也是任何社会、宗教和文化形成的关键,同时它对于个体人格、身份和道德意识的形成也具有决定性的影响。因而,本章试图从四个方面探讨女性主义精神分析学关于"母婴关系"的理论及贡献:研究母婴关系的意义、母婴关系的对象关系理论和符号学解说,以及母婴关系——一个未决的问题。

一 研究意义

在当代精神分析学和哲学理论中,母婴关系是女性和女性主义学者共同关注的一个主题,因为这一关系对于个体人格、身份和道德意识的形成[1],对于儿童的心理发展、性别身份和主体的建构,以及文化与社会的形成都具有重要的意义。研究母婴关系问题主要有五方面意义:其一,有

---

[1] 2012年12月14日,美国康涅狄格州一所小学发生了一起枪击案,造成近30人丧生,其中大多数是5到10岁的儿童。这是美国历史上死伤最惨重的校园枪击案之一。凶手亚当·兰扎在杀害其母亲后,又来到母亲任教的学校作案。美国民众呼吁美国政府实行更严厉的枪支管制政策,并围绕着公民能否持有枪支,政府是否有权禁枪等问题争论不休,然而笔者却认为,从女性主义精神分析学来讨论母婴关系,尤其是这种关系对于孩子日后的道德感和行为,以及精神健康的影响或许也更有深远的理论和实践意义。

助于说明个体身份的形成。后现代女性主义哲学家苏珊·赫克曼(Susan Hekman)强调,人们有两种身份:私人身份和公共身份,前者在儿童期形成,并具有相对的稳定性,后者反映出一个人的群体身份,这些群体或者是他自愿认同的,或者是被其他人安置其中的。而母婴关系对于人们私人身份的形成至关重要,可以说儿童的私人身份实际是他早期对母亲关系体验的反映,正是在这种关系中,儿童形成了一种相对稳定的、持续性的核心自我,但赫克曼并没有明确地探讨这种私人身份与政治行为之间的关联,说明为什么一些私人身份能够妨碍,而另一些则可以促进和鼓励政治和社会行为的问题。其二,有助于解释人与人之间,尤其是性别之间的关系。精神分析学家安娜·弗洛伊德(Anna Frued)通过自己对于儿童心理学的研究得出结论说:儿童与母亲最初建立的关系将为日后的所有关系提供模式。精神分析学家克莱因也认为,儿童在婴儿期获得的情感体验将影响他们的一生,即便在长大成人后,人们在生活中仍继续表达着与其母亲的内在关系。母亲从两种不同的途径为孩子建立起自我:为他的心理整合提供所需要的体验,使得一种根本无法统一的自我成为可能;为婴儿提供可供内射的完整对象关系,并构成婴儿人格核心的样板式人物。[②] 此外,母婴关系也对成年人的性别关系有着重要影响。一些女性主义学者认为,儿童成年后对于女性的负面态度,女性在人们心目中被尊崇和被贬抑,被崇拜和被憎恨的轮替状况也来自母婴关系,例如女性主义精神分析学家多萝西·狄纳斯坦(Dorothy Dinnerstein)看到,婴儿期的核心人物无一例外都是女性——母亲,在婴儿有能力分辨自己的五官、内外以及自我与他人之前,母亲既是被爱的,也是被恨的,因为她既能满足又能拒绝婴儿的需求,即宠爱他又忽略他。这种与母亲/女性的早期紧张关系对于婴儿的未来有深远影响,对于大多数人来说,在心灵中的某个隐蔽角落里,往往还保持着童年不合逻辑的印象,把女性视为"它"而不是"她",而"它"就像自然和肉欲一样危险和难以驾驭。由于母亲在我们幼儿期具有强大的支配力,所以无论男女都对女性具有一种挥之不去的怨恨,而文化又进一步强化了这种恐惧和憎恨。[③] 其三,有助于说明女性的

[②] Sarah Richmond, "Feminism and psychoanalysis: Using Melanie Klein," see Miranda Fricker and Jennifer Hornsby ed., *Feminism in Philosophy*, Cambridge University Press, 2000, pp. 78-79.

[③] 〔美〕琳·马古利斯、多雷昂·萨甘:《神秘的舞蹈》,潘勋译,中国社会科学出版社1999年版,第6页。

欲望与建构女性的主体地位。美国女性主义精神分析学家杰西卡·本杰明(Jessica Benjamin)认为:"现代语言学和精神分析告诉我们:从深层意义上讲,不是我们操纵语言,而是我们被语言操纵。我们完全有理由认为'女性'是男性话语的结果。西方文化历来不把女人看作语言主体,女人不是被界定为无道德就是被认为是无欲望的客体。"④在经典精神分析理论中,女性欲望一直是一个谜团。弗洛伊德曾慨叹道:"有一个重要的问题尚未被解答,纵然我研究女性的灵魂达三十年之久,我仍然无法回答,这个问题便是:女性想要什么?"⑤于是,弗洛伊德便采取两种简单和错误的方式——把女性"自然化"和"神秘化"来回答女性问题。就前者而言,在解释女性心理学时,他坚持一种"解剖即命运"的生物决定论,认为女性不能像男性那样解决俄狄浦斯情结,因为她们没有"阉割恐惧"和"阉割焦虑",所以无法发展起强大的"超我",她们的心理发展明显落后于男性,易于表现出情绪化的倾向,缺乏正义感,不愿意接受生活的要求。就后者而言,由于弗洛伊德无法把自己从研究男性那里得出的数据准确地应用到女性身上,因而便把女性的心理比喻成一块"黑暗的大陆",尽管他相信女性也有某种本质,但却感到这种本质让所有的逻辑构思都无法运作。而女性主义精神分析学试图解构精神分析理论中关于父亲的神话,认为根本不存在一个先于任何话语方式的性别欲望和主体,主体的诞生是从婴儿时期模仿双亲开始的。由于在西方文化中,母亲或是以圣母的形式,或是以被动的、男性欲望客体的形式被界定的,所以女孩也会模仿母亲复制父权制话语和文化结构,因而必须从母婴关系,尤其是母女关系入手破除父权制,说明女性欲望,建立女性的主体地位。其四,有助于促进女性主义道德认识论的发展。在研究两性道德心理发展时,吉利根试图通过强调"关系"来发展女性主义道德认识论,说明女性的认知方式和分析推理如何与其养育子女的实践相联系,认为由于养育方式的差异,女孩的自我边界似乎更具有渗透性,更关心如何维持关系,这也就为与性

---

④ 章国锋,王逢振主编:《二十世纪欧美文论名著博览》,中国社会科学出版社1998年版,第49—50页。
⑤ 〔法〕保罗-罗宏·亚舜:《弗洛伊德与女性》,杨明敏译,台湾远流出版公司1993年版,第47页。

别差异相联系的不同推理方式提供了说明。⑥ 乔多罗则更直接地指出：当精神分析理论出现认识论差异时，主要应当考虑母亲、母婴关系、性别与异性恋问题。其五，有助于说明社会、宗教和文化的起源。克里斯蒂娃认为，母婴关系不仅是最原初的人性形式，也是任何社会、宗教和文化形成的关键。在母婴关系中形成的"爱"的体验是母婴融合的共同体验，所谓"爱"是指意义的生成性，爱产生与从自己分离出来的对象关联的意识，并产生表达主体、语言、符号象征意义的体系，所以也产生了文化和历史。⑦ 婴儿在对母亲的依恋中奠定了个体与社会道德关系的基础，尽管婴儿对于母婴关系的印象是极其模糊和混乱的，但却是个体和人类道德的原型，而母亲对婴儿的爱则体现出爱的无条件给予，这成为人类一切爱的根基。而且，我们也可以通过母婴关系说明社会、宗教与文化的起源，以及在这一起源中母亲/女性如何被厌弃和"谋杀"。

既然研究母婴关系不仅对说明个体身份、主体地位、道德及心理发展，以及性别关系的形成具有重要意义，也有助于解释人类社会、宗教和文化的起源，那么在精神分析领域中，如何阐释这一关系便成为一个必须首先面对的关键问题，在众多的研究方法和视角中，对象关系理论、符号学理论则可以成为探讨女性主义精神分析学和母婴关系的代表。

二 对象关系理论解说

在精神分析领域，对象关系理论具有重要的地位，"对象"是弗洛伊德创造的术语，意指构成另一个人感情或内驱力对象或目标的有特别意义的人或事物。⑧ 而对象关系指人与人之间的关系，这种关系集中探讨

---

⑥ 2012年出版的女性主义哲学著作《神经女性主义：女性主义与认知科学交叉中的问题》（罗宾·布罗姆等编，美国麦克米兰出版社）一书中，一些学者强调近十余年来的一些实证研究表明，不同性别在道德思考方向上并没有什么差异，因而他们试图对吉利根的关怀伦理学提出挑战，但笔者认为，实证研究数据是依据文化、社会、人群和时间等因素而不断变化的，而且吉利根理论的意义如今（甚至在提出之时）的目的也不是强调女性应当更多地具有关怀倾向，男性应当更多地具有公正倾向，而是提醒人们注意到在儿童和青少年的道德发展和教育中，公正和关怀对于两性来说都具有同样重要的意义。

⑦ 〔日〕西川直子：《克里斯托娃多元逻辑》，王青、陈虎译，河北教育出版社2002年版，第253页。

⑧ 〔美〕Michael St. Clair：《现代精神分析"圣经"——客体关系于自体心理学》，贾晓明、苏晓波译，中国轻工业出版社2002年版，第1页。

母亲与早期婴儿的关系,说明这一关系如何塑造儿童的内心世界和日后的成人关系,它也可以提示过往的心理遗迹,并塑造着成人与他人互动的关系模式。对象关系理论对于女性主义精神分析学具有特殊的意义,因为它的主要内容在于把人的本性理解为与生物学相关的社会关系产物,对弗洛伊德"解剖即命运"的生物本质论提出质疑,更为积极地建构心理发展模式,突出母亲,而不是父亲与子女的关系,意识到人性依据社会关系来变化的事实。同时,这一理论也可以帮助女性主义精神分析学发现女性被压抑的体验,分析人们通常压抑了什么样的体验,以及为什么会有这样的压抑,回答什么样的扭曲被纳入到女性思维结构中,以及权力关系如何进入个体人格等问题。在女性主义对象关系理论家中,有三个重要的代表人物:克莱因、乔多罗和珍妮·弗拉克斯(Jane Flax),她们分别从不同的角度说明母婴关系,强调母亲的核心地位,并用这种关系解释人类性别差异意识的起源,说明人格发展的内在动力和外在关系,解释女性的认识方式和性别不平等的起源等问题。

首先,克莱因第一个修改了弗洛伊德的本能内驱力模式,将人际环境作为影响人格发展的决定性因素,启发人们从人际互动,而不是从生物本能角度看待母婴关系,为精神分析从"驱力结构模式"转化为"关系结构模式"奠定了基础。然而,她对于弗洛伊德理论的革命并不彻底,例如她仍旧为本能内驱力保留了位置,从内驱力角度将婴儿与对象之间的关系看成一种通过幻想转化和呈现的关系,这也是一些女性主义学者把她视为女性主义精神分析学的先驱者,而另一些人则对其理论中的弗洛伊德成分进行激烈批评的原因。里奇蒙认为,克莱因毕竟在某种程度上更正了弗洛伊德等人的男性中心主义倾向,真正地反映出一位女性同时也是母亲的看法,例如她把母婴关系置于更为重要的地位,削弱了在弗洛伊德理论中占据首要地位的"阳具妒忌"成分;她的"对象关系"理论强调一种或多种被内在化了的人际关系,认为是这种关系逐步构成了自我的核心,为个体身份形成的"关系论"解说提供了一种实证说明,此外,她关于道德意识基础的假设也促进了道德起源于熟悉关系的解释,同时,她关于在婴儿发展中母亲角色的说明也肯定了母亲劳动的价值。因而,即便克莱因同弗洛伊德都相信"解剖学上的性别差异"具有"心理上的影响",她的

"解剖学"也是女性的。⑨ 不仅如此,克莱因还强调了母婴关系对于儿童道德发展的意义。克莱因认为,在婴儿早期的发展中,母亲不仅影响婴儿的心理整合程度,也影响他们道德感的发展。在生命的第一年里,婴儿要经历从偏执狂——精神分裂状况,再到抑郁症状况的转变,母婴关系也随着这一转变发生变化,这种变化体现在婴儿对于母亲幻想(phantasm)的变化上,在这一过程中,婴儿内化的正是母亲的照顾,如果发展是正常的,母亲便会帮助孩子形成自己的人格,成为其人格核心的榜样人物,即便孩子在长大成人后,在生活中仍会继续表达与母亲的内在关系。⑩ 克莱因还基于母婴关系,从人的妒忌、进攻性和挫折等情感体验,从对于暴力和恐怖的幻想,以及内疚和焦虑,害怕伤害自己所爱的对象等情绪反应说明人的道德感的来源及其心理基础,并把这一过程与婴儿道德自我及其性别身份的发展联系起来。

同克莱因相比,乔多罗的研究更为具体,她集中探讨了母婴关系中的性别身份问题,从内在能动性角度说明母亲身份如何被不断复制,母亲如何塑造出新一代的具有母亲心理倾向的女性,以及不具有这种心理倾向的男性,说明这种性别身份如何产生于母婴关系之中。同克莱因一样,乔多罗也始于弗洛伊德对于男女儿童性心理发展的说明,关注不同性别婴儿在前俄狄浦斯阶段与母亲关系中形成的不同"对象关系"体验,认为在这一阶段,所有婴儿都象征性地依赖自己的母亲,把她看成是万能的。然而,母婴关系也是矛盾的,因为她有时给予得过多,她的出现是压倒一切的,而有时也给予得太少,她的缺席是令人失望的。对于男孩来说,前俄狄浦斯阶段的强烈亲密关系以俄狄浦斯情结的出现而告终,通过这一过程,他放弃了自己最初的爱恋对象,以便逃脱被父亲阉割的命运。他朦胧地意识到权力和地位是通过与男性——在这种情况下的父亲角色合一获得的。通过把自己的欲望交付给"超我"(集体社会意识),男孩最终与文化充分融合起来。同父亲一样,他也排斥自然和女性。而女孩的情况却不同,由于她没有会丢失的阳具,便很少与自己第一个爱恋对象完全脱离,因此,她继续保持着自己在前俄狄浦斯时期与母亲的亲密关系,不能

---

⑨ Sarah Richmond, "Feminism and Psychoanalysis: Using Melanie Klein," see Miranda Fricker and Jennifer Hornsby ed. :*Feminism in Philosophy*, Cambridge University Press,2000,pp. 71-72.
⑩ Ibid., pp.75-79.

与父亲所代表的文化进行充分融合,而始终存在于文化的边缘地带。乔多罗认为,母亲与女儿在前俄狄浦斯阶段的关系以更持久的共生为特点,在女性的发展中,这种关系从未中断过。但是,不同性别的儿童在后来的发展都会由于前俄狄浦斯阶段"母婴关系"的影响在自我和道德发展方面遇到困难,对于男性来说,问题更多地出现在亲密关系中,而对于女性来说,问题则更多出现在个体性和关系解体方面。对此,乔多罗给出了一个在女性主义阵营中颇受争议的出路,或者说治疗男性过分个体化,而女性过分联系化的方法:在婴儿发展的早期阶段,尤其是前俄狄浦斯阶段,要由父母共同照料子女,以便消除儿童性别身份中的不平等成分,打破男女儿童在这一发展过程中形成的不平衡的共生关系,形成日后理想的性别平等关系,这种看法在许多女性主义学者看来是一种"乌托邦式"的幻想。

与前两位学者不同,弗拉克斯侧重于研究婴儿在母婴关系中所体验到的否定和压抑,认为在心理学和道德发展领域,人们一直没有充分重视这一问题,而事实上,正是这些压抑才构成了人们日后人生观和世界观的基础。婴儿早期体验到的压抑与社会对于母亲/女性的压迫紧密联系。在她看来,儿童的心理发展具有认识论和形而上学意义,倘若哲学家承认前俄狄浦斯与俄狄浦斯时期的危机体验,这些体验就会成为他们哲学的组成部分,纠正仅仅关注分离和个体化的世界观,恢复崇尚共生现象和联系的世界观。然而,西方男性哲学家却一直不敢面对下列问题:1.自己最初与母亲共生的现象;2.与母亲分离,以便更像父亲带来的创伤;3.重新体验与母亲共生关系的欲望。[11] 弗拉克斯指出,调整这种事态的方法是借助女性主义精神分析理论重新思考认识论和形而上学问题。哲学家必须停止否定和压抑自己的早期体验,必须产生人类应当互相依靠和互惠的观念,在不使差异"转化"为尊卑贵贱的情况下,以差异来取代二元对立思维。

总体来看,女性主义对象关系理论有五个要点:其一,人类婴儿的心理出生并不随着身体的出生同时发生。心理出生是一个复杂的过程,需要身体和精神的相互作用,大体上在出生后三年中完成,这一观点对于弗洛伊德"解剖即命运"提出挑战。其二,心理出生只能在社会关系中,并

---

[11] Nancy Tuana and Rosemaris Tong ed., *Feminism & Philosophy*, Westview Press, 1995, p. 197.

通过社会关系发生,而母婴关系在婴儿早期的心理发展中至关重要,这一关系也是其他社会关系,包括不平等的性别关系的反映。由于母亲把个人体验和社会关系体验都融入与婴儿的关系之中,因此阶级、种族和父权制也都会融入婴儿的早期发展中。其三,性别身份并非是中性的,意识到性别也意味着认识到不同性别在社会地位和权力方面的差异,这继而影响到婴儿日后的性别身份及性别关系。其四,婴儿早期在母婴关系方面的不同体验并不随着发展而丢失,而是继续对他成年后的社会关系,尤其是性别关系产生影响,即便在日后的发展中,人们可以改变对于这种体验的评价,却永远无法改变体验本身。其五,在前俄狄浦斯阶段,母婴关系对于儿童的人生观、世界观和道德观的形成具有深远影响,因而,无论是在精神分析还是伦理学领域,都应当重视对于母婴关系的研究,以便纠正在个体和人类社会发展中仅仅关注分离和个体化的倾向,恢复崇尚共生现象和联系的世界观。

三 符号学解释

如果说英美女性主义对象关系理论家更为关注从个体身心和道德的发展角度研究"母婴关系",那么法国女性主义精神分析学家则更多地强调"母婴关系"对于社会、宗教和文化形成的人类学意义,把个体精神发展与人类文明的起源联系起来进行探讨,在解构父权制精神分析理论的同时,强调母亲/女性和"性别差异"对于个体道德发展和人类文明进步的意义,例如伊丽格瑞在探讨人类社会和文化的起源时,曾提出一个颇具挑战性的问题——人类生活的宗教维度是什么?为什么在各种宗教传统中,普遍地存在着献祭牺牲(sacrifice)现象,她认为这一现象是大多数社会形成的根基,而献祭牺牲"是使社会空间得以存在的一种宰杀"[12]。她的这种看法来源于当代法国文学评论家、人类学家勒内·吉拉德(Rene Girard)对于文化、社会和暴力起源研究的影响,在对法国文学的研究中,吉拉德试图找到一种具有普遍性的结构特点——即小说家在描述人物时会以"心理规则"——"欲望的模仿特性"来把握基本现实的结局。在他

---

[12]. David Crownfield ed. , *Body /Text in Julia Kristeve_ Religion, Women, and Psychoanalysis*, State University of New York Press,1992,p.67.

看来,我们对于某一对象的欲望最初是从他人那里借用来的,人们总是从构成我们榜样的另一个人对某一对象的欲望中产生自己的欲望,因而主体与所欲望对象之间的关系并不是直接的,而是通过榜样形成一种三角关系:主体——榜样——对象。榜样在这里扮演欲望媒介或者中间人的角色。然而,当一个人总是通过另一个人的欲望而欲望某种对象时,榜样便成为一个对手或者实现欲望的障碍,继而主体在追求占有欲望对象的过程中就会形成妒忌和暴力,即便社会已经形成一种秩序,也肯定是先前危机的结果,甚至在这一过程中,人们会很快忘记所欲望的对象,而把模仿中的冲突演变成一种普遍的敌意。在敌对危机中,对手之间已不再彼此模仿对于某个对象的欲望,而是相互仇视。如果说以往他们试图分享同一对象,那么现在他们想的却是摧毁同样的敌人。于是,如果他们之间没能发生直接的暴力冲突,所爆发的暴力情感就要集中在某个替罪羊身上,他们需要野蛮地除掉这种替罪羊以便缓解群体的暴力,带来短暂的平静。吉拉德的这一理论提出一个暴力起源过程的人类学假设,他不仅把这种情绪视为原始宗教的起源,也将其看作人类语言和文化的起源。然而,尽管伊丽格瑞赞同吉拉德关于献祭牺牲和暴力促进人类社会形成的理论,但认为这一理论也有不足之处,即没有解释女性在这种牺牲中的位置。伊丽格瑞认为在各种宗教传统中,这种牺牲并不是性别中立的,她试图探讨性别在各种献祭牺牲和社会形成理论中的意义,探讨作为牺牲者的替罪羊得以形成的主客观条件。[13] 但伊丽格瑞只是意欲寻求一种对于女性不那么敌对的文化,以便"解决话语中女性的明确表达问题",因而没有把这一研究深入下去。

克里斯蒂娃则延续了伊丽格瑞的这一研究,她的理论出发点是符号学,因为她认为符号学关系到儿童在前俄狄浦斯时期的发展。她不仅试图从个体发生学和主体形成角度探讨"母婴关系",也把它纳入到人类文化和社会起源的框架之中。弗洛伊德认为,在俄狄浦斯阶段,父亲、母亲与子女呈现出一种三角关系。他也设想人类和个体精神发生于潜意识、前意识和意识三重结构之中,相应地要接受本我、自我和超我的审判。在这里,母亲与本我、父亲与超我、孩子与自我形成一一对应的关系。自我

---

[13] David Crownfield ed. ,*Body /Text in Julia Kristeve_ Religion, Women, and Psychoanalysis*, State University of New York Press,1992,p. 68.

和超我在发生学上都是由本我分化而来的。弗洛伊德的这三个审判后来被拉康发展为现实界、想象界和象征界的区分,分别可以通过 a–a'–A 来代表,a 是小写的他者,是母亲的身体和欲望对象,a' 是孩子,而 A 则是大写的他者,相当于父亲之名、语言和秩序。而"前俄狄浦斯是从尚未出现自我和超我的,本我的最初呈现过程,用拉康的话说是在 a 到 a' 连线上,从 a 和 a' 的分离前到产生分离萌芽的过程"[14]。显然,弗洛伊德和拉康关注的都是俄狄浦斯阶段,克里斯蒂娃则试图从父亲原理(符号象征态)登场前的前俄狄浦斯阶段着手对母婴关系进行研究,认为这一阶段是体现母性原理的前符号态,并从这里出发追溯语言和社会的形成,以及对于母亲的暴力。

在《恐怖的权力——论厌弃》一书中,克里斯蒂娃分析了个体在主体和性别身份建构过程中对于母亲/女性的厌弃,认为这一过程与社会建构的过程是相同的,个体和文化正是通过对于母亲的暴力/厌弃才得以发展和存在。厌弃指的是一种厌恶的排斥之感,使人强烈地抗拒外在的威胁,因为它也可以引发内在的威胁。厌弃既是主体的起点,也是主体形成的推动力,标志着主体的出现。主体起源于对母亲身体的抗拒,因为如果不离开母亲身体,主体便无法形成。在前俄狄浦斯阶段,母亲与婴儿最初处于共生共存的状态之中,主体与外界没有界限,克里斯蒂娃把这种融合状态称为"主体的零度状态"。婴儿的前主体是空虚的和自恋的,它把所有的力比多都提供给自身,所以前俄狄浦斯阶段的心理机制是第一次自恋,这与主体确立之后的力比多从对象返回到自身的第二次自恋有所不同。在前俄狄浦斯阶段,厌弃不仅导致主体与母亲的分离,而且成为自恋的前提条件。"甚至在成为像什么的存在,'我'成为我之前,就有了分离、拒绝和抗拒。就其含义扩展到包括主体的历时性意义来说,厌弃是自恋的前提条件,它与自恋共存并使自恋成为一种永久性的脆弱。"然而,厌弃从何而来?在回答这一关键性问题时,克里斯蒂娃又回到弗洛伊德和拉康理论,借用了符号和语言中的"父亲"角色。"另一方面,从我们个体的考古学意义上说,厌弃物使我们面对自己甚至在存在于母体之外之前,所

---

[14] 〔日〕西川直子:《克里斯托娃多元逻辑》,王青、陈虎译,河北教育出版社 2002 年版,第 202 页。

产生的最早的与母体脱离的企图,这要归功于语言的自主性。"⑮显然,这里的语言是符号性的,属于象征领域,并由父亲所代表。因而,在一些女性主义学者看来,尽管克里斯蒂娃试图克服弗洛伊德和拉康等人对于母亲的排除,但她依旧陷入拉康的陷阱之中,因为符号、语言都是属于男性的。

克里斯蒂娃也研究了原始宗教的暴力行为和人类文明发端中的"厌弃"行为,并得出结论说:"我们的语言和文化符号都是围绕着对母亲的谋杀建构起来的。""一方面,厌弃物使我们面对那些脆弱的状态,在这种状态中,人游荡在动物的领地。因此,通过厌弃的方式,原始社会标志出一个准确的自身文化领域,以便使自己摆脱动物世界的威胁或兽欲,这里被想象为性和谋杀的再现。"⑯在这里,母亲显然成为厌弃物的化身,相当于吉拉德在解释献祭牺牲和暴力时的"替罪羊"。只有排除被厌弃的母亲,社会空间才得以存在,群体的妒忌和恐惧之心才能得到暂时的缓解,宗教、文化和语言才得以出现。因而,在哲学、伦理和宗教中,与性别/女性/母亲相联系的净化(厌弃、排除和谋杀)及其仪式始终是一个备受关注的话题。"就哲学是一种伦理学和不能被忘记的柏拉图来说,净化似乎是哲学的一种内在的关切。"而且,"亚里士多德似乎认为,存在一种性别话语,它不是知识话语,却是唯一可能被净化的话语"⑰。或许是黑格尔更为具体地提出应当在社会和历史行为中消除来自性和性别的不洁。对于宗教来说,解决厌弃问题的方案便是把其视为污秽、禁忌和原罪。弗洛伊德认为,宗教关系的神圣与献祭牺牲来自对父亲的谋杀,人类社会起源于两个禁忌:谋杀与乱伦。"我们都熟悉弗洛伊德有关弑父的论断,熟悉他在《摩西与一神教》中提出的一个更为具体的观点:与犹太教相联系,古代原始部落的父亲和首领被他们的儿子合谋杀死,后来后者对于这一完全受模糊情感支使的行为怀有一种犯罪感,最终想恢复父亲的权威,这不再是以专横的权力,而是以权利的方式,因此他们转而放弃了拥有所有女人的做法,一举建立起神圣、异族通婚和社会。"⑱而对于克里斯蒂娃来说,弗洛伊德在这里忽略了一个问题,即神圣一方面建立在谋杀和负罪

---

⑮ Julia Kristeva, *Powers of Horror_An Essay on Abjection*, Columbia University Press, 1982, p. 13.
⑯ Ibid., pp. 12-13.
⑰ Ibid., pp. 28-29.
⑱ Ibid., p. 56.

感的基础上,另一方面还有一个"衬里",它更为隐秘和不可见,更无法表述,指向那些不稳定的、不确定的身份空间,指向来自远古的双重脆弱性——威胁与融合,指向主体与客体尚未分离,语言尚未形成,但已经编制出恐惧和排斥的状态。因此,克里斯蒂娃更关心的问题是:在主体性和符号竞争中与"女性对抗"的暗示,以及社会为了尽可能伴陪话语主体完成这一行程的编码方式。她把这一行程看成"厌弃,或者结束黑夜的行程"。在考察英国人类学家玛丽·道格拉斯的研究时,克里斯蒂娃赞成她把主体维度引入宗教人类学的思考,强调对于道格拉斯来说,净化是与边界、边缘和秩序相联系的因素。宗教仪式是一种净化仪式,通过对肮脏、污秽和乱伦的禁止,划清了社会、群体和个人之间的界限,使社会得以成立的,在这一过程中,主体得以形成,母亲却被谋杀。"这些宗教仪式的功能是消除主体对自己身份不可挽回地陷入母体的恐惧。"[19]因而,主体、符号和语言、宗教与文化、社会都是围绕着母亲被谋杀,以及谋杀者的利益建构起来的。暴力起源于人类的语言和文化之中,当我们追问"什么"和"谁"在语言和文化帷幕后隐藏起来时,便有可能看到谋杀者的真实面目。总体来说,克里斯蒂娃试图通过对于母婴关系的解说,以及婴儿对母亲的厌弃来说明主体和社会文化的形成,并最终追求以新的视角研究女性与社会符号秩序的关系,把女性从作为"替罪羊"献祭的牺牲状态中解救出来,建立一种新的伦理秩序。

四 未决的问题

在精神分析领域,母婴关系既是一个未决的问题,也是一个难解之谜,它所引发的问题域越发地深入和宽泛,并已经成为女性主义伦理学、精神分析学与"父权制"学术堡垒对峙的重要阵地。应当说,所有女性主义精神分析学家在研究母婴关系时都怀有一个目的,即试图颠覆或者调合以弗洛伊德为代表的传统精神分析学在性别身份、主体形成、社会文化和语言发展过程中对于父亲和菲勒斯中心主义的强调,并在这一过程中发展女性主义精神分析学理论,使其能够对人类和个体道德与文化发展产生不同于以往理论的积极影响。

---

[19] Julia Kristeva, *Powers of Horror: An Essay on Abjection*, Columbia University Press, 1982, p.28、p.64.

总体上看,女性主义精神分析学对于"母婴关系"的探讨有如下一些特点:其一,突出"性别差异"的意义。例如对于法国女性主义哲学家来说,性别歧视不仅植根于社会经济和文化之中,也来自文化、语言和哲学本体论框架。因而,人类不仅需要社会革命,也需要在哲学领域进行一场基本范畴的革命,因为在哲学领域,话语主体一直是男性的,无论在理论、道德和政治上都是如此,而且在西方社会,上帝作为每一个主体和话语的保护者,其性别也总是男性和父系的。借用大陆精神分析学的丰富资源,法国女性主义哲学家进行哲学话语革命的主要工具是女性主义精神分析学,因为在她们看来,"尽管采取了模糊的、隐藏的和不为人知的方式,弗洛伊德还是说明了某种一直产生影响的东西——构成任何科学和每一话语逻辑基础的无差异的性别"。"弗洛伊德所有关于女性性别的陈述都忽略了这样的事实——女性的性别或许可能有其自身的'特殊性'。"[20]因而,法国女性主义哲学的重要目标在于通过女性主义精神分析学来阐释"性别差异",因为在传统哲学中,"主宰哲学的逻辑很大程度上来自它把所有他者还原为同一性经济的力量"。[21] 这种力量在"男性主体"自我呈现制度中根除了性别差异。而母婴关系则是女性主义精神分析强调"性别差异"的一个重要的理论突破口,这不仅是因为"母亲最重要的是把活力和女性特有的表象能力——所谓女性的文字语言——给予了女性,女性必须坚决恢复已经迷失的母性"[22]。而且更为重要的是,对于母亲和"母婴关系"的研究有可能为人类的思维革命、为女性解放和性别平等的追求,以及人类社会的变革提供一条重要途径。

其二,突出人类主体形成的动态意义,并试图在这种主体的形成中建构女性的主体地位。从哲学意义上说,女性主义精神分析学家试图通过对于母婴关系的研究从个体发生学角度探讨主体生成的过程。例如克里斯蒂娃的哲学是近现代主体性哲学传统的一部分,在她看来,无论是柏拉图、笛卡儿等人倡导的同一性的形而上学,还是传统结构主义符号学,都把主体和语言看成同质的静止结构,而她的符号分析学则把语言视为话语主体的能动行为,这种能动性和话语无疑是多元的和异质的,她也由此

---

[20] Luce Irigaray, *This Sex Which Is Not One*, Cornell University Press, 1985, p.69.

[21] Ibid., p.74.

[22] 〔日〕西川直子:《克里斯托娃多元逻辑》,王青、陈虎译,河北教育出版社2002年版,第204页。

提出一种与传统形而上学不同的主体哲学——过程哲学,并力图消除文化中关于母亲/女性的暴力因素,确立女性的主体地位。

其三,突出身体和体验认识论的意义。女性主义精神分析学家都试图以母亲和关于母亲的体验来推动精神分析学的发展。如果说近代以来的大陆哲学主要是一种认识论,而这种认识论要求从身/心或身心出发抵达事物本身的话,那么女性主义的这种探讨也可以说体现出身体和体验认识论的特点。这正如波伏瓦一直强调的,"母性其实是一种社会结构化的体验",女性自由的实现需要社会革命。本章所讨论的克莱因、克里斯蒂娃等人都是通过自身做母亲的体验来研究精神分析学和母婴关系的。[23] 而被视为在精神分析领域最早运用自己与母亲关系的体验来研究精神分析学的学者,弗洛伊德的关门弟子海伦·多伊奇(Helene Deutsch)曾基于自己在童年时代被母亲打骂的体验,坚信男女自恋的人格障碍是在认同母亲过程中所受到的伤害导致的。[24] 这些来自直接或间接体验的认识论成果无疑地对于人类精神和道德心理发展研究具有重要的意义。

其四,把母婴关系置于个体发生学和人类文化、语言、社会以及文明的起源和发展之中进行研究。无论是对象关系理论还是符号学理论对于母婴关系的研究,都体现出这一特点。例如法国女性主义精神分析学家的研究更多地借鉴拉康对于弗洛伊德的解读,以及他对于性别发展的符号学解释,同时也借鉴了诸如人类学、历史学等学科的相关成果,使她们对于"母婴关系"的研究显示出宏大的场景和历史的深邃性。同时,在大量的人类学、文化学和历史学,以及个体发生学研究基础上,女性主义精神分析学家也有力地指出——以往的发展心理学认为母婴关系是非社会的、母亲与孩子是完全融合在一起的以及社会生活始于俄狄浦斯阶段等观点显然是不正确的。

其五,女性主义精神分析学对于母婴关系的研究也体现出女性主义

---

[23] 克莱因在做母亲的过程中是压抑的,但她却用自己的这种体验研究儿童心理发展和母婴关系,丰富和发展了对象关系理论。

[24] 她发明了一个术语:as if 人格。这种人格主要体现在认同短暂的人们身上,这些人大部分是精神病患者。这种人格的特点是不能够感觉到真实的感情,没有温暖的感觉,不能够建立持续的自我或超我认同。在媒体对于美国康州小学枪击案的报道中,多次提及凶手亚当·兰扎的人格障碍,因而女性主义精神分析学对于母婴关系的研究会对避免悲剧的再次发生提供不同的思考路径。

的政治追求。对于女性主义精神分析学家来说,研究母婴关系的一个重要目的是追求性别平等和女性解放,尽管她们中一些人也常常陷入弗洛伊德或拉康等人的父权制理论"陷阱",但这似乎并没有影响到其伸张女性权利,确立女性主体地位,保护女性利益,建构性别平等社会的政治追求。

然而,尽管当代女性主义精神分析学家在对母婴关系问题的研究中做了许多努力,但这一问题依旧是一个未决的问题,因为它包括个体生命觉醒和人类文化起源的价值内涵,也承载着人类沉重的历史,预示着人类社会关系和人类社会发展的未来。母婴关系问题亦可从多学科和多维度进行研究,每项研究突出的主体也不尽相同,例如从研究的主体维度上说,可以分为以儿童发展为主体,以女性的欲望、主体地位、认知方式和性别身份为主体,以人类文明进步为主体,以母亲与婴儿的关系发展为主体的研究等。从人的精神发展的历时性而言,对于母婴关系及其影响的探讨也不应仅仅局限于前俄狄浦斯阶段。现有的女性主义精神分析学所及的范围仅仅是冰山一角,更多的问题还等待着人们进行深入的探讨。此外,学术界对于女性主义精神分析学的相关研究成果也存在一个认可程度问题,退一步说,即便人们认可了这些研究成果,也应当注意到这样一个事实——同所有文化理论一样,精神分析(女性主义精神分析)的理论设置、假设性和概念化只是通向真理和客观的工具与方法,而不是真理或客观本身。作为一种方法论,女性主义精神分析学的政治目标和策略是解决我们时代面临的诸多与性别、人类精神以及社会文明发展相关的理论和现实问题,与其他人文社会科学理论一起追求一个更为公正、和谐和理想的人类社会。

第六章
女性主义认识论

、

认识论是对知识概念,包括证据、证明、理由和客观性的研究。"在哲学领域内,认识论研究知识和证明的本质:1.研究定义的构成;2.实质条件或来源;3.知识和证明的局限性。"[1]众所周知,在人类认识论思想史上,"女性从未被赋予权威发言权来陈述自己或其他人的社会处境,也不能说明应当如何改变这些处境。那些从各种提问中产生的一般性的社会知识从来都与女性对生存的看法无关"[2]。这不仅导致女性长期以来缺少概念资源描述自己的体验,也导致当代学者难以把女性和性别议题纳入既有知识结构,而且这也表明:那种具有"客观合理性"的传统认识论框架已无法满足"女性"和"女性主义"等知识概念,因而女性主义认识论(Feminist Epistemologies)便应运而生。作为女性主义哲学中最为基础的部分,这一理论"能够根除'墨守成规的习惯',把女性展示为理性的认识者"。"西方传统中的知识一直习惯包括关于认识主体、关于归属知识地位的认知态度、关于赋权他/她主体地位,关于所认识到的真理以及知识目的的假设。而女性主义认识论的贡献是重新反思所有这一切。"[3]然而,或许正是由于这一重要的地位。自20世纪70年代女性主义认识论问世以来,人们对其概念和内涵的争论从未终止,一些人强调它是关于

---

[1] Paul K. Moser ed., *The Oxford Hand of Epistemology*, Oxford University Press, 2002, p.3.
[2] 〔美〕佩吉·麦克拉肯主编,艾晓明、柯倩婷副主编:《女权主义理论读本》,广西师范大学出版社2007年版,第503—504页。
[3] Helen Longino, "Feminist Epistemology at Hypatia's 25th Anniversary," *Hypatia* vol. 25, no. 4, (Fall, 2010), p.734.

"女性认识","女性体验和女性知觉方式"的研究;另一些人则主张它"是一种意识到自身女性主义内涵的认识论"④。还有人认为它是一种"社会认识论",例如伊莉莎白·安德森(Elizabeth Anderson)看到,社会和社群对于知识发展具有重要影响,女性主义认识论实际上是社会认识论的一个分支。⑤ 进入21世纪以来,女性主义认识论研究越发呈现出与主流认识论接轨的倾向,在深入研究当代认识论发展的基础和热点问题的同时,也提出许多新观点和新理论。女性主义科学哲学家桑德拉·哈丁曾把20世纪后半叶的女性主义认识论分为三个部分:经验论、观点认识论和后现代主义认识论。而本章则侧重于讨论21世纪以来女性主义认识论提出的新问题和新方向,从认识正义、经验认识论、观点认识论以及自然化认识论来呈现女性主义认识论的新成果。

一 认识正义

认识论关系到我们如何去感知、分析世界和我们自身的存在,如何去认识和改造世界,如何去追求理想的人类社会。在女性主义认识论看来,尽管概念和判断本身涉及对事实因素的观察和总结,但价值因素实际上参与了人类通过概念体系所进行的一切认识活动,并始终在人的认识过程中发挥作用。以往的女性主义认识论更多地关注对女性的认识主体地位、知识的客观性、知识生产与权力之间的关系、女性体验的认识意义,以及在认识论中如何把女性和边缘群体的声音及体验包括进来等问题的探讨,然而自21世纪以来,女性主义认识论研究出现一个新的方向——"认识正义"问题的研究,这一研究有两个特点:其一是以一种反向思维方式进行的,即针对"认识不正义"提出问题,说明矫正认识不正义现象的途径和方式。以往人们更多的是从正面提出"什么是正义"的问题,认为不正义就是缺乏正义,但一些当代学者敏感地意识到,这样做有可能忽略一个问题:"如果仅仅关注正义就会丢失很多东西——不正义感、识别

---

④ Ran Langton, "Feminism in Epistemology Exclusion and Objectification," see Miranda Fricker and Jennifer Hornsby ed., *Feminism in Philosophy*, Cambridge University Press, 2000, p.129.

⑤ Sharon L. Crasnow and Anita M. Superson ed., *Out From the Shadows: Analytic Feminist Contributions to Traditional Philosophy*, Oxford University press, 2012, p.340.

不正义受害者的困难"等等。⑥ 而且这也正如当代女性主义哲学家南茜·弗雷泽所言:在人类历史上,正义实际上从未被人们直接经历过,相反,我们所经历的都是不正义,同时正是通过这些不正义的经历,我们才形成关于正义的观念。其二是把女性主义和伦理学思考引入认识论研究,因为在女性主义认识论看来,认识论研究的最终目标是解决"认识不正义"以及由此产生的各种不正义的社会时间问题。

英国女性主义哲学家米兰达·弗里克对于"认识不正义"问题的研究颇具代表性。在其 2007 年出版的《认识不正义:认识的权力与伦理学》一书中,弗里克考察研究了两种认识不正义现象——"证明不正义"(testimonial injustice)和"解释不正义"(hermeneutical injustice)。前者体现在听者降低对讲者所说的信任度时,例如警察不相信一个人所说的话,因为他是一个黑人。后者体现在以群体性解释资源把某个人置于一种不正义的劣势地位,以便满足这一群体的社会体验,例如一个女性遭受了性骚扰,但在她所处的文化中却没有"性骚扰"概念。弗里克认为证明不正义是由信任方面的偏见导致的,而解释不正义是由群体解释方面的结构性偏见造成的。⑦

弗里克从讨论社会权力概念开始探讨认识不正义问题,认为社会权力实际上是在特有情境下控制他人行为的能力,在权力发挥作用时,"我们应当准备追问谁或什么在控制谁和为什么"⑧。她提出"身份权力"概念,认为有一种社会权力不仅需要用社会实践来协调,也需要以想象力来协调,这种权力需要行为者具有共同的社会身份概念,例如性别实际上是身份权力的竞技场,人们对性别权力的使用取决于一种想象力,男女双方都群体性地分享关于性别的刻板印象。这种身份权力同其他社会权力一样既属于个体行为者,也属于纯粹的制度结构。从认识论上说,这种身份权力可能影响到听者与讲者之间的交流,因为听者需要以社会刻板印象去评价对话的可信度,这样做可能会带来有利或有害对方的理解,而这最终取决于这种刻板印象是什么。显然,"如果这种刻板印象中包含反对讲者的偏见,就会出现两种情形:存在一种认识功能方面的交流障碍,听

---

⑥ Judith Shklar, *The Faces of Injustice*, Yale University Press, 1990, p. 15.
⑦ Miranda Fricker, *Epistemic Injustice*: *Power & the Ethics of Knowing*, Oxford University Press, 2007, p. 1.
⑧ Ibid., p. 14.

者作出过分贬低讲者可信度的判断,并很可能错过影响结果的信息,听者做了某种伦理上不正当的行为,不正当地削弱了讲者作为认识者的能力"⑨。这就是弗里克所说的"证明不正义"。那么,是什么因素导致听者作出削弱讲者可信度的判断呢? 显然是偏见导致的,弗里克认为证明不正义必然包括偏见,其中最为重要的是身份偏见,这种偏见形成并维持了一种抵触证据的态度,而这种抵触是由主体在这个问题上所具有的动机造成的。毫无疑问,证明不正义是有害的,"当人们遭遇认识不正义时,他们作为认识者被降级,作为人的尊严也相应地被贬低。在所有认识不正义情况下,人们面对的不仅仅是认识错误,也是将错就错地被对待"⑩。

弗里克区分出两种证明认识论:"推理性的"和"非推理性的"。她认为在有美德者的道德知觉能力与有美德的听者证明知觉能力之间存在着一种平行关系,这是因为:"1.在道德证明中,判断模式是知觉性的,而不是推理性的;2.在这两个领域中,好的判断都遵循内隐性规则⑪;3.在这两个领域中,判断都是由内在动机刺激的;4.理由都是可以得到内在说明的;5.在这两个领域中,证明尤其要包括对认知来说也是恰当的情感因素。"⑫对于第一点,弗里克解释说,一个有道德教养的人在面对具体道德境遇时,既不需要反思,也不需要推理,便可以敏感地把握这一境遇中道德和认识论的突出特点,而这种敏感是基于对不同境遇中不同诚信类型的假设来建立的。"正如一个有美德的主体道德知觉是丰富的一样,一个有美德的听者的认识知觉也是丰富的。"因而,道德认知与认识认知是相同的,道德判断来自人们的道德感,与推理无关。针对第二点,弗里克提出一种道德认知主义观点,强调一个有美德的人不需要使用具有普遍概括性的理论和准则,因为只有那些德性不完满的人才会这样做。"依赖准则相对来说是一个人尚未达到德性完满,依旧处在想象阶段的标志。"弗里克十分关注道德"敏感"的意义,认为"有美德者的道德知觉能力是对突出的道德特点保持敏感,对在一个新的境遇和行为中,以及面对

---

⑨ Miranda Fricker, *Epistemic Injustice: Power & the Ethics of Knowing*, Oxford University Press, 2007, p.17.

⑩ Ibid., p.44.

⑪ 隐性规则(uncodifiable),也可以理解为这些规则都是无法成为成文规则和法则的。

⑫ Miranda Fricker, *Epistemic Injustice: Power & the Ethics of Knowing*, Oxford University Press, 2007, p.72.

一个现实的人时如何进行不同的价值配置保持敏感"[13]。她还援引用当代女哲学家艾里斯·默多克(Iris Murdoch)的观点,强调道德敏感和道德体验对于道德证明的意义。默多克认为道德具有无休止的意义,这不仅是因为我们所努力建构的概念都是不完美的,也因为随着我们的运动和观察,这些概念本身也是变化着的。针对第三和第四点,弗里克认为,既然动机是理性的,我们的道德知觉便承载着判断功能,从美德角度知觉到的事实便构成了人们行为的理由。"如果一个判断是通过美德证明的敏感性产生的,那么它便可以被证明是正确的。"[14]弗里克还强调情感在道德认知中的意义,认为一个有美德者不仅要行为得当,也要对自己的选择怀有恰当的情感,对他人的信任不仅是理智上的,也包含情感因素,因为作为道德主体的听者需要作出有情感内容的道德判断。

在分析"解释不正义"问题时,弗里克首先借鉴了马克思主义女性主义哲学家南希·哈索克(Nancy Hartsock)的一个观点,即认为被支配者生活在一个由其他人为了自身目的构造的世界里,这些目的至少是不属于被支配者的,并在某种程度上对于他们的发展和存在是不利的。弗里克认为哈索克在这里所讲的"构造"有三重含义:从物质上看,意味着社会制度和实践有利于权势者;从本体论上说,意味着权势者构造了这个社会;从认识论上说,意味着权势者在构造群体性的社会理解方面不公正地具有优势地位。显然,这些因素都会导致解释不正义,社会中的弱势群体也会由于这些解释而被边缘化,弗里克把这称之为"结构性身份偏见",认为这种偏见不仅导致群体性的解释空白,也会带来结构性的歧视。她以形式平等(formal equality)为例说明这一问题,指出形式平等其实包含着"境遇不平等",如果一个国家医保体制中不包括免费的牙医服务,那么这个看似平等的政策实际上是不平等的,因为这直接导致贫困人口看不起牙病,而对富人来说却不存在这一问题。因而,当权势者群体性地对弱势者解释贫乏时,就会导致事实上的歧视,弗里克称它为"境遇解释的不平等"。证明不正义的主要伤害在于听者一方的"身份偏见"排除了知识,而解释不正义的主要伤害则在于群

---

[13] Miranda Fricker, *Epistemic Injustice: Power & the Ethics of Knowing*, Oxford University Press, 2007, pp. 72-74.

[14] Ibid., p. 77.

体性解释资源的"结构性身份偏见"排除了知识。第一个排除关系到讲者,第二个偏见关乎他们试图要说的,以及/或者他们如何在说。两种认识不正义错误包含一个共同的认识论特点,即偏见阻碍了人们参与知识的传播。⑮

弗里克对于"认识不正义"问题的研究得到一些评论家的关注,例如乐吉尔·波尔豪斯(Gaile Pohlhaus)在女性主义哲学杂志 Hypatia 著文指出:以弗里克等人为代表的女性主义认识论实际上强调两点:境遇(situated)或社会地位(socially positioned),以及相互依赖性(interdependent)。然而,即便把这两个方面结合起来,也依旧会面临另一种认识不正义——"有意的解释无知"(willful hermeneutical ignorance)。在一个多阶层结构的社会里,权势者会拒绝从边缘地位认识者所体验的世界中产生出来的认识工具,这种拒绝使前者误解、错误地解释和忽视一个世界整体中的某些部分。⑯ 在他看来,我们不能把境遇的意义简单弱化为主张不同体验导致不同认识,也不能把它强化为主张社会地位会自动地导致知识。事实上,一些认识论学者已经提出这种地域和全球性的"无知认识论",我们也可以像弗里克那样,通过境遇与相互依赖之间的关系来说明这种结构性的无知是如何被维持的,但他认为弗里克忽略了"有意的解释无知"概念,因为对于权势认识者来说,不仅不需要,还会抵制那些来自边缘地位认识者的体验,而后者却无法向前者证明另有一部分世界是不为他们所知的,因为前者根本就没有介入这一世界,而且后者的认识资源也不是普遍的,或者事先便被前者消解掉了。"所以当权势群体被赋予权利对某些世界保持无知时,他们便会通过拒绝承认和积极消解任何新产生的、把自己置于无知地位的认识资源,以便维持自己的无知。"而"这种拒绝与其说来自一种生而俱有的无能,不如说来自一种有意的行为"⑰。波尔豪斯还把这种"有意的解释无知"与哈丁的批评认识论加以比较,认为共同特点是强调以对其他人或其他体验的兴趣,而不是社会地位来确定人们能够认识什么。哈丁认为,如果权势认识者有兴

---

⑮ Miranda Fricker, *Epistemic Injustice: Power & the Ethics of Knowing*, Oxford University Press, 2007, p. 162.
⑯ Gaile Pohlhaus, "Relational Knowing and Epistemic Injustice: toward a Theory of Willful Hermeneutical Ignorance," *Hypatia*, vol. 27, no. 4 (Fall 2012), p. 716.
⑰ Ibid., pp. 728-729.

趣揭示边缘认识者的体验,便完全可以参与到批评认识论中来。因而,"无知"并不是由社会地位所决定的,而是人们的一种选择。波尔豪斯也主张改变这种局面的方式不是给予边缘认识者更多的信任和认识资源,而是让他们使用更有利的资源抵抗认识的扭曲,而权势认识者也应当通过与边缘认识者建立一种真正的合作关系把握和使用自己所缺少的认识资源,因为一个人所具有的认识资源越不正义,在解释我们共同居住的整体世界时就越不准确,越缺乏说服力。弗里克看到认识不正义是结构性的,而波尔豪斯则相信这种不正义不仅是结构性的,也是意愿上的。

二 经验认识论

在《论时间概念》的讲演中,海德格尔曾指出,过去——被经验为本质的历史性绝对不会消逝,它是我们总能一再向之返回的地方。而20世纪70年代以来兴起的女性主义认识论,尽管理论越发复杂,概念与体系越发难以梳理,但始终让人感觉到它试图返回到过去——那一直被忽略的被女性经验为本质的历史性,挖掘从这一群体经验中呈现出的社会权力结构和性别关系,弥补人类认识论历史把男性经验当成人类经验的缺憾,讲述那半边古老的故事。女性主义认识论的主要任务是重新挖掘女性经验对于认识历史和社会的意义,并把女性和不同群体,尤其是社会弱势群体的现实经验作为认识和描述社会生活,建构知识体系,以及平衡权力关系、追求理想人类社会的一种认识工具。

如前所述,哈丁在20世纪80年代曾把女性主义认识论分为三种:女性主义经验论、女性主义观点论以及后现代女性主义认识论,但历经数十年发展之后,各种理论却不断趋同,而且在同一种理论内部的差异甚至大于不同理论之间的差异,例如女性主义哲学家克里斯汀·因特曼(Kristen Intermann)看到,20世纪90年代以来,女性主义经验论之间的差异比女性主义经验论与观点论之间的差异还要更大,因为"一些女性主义经验论者持有一种明确的自然化倾向(Nelson1990;Anderson1995;Campbell1998;Clough2004),而他另一些哲学则不然(Longino1990,2002;Kourany2003)。一些女性主义经验论者在实用主义框架内工作(Clough2003),而其他人则接受了奎因的理论模式(Nelson1990;

Antony1993),或者一种塞拉斯的视角(Sobstyl2004)"[18]。倘若人们认真分析这些理论的特点,便有可能发现,这些理论原本都是从不同的角度和侧面关注女性经验,并在不同程度上呈现出经验论的特点,因而着眼女性主义经验论将是研究女性主义认识论新发展的一个重要途径,而女性主义经验论近几十年来的发展主要呈现出四个特点。

其一,更加注重情境、情感和规范和社会因素在认识论中的意义。女性主义经验论是在女性主义科学哲学襁褓中产生的,其基本理论主张是:经验成功是接受科学理论、模式或被证明的辅助假设的必要条件,当一个理论与其假设一同被检验时,它必须得到经验的证明,同时它也必须满足比不同选择更好的其他认知标准。新近的女性主义经验论研究空间不仅更为宽阔,也更为基础。因特曼曾把当代女性主义经验论与哈丁所讨论的早期女性主义经验论加以比较,认为前者有三个特点:"1.与在特有研究背景下具有指导意义的目标、认知价值以及方法相联系的情境论。2.在目的、认知价值和方法意义上的规范性,相信其他背景假设永远都不会脱离社会、伦理和政治价值观。3.社会性,因为客观性和证明的着眼点是科学群体而不是个体科学家。客观性是以降低个体偏见负面影响的方式建构科学群体来促进的。"[19]女性主义经验论也认为情感在认识中具有重要地位,不仅拒绝理性和情感的二元区分,也反对把情感作为知识的次要来源,坚持认为"情感对于关于社会世界的系统知识来说是必不可少的,认识不到这一点的任何认识论都具有致命的错误"[20]。

其二,越发突出女性经验在认识论中的意义。在女性主义哲学家看来,传统认识论基于理性和客观性建构的认识主体实际上排斥了女性和边缘人群的经验,例如贬低感情、关怀和家庭在认识论中的意义,这种认识论体系使男性认为只有自身才有资格成为认识主体,确定知识和行为的规范。因而,许多女性主义认识论都试图以强调女性经验为主旨,例如洛兰·科德(Lorraine Code)认为:"在认识论领域,女性主义哲学家的两个重要任务是:发现恰当的方式认识女性经验,以及形成这些经验的结

---

[18] Kristen Intermann, "25 Years of Feminist Empiricism and Standpoint Theory: Where Are We Now?", *Hypatia* vol. 25, no. 4, (Fall, 2010), p.779.

[19] Ibid., p.782.

[20] Liz Stanley and Sue Wise, *Breaking Out Again: Feminist Ontology and Epistemololy*, Routledge, 1993. p.193.

构;为继续保留这些经验进行认识论说明。"㉑显然,完成第一个任务需要破除限制女性认识可能性的关于女性本质的刻板印象,而完成第二个任务则需要在认识论发展目标上进行观念上的变革。科德提出"认识责任"的概念,女性主义认识论在讨论女性经验之前必须审视以往认识论基于女性"自然"对女性存在和认识能力的刻板印象,认清人们在什么样的刻板印象支配下形成了关于自身和他者的"所谓的"知识。"一种负责的认识实践力图把认识活动从这种局限中解放出来,这是提出一种保持体验连续性认识论方案的必不可少的第一步。"㉒"实际上,一个行为的道德特性依赖于它所基于的认识,这种认识本身也成为一种恰当的评价对象。"㉓认识责任是一种重要的认识美德,在认识活动中所扮演的角色与道德责任在道德行为中的角色相同。所以,女性主义认识论一直在努力明确一个事实:认识不是纯粹的知识,认识论必须与伦理学一并进行讨论。女性经验首先应被看成一种人工的建构,而不是"自然的"事实,因为经验总是由经验着的主体的社会地位来协调的,这包括特定时代、地点、文化和环境,而且总需要通过潜意识中的思考和动机来形成,所以人的认识事实上是一个能动的汲取和建构经验的过程。

其三,自然化倾向。21世纪初期,艾莉森·贾格尔曾评论说:过去30年的女性主义伦理学呈现出多元化的发展倾向,而新近的特点便是自然化倾向。尽管这种视角与当代自然化认识论和科学哲学相似,但女性主义自然化理论的特点是强调女性主义对认识论,尤其是对道德认识论的特殊贡献,它不仅对古老的道德问题给出新答案,也试图重塑问题本身。她看到,虽然西方女性主义伦理学理论各不相同,但却具有某种内在的一致性,这"可以表达为一种不同的女性主义自然化理论,它根源于女性主义对随时可能发生的性别不平等的关注"。尽管西方哲学史对于"自然化"概念有不同解释,但贾格尔强调自己是在与库恩、奎因的自然化认识论和科学哲学相同的意义上使用这个词的。在她看来,"自然化认识论"有两个特点:其一是否定了为其他学科奠定基础的第一哲学观念,把认识论或科学哲学视为关于经验科学与实践的研究;其二是否定了

㉑ Lorraine Code, "Experience, Knowledge, and Responsibility," in Ann Garry and Marilyn Pearsall edt., *Women, Knowledge, and Reality*, Routledge, 1996, p.157.
㉒ Ibid., pp.159-160.
㉓ Ibid., p.164.

纯粹理性的存在,主张应当从多学科视角理解人类知识,应用不同学科的发现和方法,尤其要依赖经验科学。因而,贾格尔认为女性主义伦理学的特点是"自然化的",它要求把伦理概念、理想和规约的发展与经验学科,如心理学、经济学和社会科学结合起来。然而,西方哲学传统却一直避开这种理论倾向,试图超越变化着的感觉世界,通过追求具有无限普遍性的道德真理来超越历史的偶然性。而女性主义伦理学则应当关注道德理论与实践的、具体的和历史的文化情境,并通过"自然化"透镜审查西方主流哲学传统。贾格尔的"自然化"伦理学更多关注的是利用各门学科的经验研究方法、经验知识与数据从事女性主义认识论和伦理学研究,而女性主义经验论也在与这种被"自然化"伦理学的互动中越发地呈现出自然化倾向。

其四,与女性主义观点论的趋同。通过比较研究,因特曼曾得出结论说:女性主义认识论近30年来的发展呈现出经验论与观点论趋同的现象,所以她索性提出一个把两者整合起来的新概念:"女性主义观点经验论。"因特曼经过比较和分析发现:"女性主义观点论与女性主义经验论看上去十分相像,两种观点都是一种社会认识论,因为它们都把社群而不是个人看成证明和客观性的来源。"[24]而且,这个社群分享共同的、基于个体经验产生的规范承诺,这些经验也是由每一个体的社会地位带来的。因而,尽管两种理论依旧存在着差异,但两者都坚持经验论的、情境论的以及社会规范认识论的观点。

三 观点认识论

女性主义观点认识论,简称观点论,是指从特有社会境遇所决定的视角来看待世界的理论,并宣称这种独特视角在认识上具有特权和权威性。一种完整的观点论试图完成下列工作:1. 强调有这种认识特权者的社会地位;2. 说明这种特权的范围:宣称对于什么问题和主题具有认识上的特权;3. 解释产生这种优越知识的社会地位因素:如社会角色、主体的认同等;4. 试图说明这种特权的基础是什么,例如用什么理由证明这种权利是

---

[24] Kristen Intermann,"25 Years of Feminist Empiricism and Standpoint Theory: Where Are We Now?," *Hypatia* vol. 25, no. 4,(Fall, 2010),p. 787.

正当的;5. 试图说明它所宣称的认识优越性的类型;6. 试图解释与这种认识优越性相关的其他视角;7. 尝试说明获得这种视角的方法和途径,讨论是否特定的社会地位能够成为这种视角的必要和充分条件。

一般说来,这种观点论要求人们重新思考认识的客观性和科学价值。自20世纪80年代问世以来,经过数十年的修正,这一观点已经被许多女性主义学者采用,成为人文与社会科学在教学和研究上的一种方法论,这一方法旨在通过探讨客观性问题来揭示科学本身具有的社会性和政治性。女性主义观点认识论的主要代表有桑德拉·哈丁和南希·哈索克等人,后来的主要代表人物有艾莉森·威利(Alison Wylie)等人。20世纪70和80年代的女性主义观点论也关乎两个主题:"1. 知识情境化主题:社会地位会对我们的体验产生系统影响,塑造并限制我们所认识的东西,因此知识是通过特有的观点来获得的。2. 认识优势的主题:一些观点,尤其是边缘化或者被压迫群体的观点具有认识论方面的优势地位,至少在某种背景下如此。"㉕

事实上,科学认识的客观性与道德认识客观性的区别一直是引人争议的问题,根据美国实用主义哲学家希拉里·普特南(Hilary Putnam)的看法,认识的客观性实际上可以分为两类,自然科学知识认识的客观性与道德认识的客观性。然而,尽管道德问题是以一种不同于科学的方式来获得客观性的,但科学和伦理学两种范式却有着共同的价值预设:"合理的可接受性。"因而,伦理学或者道德的客观性只能在文化内部加以理解,特定的文化为道德善提供**合理的可接受的标准**,他还主张人类依靠概念系统进行的一切智力活动都有价值因素参加,即便是道德价值也关系到对于经验事实的观察、总结和描述,因此也具有客观真理性。由此可见,无论是科学认识的客观性还是道德认识性的客观性都指向一个基本问题:即事实与价值的关系,对于这一关系的认识决定了人们在认识客观性问题上的立场和态度。

20世纪70年代,西方哲学领域掀起了一场反实证主义的科学批判浪潮,反对实证主义将事实与价值分离,机械地、抽象地谈论客观性和理性的传统。实证主义主要指一种科学观念,即相信"实证科学"才是科学

㉕ Kristen Intermann, "25 Years of Feminist Empiricism and Standpoint Theory: Where Are We Now?," *Hypatia* vol. 25, no. 4, (Fall, 2010), p.783.

研究应该遵循的唯一恰当模式,所有自认为是在从事科学研究的人都应该按照"实证科学"的程序和方法去行事,否则就不能够将自己所从事的活动称为"科学"。这一理论也强调独立于主体经验的可观察性和客观现实性,主张理性、抽象性和定量分析,认为只有实证数据才能提供规律和知识,这就要求研究者把客观事实和主观判断分开,在研究时保持价值中立的立场。这一理论也相信,科学尤其是物理学要以客观真理为目的,以客观事实为依据,以客观描述语言为工具,它的客观性建立在与客观世界相适应的基础之上,这种客观性与人的情感和价值观没有任何联系。在他们看来,理论的客观性在于:1.其基本材料是人们使用描述性语言对客观经验的中性陈述;2.可以用一种类似数学的方法把这些陈述统一在一起;3.其结论具有经验的可证实性。

这些观点遭到新实用主义者,如当代美国哲学家理查德·罗蒂和普特南等人的批评。罗蒂在考察了西方哲学传统之后指出,人类对于客观性的追求最初来自两种不同的描述生活意义的方式:一种强调自己对社群作出的贡献;另一种强调自己与非人类世界的关系。前者追求一种群体中的一致性,后者则表达了追求不以任何社群利益为转移的客观性愿望。从古希腊到启蒙运动以来,西方哲学越发地体现出一种"以求真观念"为核心的倾向,并试图在这一过程中把一致性建立在客观性基础上,从而客观地认识人的本性,走出和超越社群的狭隘和短视,梦想一种超越自然和社会区别的,作为非历史性人性表现的终极社群。"科学地探索人的目的就是要理解'基本结构'或'文化恒定因素'或'生物决定模式'"[26],这种理论被称为"实在论"[27],它主张建构一种认识论,以便证明事物具有自身的内在本质,真理与事实是相符合的,人们可以通过理性建立通向真理和事物本质的合理性证明程序,这一合理性证明不仅是社会的,也是自然的,来源于人性自身,因而是客观的而非偏袒的。实用主义者则希望把客观性还原为一致性,强调真理是因为对我们有利才去相信的事物。"追求客观性的愿望并不是逃避一个人社群限制的愿望,而仅

---

[26] 〔美〕理查德·罗蒂:《一致性还是客观性?》,见汪民安等人主编:《后现代性的哲学话语——从福柯到赛义德》,浙江人民出版社2000年版,第394页。
[27] 一般说来,"实在论"指的是一种哲学或认识论立场,认为存在一个不依我们的主观意志为转移的客观实在,我们的所有认识,包括科学认识在内都是对这种客观实在的反映或再现。

仅是达成主体间共识的愿望,是我们尽可能扩大'我们'的指涉范围的愿望。"㉘实用主义认为真理仅仅具有伦理意义,而没有认识论和形而上学基础,因为"对知识性质的探索只不过是对不同人如何就所相信的事物试图达成协议的社会历史叙述"㉙。因而罗蒂提出在知识探求中我们"究竟要追求一致性还是追求客观性"的问题。而普特南则从伦理学角度强调,针对人类而言,一致性和客观性是统一的。"我们的'客观性'若是就人类而言的客观性,也就足以表明它是客观性了。"㉚他认为,人们在作出道德判断时,"是与应当"始终是纠缠在一起的,他批评了休谟以后的哲学家对于是与应当、事实与价值、科学与伦理学之间关系的割裂和否定,强调"休谟以后的经验主义者——而且不只是经验主义者,还包括哲学界内外的很多其他人——没有认识到事实描述和评价能够而且必定被缠结在一起的方式"㉛。普特南相信,道德语言描述的对象不是休谟强调的情感,也不是契约论者所宣称的某种社会约定,而是客观事物的客观性质,也就是说,道德判断是客观的,但人们不能从形而上学角度理解这种"客观性",而只能在文化内部加以理解,特定的文化为道德善提供合理的可接受的标准。然而,另一些当代道德哲学家,例如伯纳德·威廉姆斯反对伦理客观主义和道德实在论,认为在道德生活中并不存在自然科学的那种价值客观性和中立性,并不存在一个独立于人类存在的道德实在领域。但他还是试图以"实践理性",即对于道德实践本质和意义的理性反思能力来补充和修正休谟的情感论,他提出一种"准休谟"的行为内在理由论,认为尽管行为与人的欲望和情感相关,但这种内在理由不仅是解释性的,也是规范性的,并且与人的理性相关,因而道德认识还是有客观性的,这体现为具体社会、文化和传统中的共识。

作为女性主义观点论的代表,哈丁也分析了人们对认识客观性的四种理解:1.某些集团所具有的属性,因为女性(或者女性主义者、黑人和

㉘ 〔美〕理查德·罗蒂:《一致性还是客观性?》,见汪民安等人主编:《后现代性的哲学话语——从福柯到赛义德》,浙江人民出版社 2000 年版,第 395 页。
㉙ 同上书,第 397 页。
㉚ 〔美〕希拉里·普特南:《理性、真理与历史》,李小兵等译,辽宁教育出版社 1988 年版,第 209 页。
㉛ 〔美〕希拉里·普特南:《事实与价值二分法的崩溃》,应奇译,东方出版社 2006 年版,第 28 页。

东方人、享受福利者和病人等)更为感性化,更难以做到无偏见,因此他们对于政治承诺难以作出客观的判断。2.知识假说和属性,以及陈述的属性。在这种语境中,一种客观真理的假说仅仅是得到比对手有更有力的证据支持,由此被认为更为接近真理。3.人们感觉公平的方法或者惯例属性,例如人们认为统计、实验或者重复性惯例更为客观,因而它们是标准化的,有利于公平品质的最大化。4.某些知识探索的社群结构属性。哈丁认为,这些还不足以概括客观性的含义,所反映的仅仅是错综复杂的客观性概念的"冰山一角"。"客观性本身并不是一个单一的概念,而是假设、看法、渴望和反感的一种杂乱集合,充其量是哲学家 W.B.加利所说的'一个本质上有争议的概念',就像'社会公正'或者'使人过基督徒的生活'一样,其确切含义也总是处于争论之中。"[32]另一些女性主义者,如雷·兰顿也认为,传统认识论中的客观性似乎是一种不掺杂主观性的远距离立场,它可以被视为一种认识论规范,存在于人们熟悉的世界图景中。世界上的事物都是独立于我们而存在的,它们的行为受其本性的制约,并由这些本性决定。客观性似乎可以理解为认识与实践规范的集合,指导着人们关于世界的推理。从本质上看,客观性是被假定的规范,它们主要由下列因素构成:1.认识中立性:把某种事物行为的真实规律看成事物本性所致;2.实践中立性:让自己的决定和行为限于并符合事物本性;3.完全霸权策略(aperspectivity)[33]:将所观察到的规律视为真正的规律,它刚好是在正常的环境下进行观察所得到的;4.假设霸权策略:如果规律是观察到的,就假设环境是正常的。[34]

哈丁还讨论了如何获得认识的客观性问题,她认为科学是有主体的,只有"从被忽视的生活开始思考"才能为客观性提供最大的可能性,在科学探讨的每一个阶段上,文化都会发生作用——例如问题的选择、假设的

---

[32] 〔美〕桑德拉·哈丁:《科学文化的多元性:后殖民主义、女性主义认识论》,夏侯炳、谭兆民译,江西教育出版社2002年版,第171—172页。

[33] 霸权策略是来自女性主义法学家麦金农的一种说法,她认为这是男性的一种认识论策略,具体表现为通过三种方式维持性别关系:其一是把女性对象化,其二是在研究中掩饰男性的偏见;其三是否定女性作为认识者的权威性。这一策略导致支持男性的一种虚假的信念——女性生来适于现实性别关系所规定的屈从的色情地位。http://www.bookrags.com/research/feminist-epistemology-eoph/sect3.html

[34] Rae Langton: "Feminism in Epistemology Exclusion and Objectification," see Miranda Fricker and Jennifer Hornsby ed., *Feminism in Philosophy*, Cambridge University Press, 2000, p.136.

形成、研究的设计、数据的收集、数据的解释和分类,关于何时终止研究的决定、研究结果的报告方式等。所有关乎客观性的问题都集中在自然或社会关系方面,观察和反映的对象也必然集中在观察者和反映者身上。我们只能从一直处在社会边缘地带的人们那里获得最充分的客观性。这就要求科学家要与社会相联合,其研究要具有民主、认识论和道德政治理由。因而,在观点论看来,相对于社会统治群体,社会弱势群体具有认识特权,其理由在于:其一,这一群体能够提供更为深刻的社会知识,揭示促使各种社会问题出现的根本规律。其二,这一群体能够提供更为优越的知识,因而也是人类潜在的知识,在社会特权群体把现有的不平等合法化时,被压迫的社会群体则能说明这种局面如何来自社会的影响,并试图思考克服这种不平等的途径。其三,这一群体能够提供一个体现人们普遍利益,而不是特权者利益的世界。这些看法主要来源于黑格尔和马克思等人的认识论理论,例如黑格尔认为,人们应当从奴隶,而不是主人的立场来认识主奴关系问题。马克思和恩格斯也相信,人类的行为或"物质生活"不仅建构了人的理解力,而且为其设定界限,即讨论"无产阶级"立场对于认识和知识生产的意义。与前人不同的是,女性主义观点认识论试图把性别视角引入认识论,例如哈索克认为,马克思主义强调了阶级差异,却忽视了性别等其他差异。工人生活与资本家的确不同,但男女两性的生活也不同。女性要怀孕、生育和养育后代,所以她们有可能受到更多的压迫,仅从女性的"工人阶级"丈夫那里获得认识是不充分的,从女性观点出发生产的知识才是真正的知识。

  总体看来,女性主义观点论有三个主要特点。其一是差异性,哈丁认为"差异"是女性主义认识论的基础,这是因为:1.作为科学研究的出发点和证据,女性的不同生活体验一直被错误地贬低和忽视,因而在建构新认识论时,需要尊重性别差异,把男女和不同女性之间的认知差异仅仅看成是差异,而不是优劣的标志。2.对于社会秩序而言,女性一直是主流知识体系的外来者,男性则是占据统治地位的"本地人",因而女性被排除在社会秩序和知识生产之外的身份使她们能够作为"外来者"发现"本地人"信念和行为模式中的问题。3.女性被压迫的地位使她们无法从现有秩序中获得与男性相同的利益,因而更容易形成批判性视角。4.以往认识论都是男性作为"赢家"讲述的历史,而女性却有可能讲出不同的故事。5.女性的日常生活视角比男性的强势视角更为可取。6.女性的视角可以调和自然与文化的二元对立。7.女性研究者进行的研究是自下而上的研究。8.从女性生活入手进行研究更具有准确性。其二是包容性。试图包容长期以来被传统认识论排斥的许多东西,例如阶级、种族、人种,社会地位和性别的差异等。其三是社会性。哈索克认为,个体和主体都可以看成社会关系的"合奏曲"。"主体必须被看成是由个体与更大范围的社会力量互动来建构的。观点论的主体必须被看成是由这些主体复杂地位的一种随时发生的、脆弱的重建和变形来建构的。"[35]

女性主义观点认识论一直在批评声中得到修正和发展,它需要完成的工作是:其一说明经验的地位和对它解释的问题,意识到以不同的方式对待经验会产生不同的政治结果。其二需要学习如何来建构群体。其三要说明政治学、认识论和认识特权主张之间的关联,发展对于知识开发及其可说明性的新理解。[36]

面对女性主义经验论与观点论趋同的现象,女性主义观点论的代表凯瑟琳·亨德拜认为:"观点论是基于马克思主义唯物主义产生的,所以最初便承诺一种经验论的观点:知识依赖于经验。更为突出的是,就其把更大范围的经验看成促进知识的质量而言,观点论日益地与女性主义经验论相似。"但是,这并不意味着可以用后者来取代前者。女性主义经验论指导人们寻求不同的观点,而观点论则通过矫正女性和边缘人群的政治边缘地位来增加不同的观点,进而增加经验论的源泉。"观点论旨在消除压迫对于独特知识来源的有害影响,这是一种严格的经验论说明起不到的作用。"[37]因而,女性主义经验论和女性主义观点论的共同目标是消除由于压迫所导致的对经验知识发展的抑制。

四 自然化认识论

20世纪后半叶以来,随着"自然化认识论"在主流哲学领域的发展,

---

[35] Nancy C. M. Hartsock, "Experience, Embodiment, and Epistemology", *Hypatia* vol. 21, no. 2, Spring, 2006, p. 180.

[36] Nancy C. M. Hartsock, "Standpoint Theories for the Next Century," *Women & Politics*, The Haworth Press Inc., Vol. 18, No. 3, 1997, p. 94.

[37] Catherine Hundleby, "Where Standpoint Stands Now," *Women & Politics*, The Haworth Press Inc., Vol. 18, No. 3, 1997, p. 25.

女性主义认识论研究也出现一个新趋向——"女性主义自然化认识论",这一趋向既可以视为女性主义经验论的新发展,也可以看成试图打破传统认识论关于"客观性""普遍性""规律性"和"中立性"的理论预设,超越描述性与规范性、事实与价值、经验与理性、经验与先验的二元对立,把人类的认识、知识和信念,以及真理和价值置于历史的、具体的和文化的情境之中的一种新尝试。这一理论对于当代主流哲学中的"自然化认识论",以及女性主义认识论本身的发展进步都作出了独特贡献。

(一)自然化认识论的基本观点

20世纪60年代末期,西方哲学中出现一种"自然化认识论"倾向,这主要是以美国逻辑学家和认识论学家威拉德·冯·奥曼·奎因(Willard van Orman Quine)发表的一篇论文《自然化认识论》为契机的。这篇论文引发了学术界对于认识论本质及功能的争论,这一争论把当代认识论研究引向纵深的地带,带来一场关于认识论思维方式和方法论的革命。在这篇论文中,奎因提出了一个激进和大胆的观点:把认识论归入科学,尤其是心理学之中。他认为20世纪以来的数学几乎完全被还原成了逻辑和集合论。一般说来,数学研究可以分为概念和学说两部分:前者关系到意义,需要通过对概念的界定来澄清;后者关乎真理,需要通过对概念的证明来建立规则。显而易见,模糊的、缺乏确定性的概念应当由清晰的、确定的概念来说明,而证明将从自明真理中生成所有定理。同理,奎因也强调将认识论分为两个部分:"自然知识是基于某种感觉经验的,意味着要以感觉术语来解释实体概念,这是认识论的概念一面。同时它也意味着要以感觉术语来证明我们关于自然知识的真理性,这是认识论的学说一面。"[38]奎因察觉到休谟认识论中遇到的一个困境,即他的自然知识认识论虽然对认识论的两个方面都进行了认真思考,相信不论什么科学证据都是感觉证据,所有的词义最终都必须依赖感觉证据,但却无法通过感觉证据建构普遍的陈述和获得确定性,形成关于外部世界的科学。而且奎因也认为,当代认识论学者也同休谟一样,依旧困惑于如何把一切都翻译成感觉、数学和逻辑术语,这种不可还原性已经致使一些人宣布认识论

---

[38] W. V. O. Quine, "Epistemology Naturalized," in Hilary Kornblith ed., *Naturalizing Epistemology*, MIT Press, 1994, p.16.

的破产,例如卡尔纳普和其他实证主义试图否定"形而上学"和"认识论",认为它们没有什么意义,而维特根斯坦等人更为直接地指出:当代哲学家的任务是治疗——"治疗哲学家中具有的认识论幻想"㊴。

也正是在这种背景下,奎因试图以一种新的方式和理论来挽救认识论的命运,认为通过重新的安置和定位,认识论还是可以继续存在的。"认识论,或者是某种类似的理论可以直接在心理学中找到自己的位置,因此也是自然科学的一部分。""古老认识论与这一新认识论事业的明显区别是:我们现在能够自由地使用经验心理学。"古老的认识论渴望把自然科学包括进来,并从感觉的角度建构它,与之相反,新背景下的认识论则被包括在自然科学之内,成为心理学的一个章节。㊵ 因而"自然化认识论"的主要任务是研究感官输入与它所导致的认识结果之间的关系,研究信念从哪里产生的经验性问题,而无需考虑如何证明和评价这些信念的规范性问题。

奎因的这一理论受到一些学者的响应,美国哲学家希拉里·科恩布里斯(Hilary Kornblith)也强调,认识论必须探讨三个基本问题:"1. 我们应当如何获得自己的信念？2. 我们如何获得自己的信念？3. 我们是通过我们应当获得自己信念的过程获得信念的吗？"㊶他认为人们在回答这些问题时,不同的关系设定和排序会导致不同的认识论理论。显然,问题 1 要由哲学家来回答,问题 2 要由心理学家来回答,而问题 3 需要两者共同回答。哲学家关注证明理论的内在一致性问题,强调接受或拒绝某个陈述主要取决于它是否与我们已有的其他信念相吻合,一个人应当接受符合已有信念的陈述。而心理学家则关注人们业已通过无意识机制接受的某些信念,并用这个机制权衡新信念与既有信念的契合程度。科恩布里斯还看到,人们在行动层面也会遇到三个问题:1. 应当如何行为；2. 如何行为；3. 是否依据人们应当具有的方式来行为？问题 1 要由哲学家来思考,问题 2 要通过心理学家对于人们行为动机的考察来回答。同奎因相比,科恩布里斯的理论更为温和,因为奎因"不仅争辩心理学有可能取代认识论问题,而且这种情况必须发生；心理学问题包括了认识论问题中的

㊴ W. V. O. Quine, "Epistemology Naturalized," in Hilary Kornblith ed., *Naturalizing Epistemology*, MIT Press, 1994, p. 25.

㊵ Ibid., p. 25.

㊶ Ibid., p. 1.

所有内容。就心理学取代认识论问题这一点来说与化学已经取代炼金术非常相似"⑫。但科恩布里斯认为，哲学家不应当拒绝心理学家对于行为动机的说明，"问题1的回答并不能脱离问题2，因此我们实际上如何获得信念的问题与应当如何获得信念相关，信念获得的描述问题主要依赖信念获得规范问题"⑬。因而，他把奎因用心理学取代认识论的观点称为"强取代"，把自己的观点称为"弱取代"，强调哲学认识论和心理学两个学科有各自的自主性，可以互动和相互接受独立和共同取得的成果，而且他也试图把事实与价值、描述性和规范性结合起来。总体来看，"自然化认识论"的初始理论观点可以归纳为：1.知识来源于经验，依赖感觉证据，因而认识论是自然科学，尤其是心理学的一部分。2.认识论旨在研究知识和信念来源于何处，研究感官输入与认知输出之间的关系，无需考虑信念的证明和评价问题。3.基于第二种认识，认识论在政治上是中立的，而且主要的认识行为者是作为个体的人。

(二) 女性主义自然化认识论的基本观点

从20世纪70年代起，女性主义哲学家开始关注和研究自然化认识论，除了坚持后者的一些基本观点之外，女性主义自然化认识论还具有两个主要特点：其一是坚持女性主义分析方法，其二是试图把自然化认识论与道德认识论结合起来，形成"女性主义自然化认识论"或者"女性主义自然化道德认识论"(Feminist Moral Epistemology Naturalized)。早在21世纪初期，美国女性主义哲学家艾莉森·贾格尔便评论说：过去30年的女性主义伦理学呈现出多元化的发展倾向，而新近的特点是自然化倾向。尽管这种视角与当代自然化认识论和科学哲学相似，但女性主义自然论的特点是强调女性主义对认识论，尤其是对道德认识论的特殊贡献，它不仅对古老的道德问题给出新答案，也试图重塑问题本身。一般说来，"一些理论家——主要有路易斯·安东尼(Louise Antony)、简·杜兰(Jane Duran)、琳恩·汉金森·内尔森(Lynn Hankinson Nelson)——在为被自然化了的女性主义认识论做辩护"⑭。然而，目前很少被国内学者关注的

---

⑫ Hilary Kornblith, "Introduction: What is Naturalistic Epistemology?" In Hilary Kornblith ed., *Naturalizing Epistemology*, MIT Press, 1994, p.7.

⑬ Ibid., p.3

⑭ Richmond Campbell, *Illusions of Paradox: A Feminist Epistemology Naturalized*, Rowman & Littlefield, 1998, p.2.

另外三位女性主义哲学家——贾格尔、玛格丽特·沃尔克(Margaret Urban Walker)和里奇满·坎贝尔(Richmond Campbell)也对这一理论作出了贡献。

首先,贾格尔把女性主义伦理学定义为"自然化"伦理学。她看到,虽然西方女性主义伦理学理论各不相同,但却具有某种内在的一致性,这"可以表达为一种不同的女性主义自然论观点,它根源于女性主义对随时可能发生的性别不平等的关注"[45]。尽管西方哲学史对于"自然论"有不同解释,但贾格尔强调自己是在与 T. S. 库恩和奎因的科学哲学与自然化认识论相同的意义上使用这个词的,她强调"自然化认识论"有两个特点:其一是否定了为其他学科奠定基础的第一哲学观念,把认识论或科学哲学视为关于经验科学和实践的研究;其二是否定了纯粹理性的存在,主张应当从多学科角度理解人类知识,应用不同学科的发现和方法,尤其是依赖经验科学。因而,女性主义伦理学的特点是"自然化的",它要求把伦理概念、理想和规约的发展与经验学科,如心理学、经济学和社会科学结合起来。然而,西方哲学传统却一直避开这种理论倾向,试图超越变化的感觉世界,通过追求具有无限普遍性的道德真理来超越历史的偶然性。女性主义伦理学则关注道德理论与实践的具体的、历史的文化情境,试图通过自然化的透镜审查西方主流哲学传统,"这一透镜基于来自生物学、医学社会学、经济学、心理学以及发展研究一类的科学数据,而对于这些数据的恰当使用还需要同时使用其他透镜,如阶级、种族和民族等"[46]。所以贾格尔的"自然化"伦理学更多关注的是利用各门学科的经验研究方法、经验知识和数据从事女性主义认识论和伦理学研究。

其次,沃尔克提出一种具有怀疑论性质的"女性主义自然化道德认识论"。她强调女性主义认识论本质上是一种怀疑论,它对于传统的道德思考和社会实践提出怀疑,认为它们"并没有把所有'类别'的人都看成或当作一个整体——具有同样的价值、同样值得尊重,具有同样的自由和理性,甚至同样是人"。同时这种怀疑论也质疑"谁的"经验和判断被当成具有决定性的和代表性的道德思考,"谁的"自我意象和动机成为道

---

[45] Alison M. Jaggar, "Ethics Naturalized: Feminist Contribution to Moral Epistemology," *Metaphilosophy*, Vol. 31, No. 5, October 2000, p. 457.

[46] Ibid., p. 458.

德的规范人格,"谁"提出的权利和责任被认定为道德责任的标准。[47] 女性主义认识论旨在提供怀疑这类道德权威和代表性的知识。沃尔克把女性声音与经验视为女性主义认识论的基石,认为所有潜在的认识者都被安置在认识社群中,分享同样的语言和其他符号,接受同样的认识方法、过程和工具,在认识结构、解释和推理,以及证据中进行社会互动。沃尔克认为这种女性主义道德认识论是道德的"合作表达概念",它本身既是描述性的,也是规范性的,不仅揭示出道德和道德互动是什么,也试图说明道德的目的,回答人类生活为什么需要依赖道德实践,以及这些实践中如何能够进行得更好的问题。沃尔克也把这种道德认识论看成是"自然化认识论","因为它把人的认知及探讨的实际过程与决定因素作为自己研究的主题",既需要理解知识的"实际"生产,也需要理解任何关于"好"实践的"规范"标准。[48]

再次,坎贝尔分析了"自然化认识论""女性主义自然化认识论"的理论悖论,并试图探讨摆脱困境的出路,为女性主义自然化(道德)认识论保持自身的逻辑统一性作出贡献。他认为传统认识论的任务是建立和捍卫系统的规范或标准,以便提供可以被证明是正确的或者有根据的知识和信念。自然化认识论则研究我们如何与作为这些信念和评价来源的周围世界进行互动,我们在这些行动中追求什么,以及如何以特有的方式获得成功的经验调查。他注意到学术界很少研究"自然化道德认识论"问题,强调"自然化道德求助于对自然世界的理解来解释道德习惯、道德判断与评价的最重要特性"。"通过求助对自然世界和我们在其中位置的经验来解释为什么道德知识是可能的/不可能的。"[49]他发现一个奇怪的现象:一些主张自然化认识论的哲学家却否定道德知识的存在,例如J. L.麦基(J. L. Mackie)认为具有本质规定的道德特性是"本体上的一个古怪的实体",迈克尔·罗斯(Michael Ruse)也认为道德信念不能得到客观证明,所以道德知识是不可能存在的,甚至奎因在倡导从自然科学角度

---

[47] Margaret Urban Walker, "Feminist Skepticism, Authority, and Transparency," in Walter Sinnott-Armstrong and Mark Timmons ed., *Moral Knowledge:New Reading in Moral Epistemology*, Oxford University Press, 1996, p.267.

[48] Ibid. p.275.

[49] Richmond Campbell and Bruce Hunter, "Moral Epistemology Naturalized," *The Canadian Journal of Philosophy*, Supplementary Volume 26, 2000, p.2.

看待道德和认识的同时,也否认道德知识的存在,因而坎贝尔着力研究女性主义自然化认识论,认为女性主义与经验主义的成功结合需要具备四个特点:1.知识是客观的,它被实验标准支配,预言成功是提出基于现实(reality),并受现实约束的模型,这些模型可以通过证据得到证明。2.现实不依赖这些模型,但必须通过它们被认识。3.由于知识必须通过经验的方式来生产,因而它是社会性的。4.当知识被生产自身的方式支持不能被推翻时,知识是自反性的。[50] 简言之,这四个特点便是经验论的、自然化的、社会的和实在论的。而他的女性主义自然化认识论的目的是"对价值的客观性提供一种具有内在一致性的和政治上有用的说明"[51]。

为了实现这一目的,坎贝尔分析了自然化认识论,包括女性主义自然化认识论本身存在的七个理论悖论:1.自然化认识论的规范问题。这一理论试图通过求助科学推理和信念所揭示的事实说明知识的可能性,这种解释显然是描述性的而不是规范性的。它告诉人们如何思考,而不是应当如何思考。然而认识论必须是规范性的,需要解释我们应当如何思考,我们应当有什么信念,我们应当如何进行推论等问题。2.女性主义自然化认识论的规范问题。女性主义的政治目标是规范性的,但依据自然化认识论,人们应当为了真理而追求真理,而不是根据如何让世界变得更好的目的来追求真理,既然认识论要通过公正和中立的标准追求真理,女性主义认识论似乎从本质上就是自相矛盾的。3.自然化认识论的循环问题。认识论怀疑主义一直探究知识是如何可能的,提出如何证明信念的问题。自然化认识论却假设我们已经掌握了某些知识,并基于它们进行研究,但这一理论并不能解释为什么这些知识是可能的,以及如何通过归纳推理证明自然信念的普遍可靠性问题,这实际上是在自我设计的理论圈子中循环,因而也无力应对怀疑论的挑战。4.女性主义认识论的循环问题。女性主义认识论提出自身的政治价值目标,这实际上是一个规范性假设,规范性的假设是事实假设吗?依据认识主义,评价性陈述拥有价值意义,也具有真理和谬误之分,而非认识主义主张评价性陈述不具有真理价值。无论根据哪种理论,女性主义认识论都会陷入循环论证。依据

---

[50] Richmond Campbell, *Illusions of Paradox: A Feminist Epistemology Naturalized*, Rowman & Littlefield, 1998, p.85.

[51] Ibid. p.1.

前者,如果女性主义追求的政治目标具有真理性,那么如何认识,如何为这种真理性提供证明呢?显然,这种证明必须独立于女性主义政治目标,但倘若如此,女性主义认识论便不能冠名为"女性主义"。依据后者,无论女性主义的规范性假设是否具有真理性,都必须得到证明,而一旦进入证明领域,女性主义也必须求助独立于女性主义之外的权威,而这显然又会消解女性主义自身的价值。5. 价值的自然化问题。坎贝尔认为,如何把女性主义价值观安置在自然化认识论中是一个重要的理论问题,这关系到如何把价值,尤其是女性主义价值整合到科学方法论或认识论之中。传统哲学对价值有两种解释:一是认为价值是真实的,是自然存在的一部分;二是认为价值是不真实的,是人对自然的投射,人们出于自身利益和欲望形成一种直觉反应,好像价值是真实的。如果女性主义采取前一种实在论立场,相信压迫女性在道德上是错误的,而这种错误又不依赖于我们的道德信仰和价值,这显然会导致一种自相矛盾。此外,把道德实在论和道德自然论相结合本身便是摩尔所批评的"自然主义谬误"。如果女性主义采取后一种看法,像后现代女性主义那样拒绝事实与价值的二元区分,强调根本不存在没有观点的价值,似乎也不能缓解赞成或拒绝道德实在论的矛盾。6. 偏见的悖论。自然化认识论把认识和理解当成一种自然过程,本身可以开放进行经验研究,但这种经验研究必然会受到特有社会情境价值观的影响。而且,科学研究者的价值观各不相同,怎么可以要求他们为了追求公平解释而选择自己并不相信的价值观呢?这种公平追求也可能导致偏见和歧视。"因而一些女性主义哲学家会先行一步强调公平对待的价值本身反映了男性和父权制的观念,并不符合女性主义的目标。"[52]7. 男性女性主义的悖论。女性主义认识论强调一个人要通过自己的历史、经验、社会地位、种族、动机和性别等因素获得知识,所以一个身为男性的女性主义者很难从女性的性别体验出发理解性别压迫,也不能假定从内部讲话,他们充其量是女性主义的赞成者,而不是纯粹的女性主义者。

尽管自然化认识论和女性主义自然化认识论包括上述悖论,坎贝尔还是作出三点承诺:1. 认识论能够也应当被"自然化"。2. 压迫女性是不

---

[52] Richmond Campbell, *Illusions of Paradox: A Feminist Epistemology Naturalized*, Rowman & Littlefield, 1998, p. 10.

公正的,应当被消除。3. 女性主义的承诺能够成为认识论的一部分。而他作出的最后结论是,关于"自然化认识论"和"女性主义自然化认识论"的理论悖论,实际上都是可以通过不同解释来消除的"幻觉"。

(三)批评与辩护

"自然化认识论"和"女性主义自然化认识论"问世以来大体上受到五个方面的批评:1. 缺乏先验性。美国哲学家劳伦斯·邦如(Laurence BonJour)认为,如果不承认认识的先验性,不仅自然化认识论无法成立,整个哲学认识论大厦也会倒塌。笛卡尔等人对于绝对性的追求需要以先验性为前提,关于直接经验本质的争论也是如此,而其他对于观念、记忆和归纳的说明,赞成或反对基础主义与内在逻辑性的论证、赞成或反对内在主义和外在主义的论证,以及对于先验性问题本身的讨论也是如此,这些讨论不能仅仅或主要依赖于经验进行。显然,依据奎因的自然化认识论,并不存在先验性证明,即便他承认先验性,那也是在"分析"意义上的,而他的分析概念也是不清晰的,他把分析看成一系列可以互相定义的术语,也就是术语之间的"循环论证"。但邦如认为,奎因的这种观点无法否认先验性,因为如果一种认识是真理,就必须有两个来源:其一是从直接观察的信念中推论而来;其二是先验的,完全独立于观察。来源一是由先前直接观察结果与非观察信念相结合构成的;而来源二本身就是一种先验性。如果像自然化认识论所主张的那样,没有理由相信任何超越直接经验观察的信念是真理,便会造成认识论的灾难。2. 无力反驳怀疑论。邦如还看到,怀疑论提出的核心问题是理性和证明问题。"怀疑论的问题是一旦这种幻觉有可能被欣赏,我们的感觉体验是否能为我们关于世界的各种信念提供充分理由的问题。"[53]然而,由于奎因的自然化认识论拒绝讨论证明规范或评价问题,因而也就无法应对怀疑论的挑战,而且邦如也认为奎因的理论也无法取代传统认识论,因为他根本没有讨论传统认识论所关心的重要问题。所以,邦如得出结论说:奎因的自然化认识论既没有表明作为另一种有效选择的必要性,也没有作出一种有效的选择;其他人提供的理由也没有表明在任何重要意义上,认识论必须被心理化或自然化;自然化认识论的主要论证没有说明传统的,或者理

---

[53] Laurence BonJour ed., *Epistemology: Classical Problem and Contemporary Responses*, Rowman & Littlefield Publishers Inc., 2010, p.126.

性主义的先验证明概念是不成立的；而对任何一种先验证明的否定会直接导致认识论的灾难，并由此削弱为其论证的前提。3. 缺乏规范性。韩裔美国学者金在权（Jaegwon Kim）也认为，现代认识论一直被一个单一的概念所主宰：即证明概念。这里包括两个基本问题：满足什么条件才能让我们把一个信念当成真理接受下来？事实上被我们当成真理接受下来的信念是什么？在这里，我们必须借助对于一个“标准”的陈述来证明一个信念是真理，因而认识论本身便是规范术语。“认识论同规范伦理学一样是一个规范学科”，“证明是我们认识论传统的核心概念，证明正如它在这一传统中被理解的那样是一个规范概念，所以认识论本身是一种规范性探讨，主要目的是系统研究一个信念得到证明的条件是什么”(54)。他认为自然化认识论实际上来自笛卡尔，笛卡尔的基础主义把证明分成两个部分：其一是不需要其他信念来证明的自明信念，可以称为基础信念；其二是从自明概念中推论出来的信念，可以称为非基础信念。笛卡尔对于前者的解释非常简单，认为它就是“不可质疑的”。但金在权却认为这是典型的心理学概念，笛卡尔的认识论实际上为信念的证明提供了一个非认识论的自然化准则，其本质是一种“精神论”，把人们现有的精神状态当成认识论的基础。然而，直到 20 世纪都没有人挑战这种观点，学者们只是集中讨论两个问题：还有什么其他东西属于基本信念？非基础信念是如何被推演出来的？“奎因也没有主张我们放弃笛卡尔的基础主义解决问题方案，以及在同一理论框架内提出其他解决方案。”(55)但奎因理论的确有激进的一面，即他放弃了以证明为中心的认识论，追求一种纯粹描述性的认知以及因果法则的科学，主张以描述科学来取代认知的规范理论。但在金在权看来，如果证明被逐出认识论，知识本身也会被逐出认识论，知识概念与证明概念是紧密联系的，知识本身也是规范概念。如果奎因的自然化认识论是非规范性的，便没有为知识保留空间。“我们倾向于作出的反应是：我们当然不能根据感觉数据定义物理概念，观察也当然是‘非充分决定论’的理论，这就是为什么观察是观察而不是理论的原

---

(54) Jaegwon Kim, “What is ‘Naturalized Epistemology?’” In Hilary Kornblith ed., *Naturalizing Epistemology*, MIT Press, 1994, p. 35.

(55) Ibid., pp. 39-40.

因。"[56]此外,奎因强调的感觉输入和认知输出的因果关系是所谓的证据和理论之间的关系,但却不是证据关系,因为证据关系实际上具有规范意义,要依赖于支持证据的假设,所以"一个严格的非规范证据概念不是我们的证据概念,而是为我们所不理解的东西"[57]。4. 经验的有限性。经验论认为人类的思维本质上是一个处理感觉数据的机器,贾格尔和女性主义认识论学者洛伦・科德(Lorraine Code)对这种经验论模式提出批评,认为既然自然化认识论把认识者看成个体的人,那么所有的概念和判断反映的就都是个体的感觉经验,而这显然是非常有限的,基于自我判断得出的规律也不可能是普遍规律。

毫无疑问,自然化认识论和女性主义自然化认识论必须回应上述批评及坎贝尔所分析的七个理论悖论。这些批评和悖论可以分为三大类:其一是认识论的规范性与证明问题。其二是把政治价值观纳入认识论的可能性问题。其三是认识是否具有先验性的问题。针对第一个问题,坎贝尔的回应是,自然化认识论并没有破坏认识论的规范基础,这一批评基于一个错误假设:即我们对如何获得知识的经验探讨仅仅是描述性的,而事实却恰恰相反,任何关于知识的社会事业都需要提出人们追求这些知识的目的和手段是什么的规范性问题,经验研究本身也具有关于研究目的和方向的假设。在任何经验研究中,规范性和描述性都不能分开,这正如 19 世纪法国哲学家皮尔・杜恩(Pierre Duhem)所观察到的那样:普遍主张的经验证明总是依赖各种主张和假设的背景,它们是为了求得相关的特有观察或实验结果所必需的。而批评者提出的"是否可以用经验为知识和信念提供证明",以及"证明的规范性或评价性是否可以用经验性所替代"的质疑,实际上也是在追问对知识和信念的证明,以及是否有可能把政治价值观纳入认识论的问题。然而,根据女性主义认识论,这些似乎并不构成问题,因为它强调并不存在"中立的"和"客观的"认识论,尽管概念和判断本身涉及对事实因素的观察和总结,但价值因素实际上参与了人类通过概念体系所进行的一切认识活动,并始终在人的认识过程中发挥作用。无论人们采用何种标准来证明知识和信念,都始终体现出

---

[56] Jaegwon Kim, "What is 'Naturalized Epistemology?'" In Hilary Kornblith ed., *Naturalizing Epistemology*, MIT Press, 1994, p. 38.

[57] Ibid., p. 42.

这一理论建构者,以及标准制定者的政治和道德价值观。而且女性主义自然化认识论不仅从未掩饰自己的政治立场,而且始终把知识和证明当成追求女性主义政治价值的重要方式。可以说,女性主义自然化认识论所坚持的女性主义立场本身便是证明知识和信念的规范性和评价性标准,或许这些标准的经验性来源使女性主义的知识和信念无法具有一种规律性和普遍性,然而,女性主义认识论可以作出的回应是:经验与理性都是不完美的;两者也不是截然对立的;正如描述性不能脱离规范性一样,经验与理性都是不能分开的;人类认识真理和信念的途径也不可能仅仅被框入到两种属性之中,因而,人们从经验或理性所获得和证明的真理和信念都不具有绝对的规律性和普遍性。而且人类认识论发展的历史也一直倾向于把"真"与"善"结合起来,女性主义自然化认识论实际上是在当代哲学背景下把"真"与"善"重新联系起来的一种尝试,这种联系不仅使女性主义所倡导的"善"有了知识和真理的基础,也使知识和真理有了"善"的新方向。而对于第三类问题——认识是否具有先验性的问题,女性主义自然化认识论的回应强调这要取决于人们对"先验性"的理解,从人类知识和认识发展的历史来看,任何先验知识都是先前经验知识的产物。如前所述,女性主义哲学家夏洛特·维特曾提出"性别先验性"的概念,认为女性或母亲作为社会个体被社会统一要求奉行的行为规范具有不依赖个体选择的确定性,换句话说,这些规范对她们来说具有一种先赋性,"既然我们承认由社会地位决定的社会角色具有一种先赋性基础,我们也应当承认社会个体的本体论范畴"[58]。事实上,所有哲学上被称为"先验的"东西一旦被具体化,都反映出提出者的时代背景和认识经验,即便对那些强调主张出于纯粹理性的先验性的哲学家来说,提出的也都是经过自身经验剪裁后被扮成"纯粹理性"的"先验性",因而在女性主义认识论看来,任何"先验性"也都是经验的。

综上所述,我们可以得出如下简要结论:1.认识论通常被看成是对于知识和证明的不偏不倚的探讨,这在女性主义认识论看来是不可能的,尽管概念和判断、证明和评价本身涉及对事实因素的观察和总结,但价值因素实际上参与了人类通过概念和知识体系所进行的一切认识活动。2.奎因的认识论放弃基于第一原则的知识解释,强调认识论的主要任

---

[58] Charlotte Witt, *The Metaphysics of Gender*, Oxford University Press, 2011, p. 63.

务是说明如何从科学中获得知识。在一些批评家看来,这种自然化认识论与传统认识论并不具有共同的主题,既没有取代传统认识论,也没有比它做得更好。规范认识论试图研究证据与证明之间的关系问题,奎因的认识论则研究因果法则关系,而且一旦认识论离开证明便不再是认识论。[59] 尽管如此,人们并不能否认奎因为挽救认识论命运所作出的重要贡献。3. 奎因自然化认识论的理论缺陷与其贡献同样明显,他对于规范与证明、评价和价值自然化问题的回避,对于从具体的、个体的经验到普遍的、规律性原则过渡难题的回避,以及对于先验性的拒绝都使其理论饱受质疑,然而这也从另一角度为自然化认识论纠正自身的理论缺陷提供了机遇。4. 女性主义自然化认识论是在人们对于奎因理论的一片质疑声中问世的,它所具有的鲜明价值观和政治承诺本身看上去与奎因的自然化认识论是不相容的,然而事实上它恰好是对奎因理论缺陷的一种矫正,它击破了传统认识论关于"客观性""普遍性""规律性"和"中立性"的理论预设,超越了描述性与规范性、事实与价值、经验与理性、经验与先验的二元对立,把人类的认识、知识和信念,以及真理和价值置于历史的、具体的文化情境之中,使任何出自传统认识视角对于女性主义认识论、女性主义自然化认识论的质疑不攻自破,因为这两者本身便不在同一个话语和概念体系之中。5. 女性主义自然化认识论从不认为自身是一种普遍的、客观的和永恒的绝对真理,因为如同人类其他价值观和政治诉求一样,女性主义的价值诉求连同其认识论都是历史的产物,被安置在具体的社会和文化背景之中,而从这一意义上说,当任何个体、群体、文化与社会,以及知识体系宣布自身已经获得永恒的、普遍的绝对真理时,都会如同"夏虫语冰"一般幼稚和可笑。

五 简要结论

认识论是特指关于社会世界知识构成和传承的理论。它关系到我们如何理解现实的本质。女性主义认识论是女性主义哲学探讨的核心地带。传统认识论着重探讨知识的本质和范围,知识的前提和基础,以及知

---

[59] Laurence BonJour ed. , *Epistemology: classical problem and contemporary responses*, Rowman & Littlefield Publishers Inc. ,2010, p. 235.

识的可靠性问题,而且相信在拥有正确信念和充分证据的条件下,认识和知识才能产生。女性主义认识论也强调认识与人的信念相关,相信知识是由信念引领的,因而当人们讨论各种认识论问题时,必须首先澄清和说明自己的信念。女性主义认识论对传统认识论的所有挑战似乎也都指向构成认识论的基础信念问题,而对于女性主义认识论自身来说,其基础信念是与女性主义的政治伦理目标一致的。女性主义最终是一场与社会实践紧密相关的政治运动,因而女性主义认识论的探讨始终要为这一目标服务,并在这一过程中对于哲学认识论的发展作出独特的贡献。

在女性主义认识学者雷·兰顿看来,女性主义认识论对传统认识论的批评主要体现在两个方面——审查传统认识论,揭示它对于女性的忽略和伤害。兰顿看到,传统认识论通常是以两种方式忽略女性的:一种是女性作为认识客体被忽略。在传统认识论的各种制度化分支中,毫无例外地把女性从认识客体中排除出去,例如历史学家记录历史事件时,女性被忽略了;经济学家在分析资本和劳动之间的关系时,由于家务劳动不拿薪水,女性也被忽略了;科学家招募男性作为受试者研究心脏病时,女性被忽略了;哲学家认为哲学和男性都是理性的,而女性是非理性的,女性又被忽略了。传统认识论强调一种"女性不可知论",认为女性是"神秘的",不能被认识的,其原因并不在于作为认识主体的男性,而在于作为认识客体的女性本身。兰顿揭露说:女性在传统认识论中的缺席不仅是一个认识论问题,也是一个政治问题。另一种是女性作为认识主体被忽略。首先女性被剥夺男性所具有的知识,她们没能被当作认识者来对待。其次女性也被剥夺了认识自身的机会。再次便是她们想进行表达时也会面临诸多困境,

总体来看,女性主义认识论的贡献主要体现在六个方面:其一,女性主义认识论强调,哲学和认识论的话语都不是中性的,以往认识论的描述并不是普遍的视角,而是特权人的某种体验和信仰,这些体验和信仰已经深入到所有的传统哲学理论中,不论是美学、认识论还是道德和形而上学都是如此。因而,女性主义认识论批评的主要目标是揭露父权制在认识论领域的统治,尤其关注认识、知识与权力的关系。其二,重新界定了认识论的疆域,以便能同作为认识者的主体结合起来,考察认识者的特性及其呈现,说明他们在特有情境中的地位、感情和利益。传统认识论仅仅研究一般性的认识方式和规律,探讨对于所有人都适用的真理。女性主义

则主张认识论关系到道德价值、政治和权力关系,是被政治和社会化了的认识论。其三,把女性及其边缘人的体验纳入到认识论中,无论是女性主义经验论,还是女性主义观点论,还是女性主义自然化认识论都试图突出女性和边缘人差异的体验,说明它们对于人类认识和知识生产的意义。其四,把认识者置于社会关系中来探讨,提出"被安顿的认识者"概念。女性主义认识论强调任何认识主体都不是孤立的,都无可选择地处于与认识对象和其他认识主体特定的关系之中。人们之所以对于同一认识对象有不同理解,其原因在于他们处在不同的关系之中,例如不同的地理位置,社会环境和文化,以及年龄和性别都决定了我们身体的感受不同,由于这种感受也决定了对于同一认识对象千差万别的认识。认识的权威性不仅与性别联系,也与阶级、性、文化和年龄等因素相关,性别必须在社会关系情境中被观察,它从来就不是独立和纯粹的现象。同时,女性主义也认为认识者并不是独立的个体,而是"认识社群","社群是知识的主要聚集地,主要产生者、贮藏者、持有者和获得者"[60]。其五,引入"认识社群"的概念。女性主义强调作为认识者的主体不是抽象的个人,而是不同的群体,例如林恩·H.纳尔逊看到,依据笛卡尔、休谟和早期或晚期的实证主义者提出的框架,"认识者"从根本上说是一个被动的知识接受者或采集者。但她批评这种观点是一种"认识个人主义"(Epistemological Individualism)。而"女性主义者一直争论说,根据人类的生物学,包括神经生物学理论,一种为我论认识者是难以置信的(贾格尔 1983;朗基诺 1990;纳尔逊 1990);一些人对信仰和知识具有个体'属性'的观点提出挑战——(谢曼 1983);许多人争论说人际关系体验对于个体具有信仰和认识来说是必不可少的(布莱尔 1983;科德 1991;贾格尔 1983;朗基诺 1990;纳尔逊 1990;谢曼 1983)。近十余年来,女性主义也一直争论说:致力于认识个体主义将妨碍对女性主义认识论作出合理解释;这些解释(或者知识的某些说明和证明)必须与社会、政治关系和情境的历史特殊性,包括使女性主义知识成为可能的性别及其政治主张结合起来(哈丁 1986;哈斯托克 1983;贾格尔 1983;斯密斯 1987)"[61]。既然认识者是社

---

[60] Lynn Hankinson Nelson, "Epistemological Communities," in Linda Alcoff and Elizabeth Potter ed. *Feminist Epistemologies*, Routledge, 1993, p. 124.

[61] Ibid., p. 122.

群,那么任何知识都是不稳定的、变化的和部分的体验,知识从不能被完成,并不存在永恒的真理和检验认识社群的石蕊试纸。一些女性主义学者也强调把身体作为认识的主体,女性作为认识社群的共同性来自女性的身体体验,例如格罗兹主张把女性的身体作为认识和知识的主体,因为只有这样才能揭露男性的认识霸权,帮助人们开发新的认识途径和生产新的知识。其六,强调认识方式的多元性。哈丁强调无论对于科学技术还是女性主义来说,多元性都是不可避免的和有益的,它使具有不同文化特征的女性能够弄懂如何用不同的社会理论最准确地表达自己的需要、希望和恐惧,并由此形成不同的女性主义立场,并用这些立场分析和观察知识,形成女性主义多元化的认识方式。女性主义认识方式的多样性与其对于自然的独特理解相关。传统哲学一样,认为只有一个自然界和一种关于它的真实故事,而现代科学能够向我们讲述这种关于自然秩序的唯一真实的故事。传统认识论也假定,科学对于来自自然法则秩序的表述是对于实在照镜子式的映像,只能存在一种自然,只有一种关于自然的真理和科学,这种科学原则上可能揭示有关实在的、完整的、唯一的、内在和谐统一的真理。而在女性主义看来,自然并不是唯一的,自然界本身是由各种成分组织起来的,不仅不可能只有一种自然,也不可能只有一种关于自然的表述。既然自然不是唯一的,科学理论不是唯一的,女性主义也不可能是唯一的,从认识论角度上说,人们的认识方式就必然是多元化的。

简言之,女性主义认识论已经鲜明地作出如下断言:1.相信所有的人类知识都服务于一种辩护的功能,分析和揭示了人类发展的某种状态,正如黑格尔所言,在所有理性和知识背后,都有不幸福的意志。在意识到这种差异之后,就应当追求平等互惠的关系,而如果一方处于被压迫的不平等地位,真正的互惠便不可能出现。2.要求分析所有知识体系的认识论,因为这些理论中存在着贬低和消除女性,以及社会边缘人体验和利益的可能。因而,所有形式的认识和知识,以及解放概念都必须被重新思考和建构。3.所有的概念框架和体系必须被关系化和背景化,思考必须包括多元的体验和利益,必须是公正的,在时空中多层面展开的,认识和知识是必须通过社会关系构成,通过过程、历史和关系来呈现的行为。4.女性主义认识论是革命的理论和实践。它要求融合和改造所有人类的历史,包括现存的哲学。一个新的人类发展阶段需要以新的认识论,以及新的人类社会关系作为基础。

第七章
女性主义哲学范畴

从20世纪90年代起,女性主义在人文社会科学的不同领域开始集中探讨基础概念,例如在社会学中,"工作""家庭""犯罪"和"暴力"等术语不断被加入新的性别政治含义。女性主义哲学也试图对于许多哲学基础范畴进行批评或重构。本章以主体、身体、道德自主性、公正、话语和空间为例探讨女性主义对于哲学范畴的批评与重构工作。

一 主体

"主体"是当代女性主义哲学的核心范畴,它关乎哲学中女性主体地位的确立,以及性别、社会身份和公民资格问题。女性主义哲学在借鉴当代哲学,尤其是大陆哲学理论资源的基础上把对"主体"的探讨与女性主义政治目标结合起来,不仅与后现代主义哲学一起解构了现代性的主体范畴,也试图对主体进行重新的界定,阐释界定主体的策略,以便在哲学和社会现实中为女性和女性主义争取话语权,以及应有的地位和空间。

(一)"主体"的后现代主义诠释

自19世纪起,西方哲学领域便开始了一场针对主体的知识革命,这可以被视为后现代主义的开端,它试图颠覆长期以来被推崇的笛卡尔式的现代哲学主体范畴——主张人的主体性来源于理性,具有主体性的自我是一个自律的、分离的、不受偶然和环境因素影响的自我。笛卡尔之后的许多哲学家都对这一"主体"概念提出挑战,例如尼采相信人的主体是具体的,来源于人的身体力量,同时也是社会和生存意志的结果。拉康则结合符号学、语言学和精神分析学来阐释主体;福柯更多地从历史、政治和权力关系出发探讨主体的形成;马克思也从阶级和社会意识形态分析角度探讨主体。总体来看,后现代主义哲学家也"没有抛弃主体,而是要对其进行重新的界定"①。而且这些后现代主义的探讨呈现出多样性的特点,其"理论范围十分宽泛——从拉康的符号学到德里达的解构主义,再到福柯的系谱学"。正如格罗兹所描述的那样:"如果说笛卡尔标志着现代主体概念的开端的话,尼采、马克思和弗洛伊德则可以被看成启动了一种后现代的理解。这种后现代暗示着认识主体的祛本质性和非稳定性,即它的历史构建性。把笛卡尔的名句颠倒过来,我思我不在,意识不在。"②可以说,这些后现代主义主体探讨无疑为女性主义哲学的"主体"范畴提供了丰富的理论资源。

　　后现代主义哲学对于现代性主体的批评、对于主体的新诠释主要围绕着主体与语言的关系、主体的形成以及主体的构成等方面进行。利奥塔认为,人不是语言的主人,语言是第一位的,主体不过是在语言中预留的一个位置,这个位置可以由言说者占据。与之相似,德里达也把"延异"概念引入关于主体的讨论,拒绝主体先于语言的观点,认为现代性主体是由主客体二元对立构成的,而他则主张以一种非对立的隐喻来替代这种二元对立,例如他采用一个处女膜(hymen)的隐喻,强调它既不在内,也不在外,既不出现,也不隐藏。"求助这种女性隐喻是替代二元论,解构现代性主体菲勒斯中心主义的手段。朱莉亚·克里斯蒂娃和其他女性主义理论家提出相似的理论,争论说'妇女'——不是'本质上的妇女',而是女性的隐喻,即使不是修辞上的,也是解构现代主体的一种手段。"③拉康也对现代性主体提出批评,认为它假定主体一开始便存在着,人是历史和自我的中心,他可以控制自己的行为,成为可以进行选择的主体。倘若把这一理论应用到精神分析,病人便被认为是失去控制和自我的人。但拉康却相信,实际上这种主体并不存在,人的主体仅仅是历史中的建构。心理学家要考察一般人类主体(人类的历史)与特殊人类主体

---

① Susan J. Hekman, *Moral Voices, Moral Selves: Carol Gilligan and Feminist Moral Theory*, University Park, Pennsylvania: The Pennsylvania State University Press, 1995, p.76.
② Elizabeth Grosz, *Jacques Lacan: A Feminist Introduction*, Routledge, 1990, p.2.
③ Susan J. Hekman, *Moral Voices, Moral Selves: Carol Gilligan and Feminist Moral Theory*, University Park, Pennsylvania: The Pennsylvania State University Press, 1995, p.78.

(个人)在潜意识幻想中呈现自身的历史。人的主体是在语言的条件下建立起来的,人生而进入语言,语言文字并不是从个体产生的,它总是存在于人们身外的世界,在那里等待新生儿的问世。人的主体是通过他自身之外的普遍规则建立起来的。主体不是作为主人构成语言或者功能,恰恰相反,他是被语言构成的,也是语言的他者。他也从潜意识中论述人的身份,从性别身份形成过程中说明性别差异,以及这种差异如何影响到女性的存在与主体地位。拉康相信,尽管所有心理学家都赞成潜意识的重要地位,赞成在人的主体发展中,性所具有的特权地位,但弗洛伊德之后的许多理论却偏离或降低了这些假设的意义。大多数当代精神分析思考卷入流行的意识形态之中,忽略了弗洛伊德理论的革命性本质,而拉康本人则要完成弗洛伊德未竟的事业。不仅要研究性别差异,更重要的是说明这种差异的形成过程,以及应当如何生存的问题。总体来看,拉康的主体理论有两个要点:构成主体的潜意识也是如同语言一类的东西,这种语言也是他者的语言。作为言说着的潜意识主体有四个重要特征:1.过程中的主体。潜意识与性在任何程度上都不是预先给定的,而是建构起来的历史对象,是在不断行进过程中的主体。这一过程也是主体认同形成的过程。至于什么是主体认同过程中的决定因素,现代西方精神分析学主要有两种不同的看法。一种是埃里克·埃里克森等人所强调的认同危机,认为主体认同是一个复杂的心理情结,主要是由个人与周围环境变化决定的,随着个人的成长,他的认同也在不断地发生变化。另一种是以梅兰妮·克莱茵为代表的对象关系理论,认为认同形成于主体对自身与他人关系的认识,差异的感觉使主体形成对于自身的认识。④ 拉康则以三个级别来说明潜意识理论——想象(the Imaginary)、符号(the Symbolic)与现实(the Real)。想象是他1936年提出来的理论,它源于儿童在尚无语言表达能力的镜像时期(mirror image),这是主体最初的自我认同阶段,此时主体仅仅以幻想形式出现,只是精神的主体。而这之后的主体则成为自然的、有形的以及与符号结合的文化主体。在这一过程中,主体一方面要进行自我认同,成为个性存在,另一方面也要实现作为人的认同,把幻想的人变成现实的人。2.与自我分离的主体。事实上,不管人如何通过认

---

④ 〔法〕穆斯达法·萨福安:《结构精神分析学》,怀宇译,天津社会科学院出版社2001年版,第75页。

同来形成有身份的、作为主体的实体,其主体身份都是一种海市蜃楼,因为在镜像时期,儿童通过模仿他人来认识自己,他们所认识到的仅仅是镜中我,而这面镜子便是他者。因而,此时的自我统一性被破坏,自我被异化,成为以主体形式表现出现的客体。尽管这种自我意象是掩饰儿童驱动力破碎的一种虚构,但依旧具有意义,因为它毕竟给予他们一种逻辑身份,使主体能够作为"I"来运作。因此,这个 I 是能被转换的,只能在语言中代表着作为主体的身份,并非稳定的实体。对于拉康来说,主体是由语言构成的,主体不断被安顿在外在秩序中,成为言说的主体,是对于这一秩序来说的主体,是与自我分离的主体。而潜意识承载着永久性地目睹这种原始性分裂的负担。⑤ 3.欲望异化的主体。被禁止的欲望并不能被消除,而是在主体形成过程中发挥作用。弗洛伊德曾描述过婴儿如何通过游戏来克服母亲离开的创伤,而拉康却认为,当婴儿丢失被渴望的对象时,即便随后得到满足性的补偿,这种满足中也总是包含着丢失。拉康把这种最初的不满足称为欲望,而作为一种原始缺乏的结果,欲望是持久的,由此形成的主体本身便包括了欲望的异化。4.被语言异化的主体。拉康主张每一个人都是一个言说着的存在,言说使我们获得存在,因而每一个人的存在都要受到语言和言语的阉割。语言是对所有言说着的存在的约束和限制,身体欲望永远得不到满足,所以便形成与身体分裂的符号系统。在西方语境中,菲勒斯代表着这种限制,阉割情结始于男女两性。主体一旦进入语言就会遭遇异化,异化是主体构成的条件。

福柯也致力于研究主体,作为"一种有关我们自身的历史本体论",福柯的主体理论包括三条轴线——真理、权力和道德轴线。真理轴线回答我们与真理的关系,说明我们如何被建构成知识主体的问题。权力轴线回答我们与权力场的关系,阐释我们如何被建构为运用和屈从权力关系主体的问题。道德轴线讨论我们与道德的关系,探讨我们如何被建构成道德主体的问题。⑥ 因而,福柯分别从认识论、政治学和伦理学三个领

---

⑤ 拉康的这种"与自我分离的主体"也可以看成是他那"分裂的自我"的反映,国内有学者认为,"自我分裂"理论是从现代转向后现代的标志,也是拉康最重要的理论之一,因为在现代主义理论家中,自我都是独立的,没有完全分裂的,而拉康真正解构了自我,指出在镜前只有分裂的自我(参见方汉文:《后现代主义文化心理:拉康研究》,上海三联书店 2000 年版,第 15 页)。

⑥ 〔法〕米歇尔·福柯:《主体解释学》,佘碧平译,上海人民出版社 2005 年版,第 3 页。

域塑造主体范畴,阐释主体的命运。"福柯的主要兴趣一直在西方思想和实践中的'主体'方面。在其早期论述临床、疯癫和监狱的著作中,他试图详细说明在这些制度中,主体以何种方式通过自身被界定为主体的话语所编写。""审查现代科学话语如何在主体与客体的分析中创立了'人'的概念。"[7]在后来的著作中,福柯也试图说明与现代主体相联系的主体性、能动性、自主性和分离是如何通过历史和话语构成的。福柯对于主体理论的贡献主要在于:其一,审查主体的不同构成,以及预示主体的话语。对他来说,主体不是给定的和超验的,而是构成性的实体。其二,把权力与知识联系起来,强调一个人的身份是实施在其身体、多样性、运动、欲望和力量之上的权力关系所导致的结果。其三,说明主体与道德的关系。借助对古希腊哲学的研究,福柯相信知识的作用在于人品的塑造,"有用的知识,即质疑人生存的知识,是一种关系认识的方式,既是论述的,又是规范的,而且能够引起主体生存方式的变化"[8]。只有主体发生改变才能认识事物的现状与价值,这种价值就是指事物的位置、关系和存在对于人的意义。同样,主体也必须基于自我反省和修养找到一种能让自己获得幸福和完善的生活方式。"关心自己"并不意味着在社会中获得一个特殊的位置,而在于成为一个完整的主体,"主体必须迈向作为他本身的某个东西。变动、轨道、努力、运动:所有这一切都必须被包含在转向自身的这一观念中"[9]。人们不能把认识真理和主体修养分开,因为古往今来两者已经牢固地结合在一起了。同时,人的修养也不能与政治权力分开。政治治理分析就是要对作为一整套可逆关系的权力进行分析,这就需要有一种可用来界定修身关系的主体伦理学,因为"权力关系——治理——对自身与其他人的治理——修身关系,这一切构成了一条链和织布"[10],我们必须围绕这一链条把政治和伦理问题联系起来。

(二)主体塑造的女性主义策略

在建构主体范畴的过程中,当代女性主义哲学借用后现代主义哲学对于现代性主体的解构,以及对于新主体的诠释,但为了追求女性主义运

---

[7] Susan J. Hekman, *Moral Voices, Moral Selves: Carol Gilligan and Feminist Moral Theory*, University Park, Pennsylvania: The Pennsylvania State University Press, 1995, p. 80.
[8] 〔法〕米歇尔·福柯:《主体解释学》,佘碧平译,上海人民出版社2005年,第253页。
[9] 同上书,第263页。
[10] 同上书,第267页。

动目标,依旧保留了主体的某些现代性特征。

在塑造主体范畴时,女性主义哲学主要采取了四个策略:首先,重新定义主体范畴。例如女性主义哲学家苏珊·赫克曼(S. J. Hekman)从后现代主义哲学角度把主体看成是多元的、构成中的、创造性的社会历史产物。女性主义首先把现代性主体视为男性价值观的产物,因为它把女性定义为劣势群体而排斥在政治和道德领域之外。早期女性主义哲学试图在自由主义和社会主义框架内建立女性的"主体"地位,但这种尝试由于模仿与男性的"平等"而失败。这促使激进主义女性主义主张专属女性的"主体"范畴,但这一观念显然也由于坚持"性别本质论"而受到普遍的批评。而后,后现代主义女性主义哲学便更多地以差异和多元的策略塑造主体的范畴。

其次,关注对于主体形成过程的探讨。借鉴后现代主义哲学对于话语的说明,以及精神分析学对于主体形成的分析,女性主义也试图破除性别本质论,从语言、社会历史和女性利益角度探讨主体范畴,例如伊丽格瑞相信,父权制哲学的主要工具是精神分析,应当利用这一工具解构父权制传统和论述主体问题。她指出弗洛伊德的"主体"是依据单一的男性模式建立起来的,体现出西方白人男性的、资本主义的和欧洲中心论的策略,女性则被呈现为对于这种男性模式的依赖。这种菲勒斯中心主义赋予男性身份以价值优先性,把不同于男性的人们,即他者看成男性单一主体的变种,只能根据合适于男性的话语和选择来界定。[11] 伊丽格瑞则试图重新以女性身份和利益说明主体范畴与女性的主体性。巴特勒也对"女性的主体是一成不变的、自明的实体"的观点提出质疑。福柯把"主体的形成"描述为一个在特有历史和推论背景下才能得以理解的过程,德里达说明了语言在主体形成中的作用,强调主体不是一个个性化的,而是公共的和社会化的主体。受他们的影响,巴特勒也坚持认为主体不是个人的,而是形成中的语言结构。主体的地位不是被给予的,它包括在无休止的形成过程之中,它可以通过不同的方式进行重新的假定和重复。

再次,超越主体研究中的二元对立。当代哲学家在定义主体范畴时,总会遇到二元对立的理论困境,例如现代性与后现代主义、本质论与建构论以及被建构主体与建构主体之间的对立。20世纪90年代,女性主义

---

[11] Elizabeth Grosz, *Sexual Subversions: Three French Feminists*, Unwin Hyman Inc., 1989, p.105.

哲学家汤姆森·劳瑞恩(Tamsin Lorraine)提出要区分两种主体：一种是人道主义主体，强调统一的、理性的和自我利益的行为者；另一种是后现代主义或后解构主义的主体，强调一个被建构的对于自由、责任或真实性没有内在说明的自我。而她本人试图在这两者之间进行调合，提出被赫克曼称为"辩证主体"的范畴，把主体看成既是被社会符号生产的，又产生社会符号的，有一定程度自主性的实体(entity)。但在赫克曼看来，这种辩证主体依旧在延续现代主义主体的二元对立逻辑，根据现代主义的二元论来定义后现代主义主体。赫克曼本人则提出"话语主体"(discursive subject)的范畴，这一观点更多地来源于后现代主义哲学和精神分析学对于主体的思考，例如拉康的主体是在对话中展开的，而"对话"一词指的是来回跑动，过来又过去，以及步伐混乱等。因而，探讨拉康的主体必须进入到这种话语之中，探究它的联系方式，对待他那由于运动而活着的文本。[12] 然而，赫克曼也强调"话语主体"范畴并非来自单一的理论，而是对于当代社会各种理论资源的综合。"这一主体既不是关系的、女性主义的、后现代主义的，也不是种族、人种理论的产物，而是借用所有这些话语的结果。"[13]她重新界定了构成主体的三个核心要素：身份、能动性/创造性和抵抗，并力图与笛卡尔的主体区分开来，例如在笛卡尔的主体范畴中，身份是祛身性的(disembodied)、既定的和超验的，而话语主体则是被构成的、多元的和流动的。笛卡尔的主体强调一种抽象的能动性，而话语主体则认为主体的能动性是根据话语形成的情境来构成的。在笛卡尔的主体中，抵抗必然要依据抽象的普遍原则，而对于话语主体来说，抵抗是依据差异术语形成的，是话语的主体性，而不是被说成主体的主体性提供了抵抗的可能性。[14]

最后，考察性别在主体形成中的意义。性别对于女性主义哲学具有特殊的意义，因为它从道德角度为女性提供身份的合法性，在社会政治领域是争取女性公民资格的基础，甚至对于女性主义运动及其理论发展来说，性别和性别差异都是不可或缺的构成因素，因而女性主义在建构主体理论时，必须说明性别在主体形成中的意义，以及女性作为主体的地位与

---

[12] 〔德〕格尔达·帕格尔：《拉康》，李朝晖译，中国人民大学出版社2008年版，第7页。

[13] Susan J. Hekman, *Moral Voices, Moral Selves: Carol Gilligan and Feminist Moral Theory*, University Park, Pennsylvania: The Pennsylvania State University Press, 1995, p.109.

[14] Ibid. pp.109-111.

合法性。

二　身体

身体是当代女性主义哲学关注的一个重要问题。大约从尼采哲学开始,人的身体便成为一种区分人类的标志。女性主义哲学敏感地意识到身体与主体、与性别之间的密切关系,以及父权制哲学和社会体制如何通过身体维持性别歧视与性别不平等关系。因而,女性主义哲学在与后现代主义哲学一道摒弃笛卡尔以来的身心二元论的同时,也力图重建身体范畴,突出身体体验,尤其是女性身体体验的意义,并通过对于身体的回归确立起女性作为身体及其体验主体的地位,围绕着身体探讨一条通向性别平等和解放的路径。

1. 身体的回归

自古希腊时代起,西方哲学就开始关注身体问题,对于一些古希腊哲学家来说,身体是污浊的,是囚禁心灵的监狱,为了灵魂的完整和纯净,人们必须通过节欲或者禁欲等方式摆脱身体的束缚。然而,尽管这一时期的哲学试图摒弃身体,却没有把身心关系形而上学地割裂开来。身心关系的二元分离是从近代哲学家笛卡尔开始的,在他看来,一切物体都是可分的,而精神和灵魂却是不可分的,物体是一个实体,因此是不灭的,而人的身体不仅与灵魂不同,也与物体不同:"它不过是由一些肢体和其他类似的一些偶性组合成的;而人的灵魂就不是这样,它是一种单纯的实体,绝不是由什么偶性组合起来的。"[15]即使灵魂的偶性改变了,它也永远是统一的灵魂;而人的身体却会由于某些形状的改变,便不再是同一的身体,所以人的身体很容易死灭,但人的精神或人的灵魂从其本性来说是永远不灭的。因而就其性质来说,身体永远是可分的,灵魂却是不可分的,人们关于身体和灵魂是人之本性或者自然的观点是错误的、虚假的。"人的自然(本性),就人是由精神和肉体组合而成的来说,又不能不是虚伪的、骗人的。"[16]笛卡尔对于身心关系的这种理解被看成现代性哲学的

---

[15]〔法〕笛卡尔:《第一哲学沉思集:反驳和答辩》,庞景仁译,商务印书馆1986年版,第11—12页。

[16] 同上书,第92—93页。

一个特点。

20世纪以降,现象学、后现代主义和女性主义哲学等理论都试图对笛卡尔的身心二元论提出挑战,例如胡塞尔承认身体是心灵的基础,但他把现实身体和心灵有效性都归于先验意识的构造,使身心最终统一到先验的意识之中。海德格尔则通过把人界定为世界中的存在而在完全经验的层面上统一了身心关系。[17] 而莫里斯·梅洛-庞蒂也提出"身体在世"的思想,从身体体验出发探讨知觉和被知觉世界之间的关系,强调向身体的回归,建构起身体现象学。对于庞蒂来说,"身体其实是一种既不同于纯粹意识也不同于自在物质的含混的领域,它是两者之间的通道。正因为如此,他以身体主体取代了纯粹意识主体,强调的是身体的意向性而不是意识意向性"[18]。因而,庞蒂的身体概念首先是人们在物理学和物理世界、生物学和生命存在、自在的、客观的存在与生活世界的存在之间找到的一条通道。在他看来,作为一种认识世界的方式,现象学与大多数科学解释和分析思考不同,科学解释把我们与这一世界的关系还原为物理学和生理学原因作用的过程,分析思考把我们的具体经验还原成一个虚假的智能系统,而现象学描述的却是这个具体的世界。"我们的身体经验既不能被经验的生理学方法以一种客观的、解脱的思路加以理解,又不能被反思的心理学方法以一种客观的、解脱的思路加以理解。"因为"身体并不是与其他客体相等的一个客体。作为一个身体,它是经验的根深蒂固的基座,是我必须由之观察世界的观点"[19]。其次,庞蒂认为,人的身体是"有生命的身体",人的主体性必须由身体来体现。他探讨了存在先于与世界反思关系的原始结构,把主体性置于身体,而不是思维或意识中,给予"有生命的身体"本体论的地位,强调主体世界是身体有能力达到、把握和适应的范围。而这种由身体体现的主体性属于生活世界的主体性,尽管精神世界有自己的坚实性和完整性,但它却是在生活世界的样态中拥有的。[20] 再次,庞蒂的身体概念是一个统一的整体范畴,它消除了任何诸如身体/心灵、身体/物体、身体/世界、内在/外在、自为/自在、经验/

---

[17] 张尧均:《隐喻的身体——梅洛-庞蒂身体现象学研究》,中国美术学院出版社2006年版,第33页。
[18] 〔法〕莫里斯·梅洛-庞蒂:《眼与心》,杨大春译,商务印书馆2007年版,第6—7页。
[19] 〔美〕加里·古廷:《20世纪法国哲学》,辛岩译,江苏人民出版社2005年版,第229、233页。
[20] 〔法〕莫里斯·梅洛-庞蒂:《可见的与不可见的》,罗国祥译,商务印书馆2008年版,第207页。

先验的二元对立,身体不单单是支撑着我们行动的躯体,也包括我们的意识和心灵,身体及身体的意向性是统一身心关系的基础。此外,庞蒂也同萨特一样把"人在世界中"作为现象学的根本起点,始终认为身体和认识离不开现实世界。胡塞尔宣称其现象学是向"事物本身"的回归,而在庞蒂看来,胡塞尔的回归却是对于存在的唯心主义先验论的"悬置"。庞蒂主张,即便这一回归、悬置或还原意味着从世界中的一种撤离,自我与世界也不是分离的,相反倒让我们意识到完全还原的不可能性,发现自己被不可解脱地包含在这一世界之中。[21] 我们的身体和存在永远不能与这一世界分开。因而,庞蒂从一个新的维度——身体的维度来探讨意识与自然、观念与物质、主观与客观关系以及人的主体性问题,不仅摒弃了笛卡尔式的身心二元论,带来了西方哲学对于身体的回归,也激发了当代女性主义哲学家对于身体的关注,并试图借鉴现象学,尤其是庞蒂的身体现象学方法探讨女性主义的身体范畴,对女性的身体体验以及身体与性别的关系等问题进行说明。

当代女性主义哲学家艾里斯·M.杨(Iris Marion Young)强调,西方哲学和社会理论历来忽视和压抑"缘身性"对于思考、行为和感觉的意义。然而对于哲学来说,身体却具有重要的意义,它不仅关系到性别身份,也表现为不同性别的主体性建构和身份问题。因此女性主义哲学必须探讨女性的身体体验与主体性建构问题,说明女性"缘身性"的社会意义。她认为在20世纪70年代末期之前,女性主义学者尚未提出反思女性"缘身性"的理论方法。到了70年代末期和80年代初期,美国哲学家开始关注福柯对于身体与权力关系的说明,而后法国哲学家伊丽格瑞和克里斯蒂娃也开始对女性的体验进行说明。在这之后的几十年里,女性主义对于男女身体体验的探讨呈现出百花齐放的局面。一些女性主义学者开始利用大陆哲学方法解释"缘身性"和体验等问题,其中有克里斯蒂·巴特斯(Christine Battersby)、苏珊·波尔多(Susan Bordo)、朱迪思·巴特勒、索尼亚·克鲁斯克(Sonia Kruks)、多萝西娅·奥尔科斯基(Dorothea Olkowski)、盖尔·威斯(Gail Weiss)以及女性主义哲学"澳大利亚学派"的一些成员,如罗莎琳·迪普洛斯(Rosalind Diprose)、莫伊拉·盖滕

---

[21] 〔美〕加里·古廷:《20世纪法国哲学》,辛言译,江苏人民出版社2005年版,第229—230页。

斯(Moira Gatens)以及伊丽莎白·格罗兹等人。[22]

而杨本人对于女性主义身体理论的研究延续和发扬了现象学传统,她的《像女孩一样扔球》一书主要借鉴了庞蒂和波伏瓦的理论。前者的革命性在于把理论化的意识本身当成"缘身性"的,强调构成世界的主体总是"缘身性"的主体,作为有生命的身体总是根据社会和历史的含义来分层的。而波伏瓦的功绩在于把性别差异理论化了,并把它视为"在世的存在"(being-in-the-world)的基础。杨试图研究"女孩和女性如何通过运动和不同的位置定向构成自己的体验世界?什么是女孩和女性对于身体、体型,流动和能力所拥有的模糊、快乐、力量、羞愧、认同和一致的感觉?我们如何接触事物或人,我们如何通过成为对自身或其延伸来说的一种物质支持来被接触?在何种程度上,女性在性别权力和角色结构中具有相对的劣势?即便不是完全的,我们如何屈从缘身性的身体?",她强调自己的学术兴趣是解释由于"缘身性"所产生的"在世的存在"的不同感情和方式,而这是女性主义学者很少关注的问题。对于庞蒂来说,在日常生活中,身体对事物和环境的有目的定向最初设定了主体与世界的关系,因而杨也认为对于女性身体日常或典型行为,以及运动方式的研究,将有助于揭示女性存在的结构,即"通过性别和社会性别方式描述被赋予身体的在世的存在"。

2. 身体的体验

受庞蒂身体现象学的启发,许多女性主义哲学家对于身体的讨论都在现象学领域展开。波伏瓦率先从存在主义现象学探讨女性的身体体验问题,巴特勒认为,波伏瓦的《第二性》"提供了一个基础,明确地以女性主义方式说明身体体验问题,这对女性主义理论作出不同的哲学贡献"。波伏瓦从个体相互认知的角度揭示人类身体体验的不同方式——身体既可以作为活生生的主体来体验,也可以作为被他人看到的一个客体来体验,而且人类可以通过前者体验到整个世界。然而"女性的命运却是悲惨的,因为她拒绝作出把自己同时当作客体和主体/身体以及意识的决定"。在描述女性存在的处境时,波伏瓦借鉴了黑格尔的术语——超越性和固有性,认为男性可以自由地谋划和行为,从事对历史有影响的超越性

---

[22] Iris Young, *On Female Body Experience_ "Throwing Like a Girl" and Other Essays*, Oxford University Press, 2005, p.4.

工作,而女性则被剥夺了这种权利,日复一日地从事固有性的家务劳动。男性的写作和女性的家务劳动便是男性超越性和女性固有性的典型活动。而且这一区分不仅主宰了社会生活,也建构起社会和政治结构。用萨特的话说,女性成为了"为他之存在"。法国女性主义学者托莉·莫娃发展了波伏瓦的身体理论,也从追求自由的意义上对于"有生命的身体"进行探讨,强调"主张身体是情境的就是意识到女性身体的意义决定了她运用自己自由的方式"。同样,有生命的身体也会产生"有生命的体验",这些体验包括我们在各种情境,如种族、性别、国家等情境中的体验等。而杨则汲取存在主义现象学、尤其是女性主义存在主义现象学的身体理论,更为集中地探讨女性在不同境遇下的身体体验,以及这些体验对于女性在世存在的意义。

杨认为研究身体体验"并不是要把身体作为客体或者事物来观察、研究或解释",相反"目的在于描述在身体中生活和感受的主体性和女性的体验"。20世纪60年代,欧文·斯特劳斯(Erwin Straus)在《现象学心理学》一书中提出男女两性的扔球方式有显著不同。男孩右腿向后,用全身的运动中枢力量来扔球,而女孩则不利用侧身的力量,手臂不伸展,躯干不弯曲,只用右臂的力量向前投,不能全部使用自己的横向和空间力量,因而出球没有力量和速度,也不能准确地命标。这种说法引起杨的兴趣,她认为存在主义现象学理论家应当关心和说明这种差异。然而,或许依据波伏瓦等人的理论,对于斯特劳斯的观点应当首先采取批评态度,因为在存在主义看来,人并不具有与生俱来的、固定不变的本质,因而男女在运动中的行为和姿态也不可能由于性别本质而产生固定不变的特性。"或许是波伏瓦最为全面和系统地表达了女性主义对于这样一种观点的否认——男女之间在行为和心理方面存在真正能够归结为某种自然和永久性女性本质的差异。"因为每个人的行为都是由他所处的文化、历史、社会和经济情境所决定的。但另一方面,波伏瓦也强调即使并不存在永久性的女性本质,由于教育和习惯,个体女性之间也有共同的特点。因此,杨也主张"在否定女性本质论的同时,我们不应当陷入否认男女行为和体验方面存在真正差异的'唯名论'"。杨基于斯特劳斯的看法观察女性,发现她们的确在使用身体方面与男性不同,不仅扔球像个女孩,还有游泳、爬山和击打等动作都有可能像个女孩。女孩从事这些活动的共同特点是整个身体并不是流动地指向运动,而是仅仅使用身体的一部分,女性的运动并不通过自己的意图指向目标,对于许多女性来说,所想象的运动空间并不是自由的,当球向女性投来时,女性意识到的是自己会被球击中,所以作出的身体反应是躲避或采取其他方式保护自己。在体育运动中,女性更多地表现出犹豫、不确定和胆怯,因为她们不仅不相信自己的身体能力,还把身体看成一种负担,在需要保护的同时,还需要被拖拽和刺激。

杨总结出女性身体存在和运动方式的三个特点:模糊的超越性(ambiguous transcendence,)、被阻止的意向性(inhibited intentionality)以及与周围世界的非连续性(discontinuous unity with its surroundings)。杨认为,第一个特点也是男女身体存在和运动方式产生差异的原因。斯特劳斯并没有明确说明为什么男女扔球方式不同,杨则借用波伏瓦的超越性与固有性观点分析这一原因。波伏瓦认为,在父权制社会中,女性的生存状态必然是矛盾的,因为她对已被自身处境所否定的主体性和超越性依旧有需求。在杨看来,女性身体在行为方式、举止和空间方面的特点也体现出超越性与固有性、主体性与客体性之间的紧张关系。尽管女性的身体存在也是超越的和开放的,但一旦这一有生命的身体并非是主体性和意识的中心,其超越性就是模糊的,被固有性所累的。超越性的有生命身体是流动的,具有连续性的行为能力,而固有性的自然和物质身体面向世界的运动则被固有性所覆盖。女性身体存在和运动方式的第二个特点是"被阻止的意向性",即女性总是以一种自我强加的"我不能"来阻止自己全身心地实现目的。"女性的存在通常并不以一种确定和自信的'我能够'来对待自己的周围世界,借此进入各种可能的身体关系。"㉓既然现象学认为,人通过"我能够"的身体方式和限度向世界开放各种可能性,女性的这种行为方式势必阻止她们在现实世界的开拓。这一特点又与"与周围世界的非连续性"相联系,由于女性在运动中不能全身心地协调参与,而只是部分身体运动,其他部分保持相对不动,所以女性的运动呈现出非连续性,女性的"被阻止的意向性"最终使她在身体能力与参与世界的可能性之间,目的与实现之间失去连续性。杨进一步总结说:"总之,女性身体存在方式基于这样一个事实:女性把身体仅仅体验为一个物——一

㉓ Iris Young, *On Female Body Experience_ "Throwing Like a Girl" and Other Essays*, Oxford University Press, 2005, p.36.

个脆弱的物,它必须被拾起来和哄着参与运动,它是被看的和接受行为的。任何有生命身体的确作为物质的和超越性主体而存在。然而,对于女性的身体存在,身体通常被看作一个物,而并非自身具有生命,它与世界上的其他物是相同的。就女性把身体作为物以使自己具有生命来说,女性还是根源于固有性和被约束性,使自己的身体同超越运动和进入世界的可能性之间保持着距离。"[24]

杨还进一步研究了女性在其他状态下的身体体验,例如女性如何通过衣着和追求时尚成为被观赏的对象;女性在怀孕过程中如何体验到身体的双主体性和主体的分裂,以及女性对于乳房和月经的体验等。她试图揭示在父权制哲学和文化中,女性的身体是如何被约束、被限定、被安置和被对象化的,如何由于固有性的束缚不能开放超越性和面向世界的各种可能性。她也反复强调,自己只是研究针对一定时期和一定情境下的女性身体体验,所揭示的女性身体存在和运动方式特点并非来自女性的生物本性,更不是出自女性的"神秘本质",而是特定社会情境导致的。因而,杨对于女性身体体验的研究仍旧延续了现象学,尤其是存在主义现象学传统,但与庞蒂的身体现象学不同,她引入了性别视角讨论女性的身体体验,呼唤女性身体的回归。而且,她的这一研究也是对波伏瓦理论的应用、具体化和发展。然而,女性主义哲学并不局限于说明女性的身体体验,更重要的是试图还原女性身体作为在世存在的意义,通过强调"缘身性"来在哲学中确立起女性的主体地位,因为构成世界的主体总是"缘身性"的主体。

3. 身体的建构

女性主义哲学在建构身体范畴时,首先要对父权制哲学与文化的身体范畴,以及身体与性别的关系进行解构,在这方面,巴特勒等人从解构主义角度提出重要的观点。在对于身体范畴的建构中,存在主义女性主义、精神分析女性主义和生态女性主义等理论都提出了一些有建设性的原则和看法。

(1) 对父权制"身体"范畴的解构

在父权制哲学和文化中,对于女性和身体的范畴并不缺乏建构。从

---

[24] Iris Young, *On Female Body Experience: "Throwing Like a Girl" and Other Essays*, Oxford University Press, 2005, p.39.

晚期古希腊哲学开始,西方哲学便把男性与主动性、决定性的形式和灵魂相联系,把女性与被动性、非决定性的物质和身体相关联。发展到近代哲学时,笛卡尔又提出身心二元论,试图把身体与灵魂彻底分离。到了20世纪20年代,精神分析学又宣扬一种"解剖即命运"的生物决定论观点,认为女孩在发现男女生理结构差异之后,便会产生一种自己身体是不健全的意识,成为自卑的牺牲品。弗洛伊德还区分出"身体的性别特性"和"精神的性别特性"。针对弗洛伊德等人的观点,伊丽格瑞曾一针见血地指出,"父权制"哲学把男性看成是主动的、决定性的,而把女性看成是被动的、被决定性的观点来源于菲勒斯中心主义,男性性器官被看成唯一有价值的性器官,而女性的性器官只是一个负责传达和保存男性性生活信息的信封和容器,女性的性是一种缺乏、萎缩和对男性性器官的嫉妒。而且当女性身体被对象化之后,便需要展示性的吸引力,以便唤起主宰她的"主体"的欲望。

20世纪前半叶,庞蒂的"身体现象学"复归了身体对于哲学的意义,受其影响的波伏瓦在20世纪40年代也对弗洛伊德的理论提出挑战,对女性的身体进行存在主义现象学说明。巴特勒深受波伏瓦"身体社会和历史构建论"的影响,并联系女性主义性别/社会性别的区分,对父权制哲学中的身体本质论进行解构。她首先揭示说,萨特和庞蒂等人所揭示的具有抽象普遍性的身体仅仅是男性的身体,而波伏瓦则注意到身体范畴的性别化问题,"如同萨特和庞蒂一样,波伏瓦的工作揭示了有生命体验的结构,尤其是缘身性的体验。然而,在萨特和梅洛-庞蒂那里我们只听到一种抽象的和外表上具有普遍性的'身体',波伏瓦警告我们——普遍性通常与男性等同起来,身体在大多数情况下对应性别出现,对于身体的具体分析需要回答这样一个问题:'人类的身体如何采取了一种被性别化的形式'"㉕。巴特勒认为,波伏瓦关于自然身体与作为历史建构或能指身体的区分实际上也是性别与社会性别的区分,波伏瓦也提出理解自然身体如何变成历史的建构,以及我们如何成为自己的性别,如何获得和体现这种性别的途径。在《第二性》中,波伏瓦提出两个重要观点:身

㉕ Judice Butler,"Gendering the Body: Beauvoir's Philosophical Contribution,"in Ann Garry Marilyn Pearsall ed., *Women, Knowledge, and Reality: Explorations in Feminist Philosophy*, Routledge,1992, p.253.

体不是一个自然的事实,而是一种历史建构;女性不是生就的,而是被造就的。这里的"造就"一词十分重要,首先表明社会性别是一个文化植入的过程,但对于主体来说,并不是被动地被文化传统模具塑型或者雕刻出来的,也有个体的参与过程。巴特勒的这一观点既可以说明在父权制文化中女性对自身角色的认同,也表明女性具有可以造就理想自我的开放性。其次,巴特勒还强调,对于波伏瓦来说,一个人永远不会成为"女性",因为"造就"的过程永无休止。"要'造就'一个女性意味着自由地实现一系列可能性。但是这一实现永无休止,它是一个持续不断被更新的行为。"[26]在巴特勒看来,性别、社会性别、性与身体范畴都是相似的,都不是实体性的本质存在,都需要经历一个由历史、社会文化和自我"造就"的过程,而且永无止境。可以说,巴特勒的这些解构主义观点进一步启发了女性主义哲学从社会和历史角度来思考身体范畴。

(2)建构身体范畴的方法论特征

在女性主义哲学家看来,身体与自然范畴一样,也是随着文化、历史以及时代发生变化的,因而女性主义重建自然范畴的方法论特征也适于身体范畴的重建。生态女性主义对于"自然"范畴的建构体现出八个方法论特征:1.反对"自然歧视",也反对各种形式的歧视。2.突出情境在伦理学中的地位。3.强调多元性,试图维持人类之间,以及人类与非人类之间的差异。4.强调建构理论的过程,关注正在讲的故事和以第一人称讲故事的女性。5.强调包容性,以及人们体验的丰富性和差异性。6.不企图提出一种"客观性"观点,而是联系社会和历史背景思考并解决剥削自然与压迫女性的问题。7.把关怀、爱、友谊、诚实和互惠作为自己的价值核心,这些价值预示着一个前提——在与他者的关系中,重要的是理解我们自己是谁。8.重新定义人与人之间的伦理行为,否定抽象的个人主义。[27]

同样,女性主义建构身体范畴的方法论也具有八个特征:1.反对"性别歧视",消除以往哲学把女性等同于身体、物质、对象和被动性的理解,避免女性在这一身体范畴中被约束、被限定、被安置和被对象化的局面,

---

[26] Judice Butler,"Gendering the Body: Beauvoir's Philosophical Contribution,"in Ann Garry Marilyn Pearsall ed., *Women, Knowledge, and Reality: Explorations in Feminist Philosophy*, Routledge,1992, p.255.

[27] Michael E. Zimmerman ed.,*Environmental Philosophy*, Prentice-Hall Inc.,pp.332-335.

在反对性别歧视和身体歧视的同时也反对其他各种形式的歧视。2. 突出具体情境的重要地位。批评抽象的普遍性的身体范畴,把身体及其体验看成是具体的,随着情境变化而改变的。3. 强调并尊重身体及其体验的多元性和差异性,不仅男女身体体验之间存在差异,女性的身体体验也是多元的和差异的。4. 身体是一个需要不断造就的过程,女性的身体与性别一样,其造就过程永无止境。5. 既然身体是多元的和差异的,就需要强调身体的包容性,女性与老弱病残人群不能由于身体原因而受到不公平的待遇和歧视。6. 不企图提出一种"客观性"观点,而是联系社会和历史背景思考并解决对于女性的身体歧视、压迫和暴力问题。7. 把关怀、爱、友谊、诚实和互惠作为核心价值,从尊重他人和自我生命的角度来理解身体。8. 重新定义人与人之间的伦理行为,尤其是以身体为媒介产生的伦理关系,消除性别之间以及人与人之间的身体歧视,在强调"缘身性"和向身体回归的同时,确立女性身体的主体地位,使女性能够超越自身在父权制之下身体体验的局限性,通过对身体范畴的重构打开一条通往性别平等的通道。

(3) 女性主义身体范畴

对于女性主义哲学来说,身体是一部"社会的手稿",是社会与文化和历史的产物。作为一个哲学范畴,包括社会中被看成有身体意义的所有态度、价值、信念和行为。这一身体范畴呈现出四个主要特点:其一为"缘身性"的身体。主体是作为身体来生存的,自我与他人之间不可避免地要相互依赖。每一个人都应当成为自己身体及其体验的主体,女性也成为在世的和超越性存在的主体。其二为有生命的身体。有生命的身体是物质身体在特有社会文化背景下行为和体验的统一体,身体存在于情境之中,身体的存在及其物质环境构成一个人的现实性和各种可能性。在女性主义学者之间,对于"有生命的身体"也有着各自的理解,例如杨认为,莫娃强调这一概念的重要意义在于它既不是生物学意义上的"性别"概念,也不是对生理学普遍规律及其功能的客观说明,科学仅仅在抽象的层面上探讨身体,而没有对活生生的身体进行描述。有生命的身体能够把不同身体的生理事实发展成无"性别"的还原主义和二元论。㉘ 格

㉘ Iris Young, *On Female Body Experience_ "Throwing Like a Girl" and Other Essays*, Oxford University Press, 2005, p.17.

罗兹则从另一个角度强调说,现象学对于有生命身体的描述与精神分析,与解构主义和本体论哲学一道对女性主义哲学作出了独特贡献。"缘身性"打破了许多抽象的二元对立,然而女性主义还应当意识到促使身体体验形成的权力和社会意识形态结构。其三为消除二元对立和身心统一的身体。如前所述,庞蒂的身体概念是一个整体范畴,消除了任何诸如身体/心灵、身体/物体、身体/世界、内在/外在、自为/自在、经验/先验的二元对立。巴特勒也主张,性别、生育以及其他与身体联系的角色都应当成为对于身体本身的阅读,有生命的身体允许承认多元的可能性,每一个身体都是不同的,有各自的特点、能力和欲望。她甚至提出一个颇有争议的看法,认为"有生命的身体"范畴可以像"社会性别"一样发挥作用,而且具有更好和更丰富的含义,女性主义没有必要在"性别与社会性别"之间作出区分,因为"性别"也不是一种具有本质属性的实体,同样也是一种社会构建。其四为在话语中获得意义的身体。福柯曾告诫人们,在探讨性别范畴时不要把一个习惯上认定的整体作为一个因果原则来使用,因为性别是在某个特定的历史时空中由权力、话语、身体与情感构成的一个整体,只有在权力关系的语境下,在话语中身体才能获得意义。换句话说,身体是由话语所决定的,这些话语体现出社会结构和权力关系。巴特勒汲取这一观点,并据此批评克里斯蒂娃对女性/母性身体的解读,认为尽管克里斯蒂娃把母性身体建构成前话语的话语生产,但是构成这个"前话语母性身体"比喻根基的东西却是充斥着权力关系的性别话语本身,也就是说,在人们强调母性身体时,就体现出女性身体被要求承担母性角色,以母亲作为女性自我本质和欲望的规则,这无疑是父权制话语的体现。因而,对于巴特勒来说,克里斯蒂娃把女性/母性身体理解为一种"前父系因果关系"的善良初衷是在倡导一种"母性生物决定论",无意中强化了父权制话语和法律。"当那些维系母性制度的欲望经过价值转换成为先于父系律法、先于文化的内驱力时,这个制度在恒定不变的女性身体结构里获得了某种永久的正当性。的确,那显然是父权的、支持并要求以生育功能作为女性身体主要特点的律法,它铭刻在那身体上,作为它的自然需求法则。克里斯蒂娃捍卫那个所谓生物学上必然的母性法则,认为它是先于父系律法本身存在的一种颠覆性运作,她助长了对这一律法的不可见性的系统性生产,也因此助

长了它的必然性的假象。"㉙

总之,在女性主义哲学看来,身体和性别本身既是一种社会建构,也是一种社会关系的隐喻。既然这一范畴充满意识形态、文化和社会的内涵,它本身也是随着历史和社会变化而不断变化的。因而,女性主义的身体"范畴"也是一个行进中的、不断变化的范畴。福柯在论及身体时曾引用塞涅卡的一段话:"什么是我们的身体呢?压迫灵魂,以便折磨它。身体压制灵魂,压迫它,把它锁起来了,但是哲学出现了,而且它敦促灵魂在自然中呼吸;它让灵魂为了神的东西放弃大地。因此,灵魂自由了,飞了起来。长此以往,它就逃出了自己的牢狱,在天空中欢呼雀跃。"㉚而女性主义身体范畴向人们所揭示的却是——不仅身体不应压制灵魂,灵魂也不能压制身体,哲学所追求的是让身体和灵魂都能够飞扬起来——在一个开放的、包容的、多元和平等的社会境遇内。

三 道德自主性

道德自主性既是西方伦理学的核心范畴,也是当代道德与政治哲学的重要课题。道德自主性决定了人作为一种道德存在的本体论性质,也是一个人作为不受他人主宰和支配的道德行为者能动性的集中体现。这一范畴既与人的自由和道德选择权利密切相关,也关乎对一个人作为道德主体的身份和能力的承认。因而,在女性主义哲学伦理学试图对于传统伦理学忽视女性的声音和利益,贬低女性道德能力进行反思和批评时,一个重要的任务是审视和重建道德自主性范畴。

(一)探讨道德自主性的三种方式

"自主性"的特性是自我独立性,它在语源学上起源于自我管理或者自我决定的观念,一个有自主的人在某种重要的意义上,会依据自己的价值观和承诺行动,而不受他人的干预。自主性有两个基本要求:要求人们有能力思考行为计划,并有能力把计划付诸现实。而"尊重人的自主性意味着适当地承认这个人的能力和观点,包括承认他/她持有某些看法的

㉙ 〔美〕朱迪斯·巴特勒:《性别麻烦:女性主义与身份的颠覆》,宋素凤译,上海三联书店2009年版,第123页。
㉚ 〔法〕米歇尔·福柯:《主体解释学》,佘碧平译,上海人民出版社2005年版,第296页。

权利,承认他作出的某些选择、根据自己的价值观和信仰从事某些行为的权利。"[31]道德自主性通常指的是在道德理解和作出决定方面的自我决定权,伦理学通常把这种道德自主性看成道德行为与责任的前提。

在西方伦理思想史上,主要通过三种方式讨论道德自主性范畴,理性主义方式、情感主义方式和美德伦理方式。就前者而言,从古希腊时代起,柏拉图、亚里士多德等人便强调把伦理理想和要求建立在理性基础之中,人们可以通过这种理性确立自己的道德自主性和追求道德的普遍性。近代道德哲学也十分关注对于个体行为者能动性的讨论,例如霍布斯和笛卡尔等人强调个体行为出自于欲望,而由欲望产生的能动性可以鼓励每个人在公共领域平等而自主地行为。到了康德那里,道德自主性概念成为道德哲学的基石,他强调道德自主性是道德行为的基础。一个有道德自主性的人并不是单纯地遵循传统的道德教义,或者自己的欲望和爱好,而是能够通过理性来把握道德法的绝对必然性和普遍性,并试图据此来行为。情感、欲望和爱好通常并不能洞察到道德法,因为它们是偶然性的和缺少普遍性。因而,康德的道德自主性突出三个关键因素:理性、普遍性和人的道德行为动机,这三个因素构成一个人对于道德法的尊重,使道德要求以绝对命令的形式体现出来,成为人们道德义务的来源。

与理性主义不同的是,情感主义在探讨道德自主性范畴时,更为突出感觉、情感、情境和关系的意义,具有明显的反理性主义倾向,例如17、18世纪英国伦理学家沙甫茨伯利、赫奇逊和休谟,以及亚当·斯密等人倡导的"道德情感主义"或者"道德感"理论对古希腊以来的理性主义伦理传统提出挑战。在他们看来,人们普遍具有的某种内部感觉和道德感才给道德以"积极的德性",促使人们完成利他的道德行为,道德情感是人的道德及道德自主性的基础,而道德情感是人生而俱有的,"理性是完全不活动的,也不能像良心或道德感那样,成为一个活动原则的源泉"[32]。从这一意义上说,道德情感对人类来说也具有一种普遍性。人们之所以作恶是因为后天的影响使人放弃了"善良之心",因而道德教育的目的是"求其放心"。这一传统在当代女性主义关怀伦理学中被发扬光大。

---

[31] Tom L. Beauchamp, LeRoy Walters, *Contemporary Issues in Bioethics*, 5th edition, Wadsworth Publishing Company, 1999, p. 19.
[32] 〔英〕休谟:《人性论》,商务印书馆1983年版,第498—499页。

尽管美德伦理有着悠久的历史,但当代美德伦理的复归使道德自主性问题获得新的解释。当代美德伦理学家麦金太尔把伦理学史上的美德概念分为三种类型:1.美德是一种使人能负担起他社会角色的品德;2.美德是一种使人能接近实现人特有目的的品质,不论它们是什么,自然的还是超自然的;3.美德是一种获得尘世和天堂成功的功用性品质。他认为自己的理论属于第二种,可以被称为历史主义美德论,因为他把美德看成是获得实践内在利益所必需的品质,它有益于整体生活,并与人们在一定历史和文化传统中对于善的追求相联系,它自主地反映特定社会的生产方式和物质生产条件,证明一种社会存在样式的合理性,美德最终是特定社会的道德承担者,是由社会和文化决定的自主的社会角色。他批评道德情感主义是一种道德相对主义,认为这恰好是现代道德危机的根源。而美德伦理与道德情感主义的可变性不同,它承载的道德不是一种主观态度,而是客观的历史确定性。因而,麦金太尔把社会和文化以及客观历史的确定性作为道德和道德自主性的来源。在当代伦理学家中,也有学者直接把道德自主性看成一种美德,例如弗兰克纳认为美德有两个层次,其一是构成其他美德基础的美德——仁慈和公正。其二是良心、正直和道德自主性。然而,这种理解显然低估了道德自主性在美德伦理中的意义,应当说道德自主性不仅是一种美德,也是使所有美德能够实现的主体条件和能力,人们也正是通过这种能力认同并获得以及内化各种美德,并把它们付诸实践。从这种意义上说,美德伦理对于道德自主性讨论的贡献主要体现在三个方面:其一,强调美德是自主的,认为每个人的美德都必须是自我决定的选择。没有这种自主性便不能构成美德。这正如古希腊哲学家德谟克利特所言:"美德出于自愿,被迫的美德是隐蔽的罪恶。"亚里士多德也看到,一个决定或行为是否自主取决于从何而来,从内部自我而来就是自主的,从外部自我而来就是不自主的。其二,美德是一种自觉自愿的择善能力。现代美德伦理的回归重视的是人自身的品德和能力,而不是行为本身。其三,强调社会文化和历史对于美德形成的意义。

可以说,西方伦理史上的这三种探讨道德自主性的方式各有特点,并且相互批评和借鉴,分别在道德自主性的来源、基础以及特性和培养途径方面给出不同的说明。然而这种分类方法也不是绝对的,因为许多学者的探讨是在交叉中进行的,例如当代美国道德情感主义伦理学家迈克尔·斯洛特(Michael Slote)便试图借助传统道德情感主义理论和当代心理学对于"移情"(empathy)的研究推动女性主义关怀伦理学的发展,为其寻求美德伦理的基础,架起道德情感主义与美德伦理之间的桥梁。而女性主义伦理学的道德自主性范畴也汲取道德情感主义与美德伦理的成分,在对各种方式的批评借鉴中形成了自己的特色。

(二)女性主义对于道德自主性的建构

在西方伦理思想史上,人们一直认为女性由于缺乏理性而缺乏道德能动性和自主性,因而也必然在社会公共生活、文化以及历史中处于劣势地位,即便在17、18世纪英国道德情感主义试图扭转西方伦理学专注理性的倾向,突出道德情感的地位时,也未能以性别视角考察女性的道德自主性,承认女性作为道德主体的资格和行为能力。因而,女性主义伦理学要想建立女性作为道德主体的地位,就必须重建"道德自主性"范畴。

依据美国女性主义伦理学家玛里琳·弗里德曼(Marilyn Friedman)的研究,女性主义对于道德自主性的认识有一个历史过程。20世纪70年代,自主性理想本身并未被质疑。女性主义学者相信个体道德自主性对于女性来说是一个令人向往的特点,使她们能够抵制压迫和充分地实现生活目标。因而,当时的女性主义学者主要关注性别社会化过程和政治压迫如何不公正地否定了女性的道德自主性问题。然而到了20世纪80年代,女性主义者开始拒绝以往主流伦理学的道德自主性理想,不仅批评这种自主性概念与自由主义传统相联系的个人主义特征,也把它看成是一种不切实际的个体心理学。[33] 而在关怀伦理学问世之后,女性主义学者更为关注对于道德自主性和社会本性的讨论,提出"关系中的道德自主性"范畴,认为只有社会化的存在中才能实现自主性,一个能够实现道德自主性的自我必须是一种社会存在,情感、关怀和关系、能力和实践是构成这种道德自主性的核心要素。

因而,女性主义伦理学家对于道德自主性问题主要持三种不同的态度:一种观点主张抛弃自主性范畴,因为传统伦理学所追求的具有自主性的男人实际上是作为"经济人"的男人,而女性主义伦理学应当以母亲与子女的关系代替自主的男人。另一种观点则认为,自主性未必是一个要否定的范畴。人们完全可以不以唯我论为基础成为一个自决的和自我实

---

[33] Miranda Fricker and Jennifer Hornsby ed., *The Cambridge Companion to Feminism in Philosophy*, Cambridge University Press, 2000, pp.216-217.

现的人。有自主性的个人能够建立合作的社会,他们没有必要彼此竞争,例如琼·格里姆肖(Jean Grimshaw)认为,亚里士多德的道德自主性概念与普通人的看法相吻合,许多人都把道德自主性同能够在道德上进行自我选择和计划自己的生活联系起来,把失去道德自主性同受外在控制和强迫相联系,因而道德自主性对于男女来说有相同的价值。第三种观点强调关系中的道德自主性。这主要是来自一些关怀伦理学家的看法,例如吉利根曾经指出:"坚持联系,最重要的是坚持与女性联系的声音,这样,长期以来在自主性、自我和自由名义下证明是正确的心理分离就不再作为人类发展的绝对必要条件出现,而是作为人类的问题出现。"[34]

女性主义伦理学在重建道德自主性范畴的过程中,始终把道德自主性与自我概念一并进行讨论,并对伦理史上的道德自主性探讨方式,尤其是理性主义的探讨方式提出了四点批评:其一,它们忽视了自我的社会本质和社会意义。例如康德对于道德自主性的讨论显然具有鲜明的个人主义和政治自由主义特征,忽视了道德推理的人际本性。他假定每一个体都是独立的和自足的,这种看法不仅贬低了人们之间的关系与责任,也忽视了自我的特殊性。其二,它们把理性凌驾于情感、欲望和体验之上,作为自主性的来源,在对道德自主性进行理性建构时不仅没有为人的道德情感留有空间,还奠定了理性的霸权地位。而且,这种霸权理论自身也无法获得一种内在的统一性。例如依据自由主义传统,道德自主性是指不受任何其他人的干预,基于自身理性进行自由决策和行为的能力。但在女性主义看来,自由永远是相对的,即使在没有受到他人干预的情况下,一个人也不可能为所欲为。其三,它们忽视了道德自主性形成的具体情境和经验特征,认为人们可以依据道德自主性作出不偏不倚的道德推理的主张也是虚幻的和不切实际的。因为"如同任何人类理解力一样,道德理解是一项由彼此交流和分享社会实践的个人所组成的社群共同承担的事业,而不是像康德最初强调的那样是一种孤立的成就,因此道德推理是以社会生活为基础的。这种基于社会生活的推理并不是康德道德自主性的不偏不倚的推理。推理来自具体的、存在于社会生活中的人们中间。一个人的推理习惯和能力是由他的体验形成的。既然并不存在人们能够

---

[34] 〔美〕卡罗尔·吉利根:《不同的声音——心理学理论与妇女发展》,肖巍译,中央编译出版社1999年版,第16页。

接受的'凭空产生'的观点,人们便很难相信任何道德行为者将摆脱使她成为一个特有的人的经验偶然性来进行推理"⑤。其四,传统伦理学中的道德自主性实际上体现了男性的理想。古希腊以来的道德哲学一直延续着一种把男性归属于形式/灵魂,把女性归属为物质/肉体,强调"理性的男人"和"感性的女人",并认为前者永远优于后者,因而可以理所当然地支配后者的传统。男性伦理学家也正是通过这种"理性"建构了体现出主从关系和二元对立的性别世界,并由此让女性相信自己生来就无法成为有道德自主能力的行为者。因而在女性主义伦理学家看来,伦理学史上探讨道德自主性三种方式的共同错误是不承认女性作为道德行为者的能力,贬低甚至忽视女性的道德存在,这不仅使她们失去了道德主体性,也直接影响到她们在社会历史,以及公共生活中的权利和地位。

(三)关系中的道德自主性及其新发展

在众多女性主义伦理学理论中,由吉利根、内尔·诺丁斯(Nel Noddings)、萨拉·拉迪克(Sara Ruddick)以及琼·特朗托(Joan C. Tronto)等人为代表的关怀伦理学对于"关系中的道德自主性"的探讨颇具代表性。

同以往的一些伦理学探讨道德自主性的方式相比,关怀伦理学的主要特点是强调在关系中认同自我,说明自我的道德自主性。以往的西方伦理学家乐于通过自我与他人的分离,人的个体化来认同自我,说明其道德自主性。在他们看来,认同的本质含义在于发现一个事物或人是"这一个"而不是"那一个"。人们的自我认同在于发现"我是谁",这一发现要通过看到自我与他人的差异来完成。这种发现是一个"个体化"和与他人分离的过程,而且自我需要用"自主性"来标明这种分离,自我越与他人分离,就越具有道德自主性,越具有不可替代性。因而在这些伦理学理论中,自我是一个分离的、个人的、二元的、权力等级制中的自我。

然而,关怀伦理学则试图通过联系、关怀和关系来认同自我。吉利根着重讨论了自我认同问题,并通过借用南希·乔多罗的理论和自己对于女性的经验研究证明,女性是在与他人的联系中完成自我认同的,这在儿童的早期便已经形成,母亲试图更像她们自己,以及延续自我那样地体验

---

⑤ Miranda Fricker and Jennifer Hornsby ed., *The Cambridge Companion to Feminism in Philosophy*, Cambridge University Press, 2000, p. 213.

自己的女儿。相应地,女孩也把自己的认同与母亲相联系,延续着一种联系与依恋的体验。因此,在关怀伦理学家看来,自我是一个联系的自我,一个人不是越与他人分离就越有自我,而是越与他人联系就越有自我。关怀伦理学的自我不是要竖起一个纵向的、等级制的阶梯,而是要织出一张横向的、平面的关系网络,自我处于网络的中心向四周发散,网络的范围越大,自我就越有价值。因而,以往伦理学的道德自主性是自我与他人分离的标志,而关怀伦理学的道德自主性则标志着自我与他人的关系和联系,以及对于他人的关怀。

事实上,关怀伦理学家并没有十分明确地直接讨论道德自主性范畴,这给人们留下了分析的空间。哲学家托马斯·E.希尔曾把吉利根的"不同的声音"看成是对自主性的质疑。他说:"人们听到一种'不同的声音',它强调道德的各个方面在对自主性的持续性赞扬中过于经常地被忽略了。"[36]尽管如此,关怀伦理学却以自己的理论对道德自主性问题作出了明确回答,否定了与他人分离的道德自主性,强调"关系中的道德自主性",这有如德国女性主义神学家温德尔所解释的那种自主性:"我的释义学的出发点是如今女性咨询实践中逐步显露出来的自主观念,它对男人也能够具有意义。这种观念指的并非理性主义与个人主义的自主,而是各种联系的内在关联之中的自主。"[37]

与关怀伦理学相一致,"关系中的道德自主性"呈现出四个主要特点:其一,强调关怀是道德自主性的来源和基础。例如诺丁斯认为,休谟等人倡导的"积极的德性"要求具有两种感觉:自然关怀和伦理关怀。前者是原始的和最初的感觉,所有人都不必作出努力便可以达到,如同母亲为了孩子利益而作出牺牲一样。在自然关怀的情况下,"意欲"(Want)与"应当"(Ought)是无法分开的。后者是伦理关怀,它根源于对自然关怀的记忆。这种感觉作为一种"我应当"要求当事人对他人的痛苦作出反应。然而,这并不意味着后者的地位要高于前者,相反这两种关怀是相辅相成,互相依赖的。因而,道德自主性是自然和伦理关怀共同构建的,它的基础和来源是"关怀"。其二,突出了人与人的现实联系与关系。关怀

---

[36] Thomas E. Hill, "The Importance Of Autonomy," Eva Feder Kittay ed., *Women And Moral Theory*, Rowman & Littlefield Publisher, 1987, p.130.

[37] 〔德〕E. M.温德尔:《女性主义神学景观》,三联书店1995年版,第10页。

伦理学认为,能够实现个人道德自主性的自我是一个内在的社会存在,他只能通过与他人的联系来成为一个不同的自我和实现道德自主性。无论是对他人的关怀还是被关怀者,对于关怀的回应都需要在社会关系中产生和存在。其三,突出了人的一种能力,这种能力不仅体现在能够进行自我道德选择和计划自己的生活,也体现在能关注到他人的需要,并且及时地作出道德反应。例如特朗托认为,关怀伦理学的第一要素是关注。关注实际上是一种道德成就。关注能力直接关系到是否能完成关怀行为。其四,强调道德情感,尤其是具体情境中的道德情感和关怀对于道德自主性形成的意义。传统伦理学突出理性对于道德自主性的意义,而情感被视为无关紧要的。而包括关怀伦理学在内的女性主义伦理学则认为"贬低情感是文化上贬低女性价值的重要组成部分。为情感而辩,包括为其在道德理解方面的作用而辩已成为女性主义者提高女性文化自尊方案的一部分"[38]。总之,关怀伦理学的"关系中的道德自主性"更为强调关怀、关系和道德情感的意义,认为一个人只有在具体情境或关系中对他人的需要和痛苦作出同情的反应才能体现出关怀与道德自主性的价值。

关怀伦理学自上个世纪80年代初期问世以来,在主流伦理学和女性主义学术领域越来越受到关注,也引发了许多争论和思考。一些学者也一直为使关怀伦理学进入当代学术主流世界而努力,例如斯洛特试图借助传统道德情感主义理论和当代心理学关于"移情"的研究推动关怀伦理学的发展,为其寻求美德伦理的基础,并在道德情感主义和美德伦理之间架起一座桥梁来说明"关系中的道德自主性"问题,"那些批评和谴责自主性男性观念的女性主义者特别提出自主性的关系理论",而"我所要提供的自主性理论也完全基于关怀伦理学"[39]。

在斯洛特看来,尽管"移情"概念直到20世纪初期才从德语的Einfuehlung一词翻译进入英语世界,但这并不意味着英语国家没有移情概念,休谟在人性论中提出的重要观点就是如今被称为"移情"的内容。"移情"与"同情"不同,感觉到某人的痛苦(feeling someone's pain)与对痛苦中的某人产生感觉(feeling for someone who is in pain)是不同的,前

---

[38] Miranda Fricker and Jennifer Hornsby ed., *The Cambridge Companion to Feminism in Philosophy*, Cambridge University Press, 2000, p.209.

[39] Michael Slote, *The Ethics of Care and Empathy*, Routledge, 2007, p.59.

一种现象被称为移情,而后一种现象则是同情。因而移情包括当我们见到另一个痛苦的人时,不由自主地唤起自身的痛苦感觉。但移情并不是两个心灵和人格的融合,因为如果一个人过度地沉浸于另一个人之中,便很难把自身的需要和欲望与另一个人分开,而这意味着没有对他人的需要或者欲望作出移情反应。斯洛特主张女性主义关怀伦理学应当接纳移情概念,以便成为一种移情式的关怀美德伦理学(a virtue ethics of empathic caring),认为只有这样才能对公共/政治和私人/个体领域的道德给予全面的说明。然而,他也认为"移情"与"关怀"之间并非完全等同。移情包括站在另一个人的立场看到或者感觉到的东西,这显然不同于一种推理——出于利他主义而关心另一个人利益的人会自然地敏感于他人的需要。斯洛特尝试着以移情来消除关怀伦理学一方面主张平等关怀,另一方面却又偏好给身边亲人更多关怀的矛盾,因为依据移情概念,人们显然对于身边的亲人比对于陌生者、对于在世的人比对于未出生者、对于人比对于动物要有更多的关怀,他认为这样便可以更好地以女性主义关怀伦理学辩护类似流产等应用伦理学问题。

斯洛特也试图用移情概念发展关怀伦理学的"关系中的道德自主性"范畴。他看到,人们通常认为道德自主性和尊重自主性来自康德式的自由主义传统,而"关怀伦理学是一种道德情感主义,人们难以看到对于他人的尊重能够基于纯粹的情感、感情或者感觉"。但他相信,"一种道德情感主义的关怀伦理学事实上能够以自己的术语为尊重和尊重自主性提供基础"[40]。移情概念恰好能在这一点上为关怀伦理学提供帮助,使其成为一种全面的理论。事实上,关系中的道德自主性本身就意味着尊重自主性,关怀者由移情式的关怀来发动自身的道德自主性产生关怀行为,而这种关怀和移情本身也意味着对于他人的需要或欲望作出反应,这种反应连同关怀行为也意味着对于他人及其道德自主性的尊重。与传统的道德情感主义不同,斯洛特强调这种移情和道德自主性能力都不是与生俱来的,而是通过培养、社会化和教育所产生的结果,因而也并不存在着性别之分。如果父母在子女成长过程中能够移情给孩子,鼓励他们渴望成长的个体性,那么孩子在成人之后就可以自主地进行思考和行为。他也赞同吉利根的一个观点,认为在父权制社会里,女孩的许多想法和渴

---

[40] Michael Slote, *The Ethics of Care and Empathy*, Routledge, 2007, p.56.

望或被看成是错误的,或是被误解,这导致她们怀疑和否定自己的声音,放弃自己的想法和欲望,所以在成人之后也很难自主地思考和选择。因而,在斯洛特看来,"关系中的道德自主性"并不是一个简单的问题,它既需要被安置在道德情感主义伦理传统之中,又需要引入女性主义视角而与这一传统区分开来。移情式的关怀美德伦理不仅使关怀伦理学与当代心理学和道德教育学发展紧密结合,也使其在当代美德伦理学中占据一席之地。

斯洛特还认为,除了道德自主性问题,关怀伦理学还需要在许多重要问题上完善自己,例如关于关怀动机的深入解释,对于关怀的道义论论证,以及对于道德判断,甚至道德术语本身的说明问题等,但倘若把"移情"概念引入关怀伦理学中,便可以使许多类似的问题得到解决,他自己所做的正是这一工作。吉利根对斯洛特的专著《关怀与移情伦理学》给予了高度评价:"迈克尔·斯洛特对于发展关怀伦理学的最大胆的主张,以及如何使这一理论能为个体和政治道德提供卓越解释的表现赢得了声誉。在这部紧凑详尽而又富有远见的著作中,他为道德哲学中的哥白尼式革命而辩,把移情和关系从边缘推到道德宇宙的中心地带。在这样做时,他揭露了父权制观念和体制把关怀和移情连同女性一道置于边缘地位的无情。斯洛特的重新建构使道德哲学与神经生物学和发展心理学的新近发展结合起来,揭示出理性与情感、自我与关系之间的联系,并说明了割断这些联系的代价。"[41]

(四)简要结论

道德自主性关乎一个人作为道德主体的能力与权利,父权制伦理传统由于贬低了女性的理性能力,使其无法成为充分的道德行为者,这一传统看似仅仅认为女性的道德推理能力低下,实则直接否定了女性的公民资格,以及进入社会公共领域的能力。试想,如果女性根本不具有道德自主性的能力,那么她们所要作出的所有关乎生命、事业、财产和家庭生活的重大决定都需要由男性来代言,这也就是伦理学或者道德哲学在西方社会顺利发展了两千余年却很少听到女性声音的原因。而在这种女性的缺席中,男性以自己的道德视角铸造了伦理学的方法与概念,进一步剥夺

---

[41] See Michael Slote, *The Ethics of Care and Empathy*, Routledge, 2007, Bookcover.

了女性的道德权利和创造空间。因而,女性主义伦理学必须从新的方向探讨道德自主性问题,为女性进行道德赋权,进而使其获得应有的公民权利和参与社会公共生活的资格。

关怀伦理学的"关系中的道德自主性"范畴便是这样一种尝试,它主张联系人们的社会关系、经验现实,以及认识论观念和个体身份来说明道德自主性概念,突出关怀、情感、关系和能力,以及情境的意义。然而,关怀伦理学连同它对道德自主性的说明也面临诸多理论难题,因而斯洛特试图把"移情"概念引入关怀伦理学及其对"关系中的道德自主性"概念的说明之中,为关怀伦理学寻找到道德情感主义的理论渊源和美德伦理的基础,为其发展作出重要贡献。

然而,"关系中的道德自主性"仍旧面临着许多挑战,至少有玛里琳·弗里德曼所看到的两个挑战:"其一,在对女性的影响方面,社会关系并非总是仁慈的,例如在亲密关系、性关系和家庭关系中,女性在历史上一直遭受即便不为教堂和国家所保佑的,也是为它们所不关心的经济控制、等级压迫、强暴和家庭暴力,结果女性在许多方面受难于社会关系,包括对于无论在什么程度上的对于否则便属于她们的个人自主性的否定。"其二,关系中的道德自主性概念要"以一种内在一致的方式重新概括自我和个体性本质,这尤其要求消除下面两种观点之间可能存在的紧张关系:首先,人生来是社会性的;其次,自主性要求一种重要的与他人分离的程度。为了确定自我,一个存在必须在最低程度上是一个自我。……在这个世界上成为能够被分开识别的行动者、道德行为者、选择者和行为者。作为分离的自我,一个自我必须在某种程度上具有内在一致性,能够在某种程度上进行可靠的自我反省"[42]。因而,"关系中的道德自主性"的完善和实施还需要对女性主义所期待的社会关系和自我概念进行深入探讨,尤其是在后现代主义哲学语境之下,女性主义要解答在面对一个不稳定的、非统一的碎片世界时,这种社会关系和自我应当如何建立的问题。

可以说,"关系中的道德自主性"仅仅是女性主义伦理学走向自身理论化和自我完善的一个初步尝试。尽管如此,在当代应用伦理学发展中,

---

[42] Miranda Fricker and Jennifer Hornsby ed., *The Cambridge Companion to Feminism in Philosophy*, Cambridge University Press, 2000, p.219.

这一范畴已经显示出自身的积极意义,并得到广泛的应用和认可。首先,它的积极作用在于打破伦理领域的父权制统治,摈弃二元论的形而上学思维,还关怀、情感、关系何情境等因素以在道德决定中的地位,承认并鼓励女性的道德声音,力图培养女性的道德决策能力。其次,它可以直接成为女性获得公民资格以及在社会上与男性平等的各种权利的道德基础和证明,使女性拥有更为广阔的社会生活空间,在各个领域里获得前所未有的承认和发展。再次,在一些特有的应用伦理学领域,如生命/医学伦理学领域,女性主义的道德自主性范畴可以直接为各种实践提供指导,例如尊重患者的自主性是医学伦理学的基本原则,所有的医学研究和治疗都应奉行这一原则,它具体体现为患者的知情同意[43],理想地说,依据这一原则,每一个患者都是独立的理性决定者,知道自己的欲望和喜好,并能够自由地把它们表达出来和付诸实践,然而这对于一位患有老年痴呆症的患者来说却是根本不可能实现的事情。当理性主义的道德自主性面对这种局面束手无策时,关系中的道德自主性范畴却可以给出不同的选择,它并不要求放弃自主性的考虑,而是要求重估自主性含义。从患者特有的经历、价值观和信仰,以及与社会的能动关系中作出符合他们利益的选择。

此外,还应当看到,女性主义对于道德自主性的探讨并非仅仅局限于"关系中的道德自主性"的范畴,还有许多不同方向的说明,例如女性主义哲学家帕特瑞卡·曼恩(Patricia S. Mann)试图重新思考女性的个体道德能动性,相信女性的利他主义是特殊的,并通过非个人主义的能动性得以加强。她建议重估女性在传统家庭中的关怀和养育行为,提出一种三维能动性的结构:欲望、责任感和完成这一行为所期待的承认和回报,并力图把这一理论作为分析社会等级结构的方法。[44] 这些也都可以视为女性主义伦理学在建构道德自主性范畴方面所作的积极努力。

---

[43] 知情同意由五个因素构成:胜任(competence)、透露(disclosure)、理解(understanding)、自愿(voluntariness)和同意(consent)。医生或者研究人员把关于一项治疗或者干预的全部信息透露给一个有健全行为能力的人,让他能够充分地理解这些信息,从而基于自愿决定是否同意这一治疗或者干预。

[44] Patricia S. Mann, "Musing as a Feminist and as a Philosopher on a Postfeminist Era,"in Emanuela Bianchi ed. ,*Is Feminist Philosophy Philosophy?*, Northwestern University Press,1999,p. 59.

四　公正

　　女性主义哲学伦理学对于社会公正问题有着深入探讨,较有特色是美国当代女性主义政治学家南希·弗雷泽理论,她以三个维度来考察公正问题,在一个包括道德哲学、社会学和政治分析的理论框架内,提出了一种经济、文化和政治互动的三维公正观。在她看来,当代社会政治文化的巨变要求人们在思考公正问题时有四种观念上的转变:其一,作为社会斗争特殊轴心的阶级的去中心化。许多传统马克思主义者都把社会压迫和不公正归结为阶级压迫,但在弗雷泽看来,当代社会不仅有阶级斗争,也有身份的冲突,以及性、种族、宗教和性别之间的差异,因此,"批评理论家必须创造对于解构压迫和集体身份的新的、后形而上学理解,它们能够阐明那些非阶级运动的斗争,以及那些继续把它们的热望连接在阶级语言之中的斗争"[45]。其二,作为社会正义特殊维度的分配的去中心化。由于阶级斗争的优先化,以往的人们更关注公正的经济学层面,要求收入和财富的公平配置。而在弗雷泽看来,这种突出经济分配的公正观忽视了身份和等级,以及政治劣势地位对于收入与财富分配的决定性影响。她要求人们对于公正采取多维度的理解,既要为争取再分配而斗争,也要为争取承认和代表权而斗争。其三,单一民族公正观的去中心化。自法国革命以来,各国对于公正的追求都限于自己领土内的政治共同体,忽视了国际社会的不公正,如全球贫困和环境种族主义问题。而弗雷泽强调要对当代国际社会的、地区的、民族的各种不公正进行全方位的思考和批评。其四,单一"理想"社会追求的去中心化。弗雷泽认为,在后冷战时期,全球对于"理想"社会的追求呈现出一种去中心的、碎片化的、缺乏唯一性理念的局面,因而"我们必须创造一个新的、正义的社会的全面愿景——一个将分配正义、身份平等与在每一层面的治理中广泛的民主参与相结合的愿景。"[46]

---

[45] 〔美〕南茜·弗雷泽:《正义的尺度——全球化世界中政治空间的再认识》,欧阳英译,上海人民出版社2009年版,第3页。
[46] 同上书,作者中文版序言,第4页。

(一)三维公正观的基本概念

弗雷泽公正观可以简化为三种公正诉求:社会—经济再分配的诉求、法律或文化承认的诉求以及政治代表权的诉求,简言之是再分配、承认和代表权,并以此形成一种经济、文化和政治三维互动的结构。

在弗雷泽看来,再分配首先是一个经济范畴。它源于自由主义传统,尤其是20世纪的英美哲学,并于20世纪80年代在约翰·罗尔斯和罗纳德·德沃金那里得到充分发展。他们将自由主义与社会民主主义的平等主义结合起来,提出新的公正概念,用来证明社会经济再分配的正当性。而"'承认'作为黑格尔哲学的一个古老范畴,在当代政治理论中得到复兴,用以证明今天的人们为身份和差异而斗争的意义"[47]。在黑格尔那里,"承认"意指主体之间的一种理想关系,每一主体都把另一个主体看成与自己是平等的和分离的,只有当一个主体得到另一个主体承认时才能成为一个独立的主体。"在自己的政治哲学中,黑格尔从消除康德个体自主性概念中的纯粹的'应当'特性出发来提出一种理论,把这一特征呈现为社会现实中的历史性的有效因素。因而,他坚定地认为,这一问题的解决要求人们把当代的自由学说与古老的政治学,以及道德与伦理生活协调起来。""黑格尔相信,主体为了其身份得到相互承认所作的斗争导致内在的社会压力,趋向于构建为自由提供保障的现实政治制度。个体对于自己身份得到主体间承认的权利主张从一开始便作为道德上的紧张关系被纳入到社会生活之中,并由来已久地超越制度化的社会进程——通过不断否定冲突的路径——达到一种相互自由生存的状态。"[48]从这一意义上说,与作为自由主义理论根基的个人主义不同,承认更为突出主体间性,而不是个体主体性的意义。因而,与再分配范畴相比,承认不仅更多地具有政治、伦理和文化意义,也始终与"身份"概念紧密联系。在中文中,英文的identity可以依据语境和所强调的内容译为"身份""同一性"和"认同"等,旨在说明我们是谁,以及本源何在等等。显然,一个人或群体的身份决定了他/他们主体性、自主性与权利的获得与实现。依

---

[47] 〔美〕南茜·弗雷泽、〔德〕阿克塞尔·霍耐尔:《再分配,还是承认?——一个政治哲学对话》,周穗明译,上海人民出版社2009年版,第1页。

[48] Axel Honneth, *The Struggle for Recognition: the Moral Grammar of Social Conflicts*, Polity Press 1995, p.5.

据当代心理学理论,当一个主体在自己身上产生与其在他者身上刺激出来的行为相同的反应时,他才具有这种关于自身行为主体间意义的认识,意识到自我对于他者的意义,并在这一过程中,开启一种可能性,使每一个体都能把自我当成与之互动的他者行为的对象。当代心理学家 G. H. 米德把这种现象称为主我与客我,主我强调人们永远都需要在互动的伙伴身上看到自我,人的身份、自我和主我也永远离不开他者和客我,以及主体间的相互承认。尤尔根·哈贝马斯(Jürgen Habermas)的弟子,德国批判哲学家阿克塞尔·霍耐尔(Axel Honneth)也借鉴米德的社会心理学理论对黑格尔的"承认"进行经验的解释,形成人的主体间性概念,并据此来说明建构未被扭曲的主体关系的可能性。在对黑格尔理论进行系统重建的过程中,他区分出三种承认形式,认为每一种形式都包含着社会冲突的潜在可能性,为了避免这些冲突,就必须为三种承认而斗争:爱、法律和团结[49],这表明霍耐尔同当代社群主义和女性主义一样,看到了社会关系对于形成和维持身份的意义。弗雷泽把黑格尔哲学和当代心理学意义上的"承认"引申到建构当代社会公正制度的政治哲学领域,不仅力图调和不同哲学家之间对于"再分配"和"承认"孰轻孰重问题的争论,而且偕同一些当代社群主义理论家把对于这两个范畴的讨论置于分析和矫正"社会不公正"的目标之下。

显而易见,在当代政治哲学中,"再分配"与"承认"都是用于建构公正社会制度的重要范畴,然而,"许多分配正义的自由主义理论家认为,承认理论携带了不可接受的共同体行李,而一些承认哲学家评价分配理论是个人主义和消费主义的"[50]。但在弗雷泽看来,尽管这两个范畴来源于不同的哲学传统,但仍旧可以融合起来共同分析社会不公正的原因和矫正的途径。她认为与这两个范畴相联系的不公正是"分配不公"和"错误承认"(misrecognition),因而需要重建再分配与承认政治。显然,弗雷泽的这些观点与一些社群主义哲学家不谋而合,例如在社群主义者查尔斯·泰勒看来,应有的承认并不是我们应当对人们表示出的一种谦恭,而是一种至关重要的人类需要。身份关系到每一个体的权利,而在传统社会中,它始终与人的社会地位与角色紧密联系,在等级制社会结构中,身

---

[49] Axel Honneth, *The Struggle for Recognition: the Moral Grammar of Social Conflicts*, Polity Press, 1995, p. 1.
[50] 〔美〕南茜·弗雷泽、〔德〕阿克塞尔·霍耐尔:《再分配,还是承认?——一个政治哲学对话》,周穗明译,上海人民出版社 2009 年版,第 8 页。

份曾是荣誉的象征。然而,现代民主社会提出一种身份平等的政治理念,这让人们意识到,身份并不是先验的和与生俱来的,人们必须破除等级结构,在与他人的交流和对话中形成。"我自己的同一性根本上依赖于我与他人的对话关系。"[51]泰勒提出应从两个层面考察身份的形成:在私人层面,应当考察身份如何在与重要的他人关系中形成或者扭曲;而在社会层面,应当考察平等身份政治如何在现代文化中起到根本性作用,他认为这不仅是建构现代民主政治的必要方式,而且对于这种平等的拒绝也势必会导致对那些被剥夺身份者的危害,将一个低级或者贬损的形象投射到他们身上。正是这种剥夺的事实导致了女性主义、反对种族主义以及多元文化主义运动。他还强调,在私人层面,我们需要建立一种重视关系和承认的文化,因为爱与关怀是一个人身份形成的关键。而在社会层面,为了使每一个人都能拥有平等的机会发展自己的身份,需要普遍认同不同群体之间的差异,认同种族的、文化的、性倾向的以及性别之间的差异,而这种认同最终要基于某种公正的程序来形成。

然而,弗雷泽并不满足于通过"再分配"和"承认"来矫正"分配不公"与"错误承认",她在此基础上进一步论证了代表权理论,把二维公正观拓展为三维公正观。自20世纪90年代起,弗雷泽便着手解释自己理论的原创性,进一步思考存在第三个公正维度——政治维度的可能性。为此,她更多地关注到人们平等参与(participatory parity)政治生活问题,[52]并根据平等所遭遇的制度化障碍来思考社会不公正问题。在她看来,即便没有"分配不公"和"错误承认",也可能存在平等参与的政治障碍,它直接带来政治上的不公正,这可以被称为政治上的错误代表权。而事实上,这种局面的出现与政治空间的割据相关,关系到政治组织的边界

---

[51] 〔美〕查尔斯·泰勒:《现代性之隐忧》,程炼译,中央编译出版社2001年版,第54—55页。
[52] 弗雷泽把平等参与概念看成自己的一个理论创造,在《再分配,还是承认?——一个政治哲学对话》一书中,她提出"我的核心规范概念是参与平等,依据这一标准,公正需要社会安排,允许社会中的所有成年成员以同等的身份互动。为了使参与平等成为可能,我主张至少要满足两个条件:其一,物质资源分配必须如此地保证参与者的独立性和'声音'。我称之为参与平等的客观条件。它排除了妨碍参与平等的各种形式层面的经济依赖和不平等"。"第二个条件要求以制度化的文化价值观保持对所有参与者有同样的尊重,保证人们受到社会尊重的平等机会。我称之为参与平等的主体间条件。它排除了制度化的标准,即从制度上贬低一些人群以及与他们相联系的特点。"(Nancy Fraser, Axel Honneth, *Redistribution or Recognition?:A Political-Philosophical Exchange*, Verso, 2003, p.36.)

和框架,"当政治空间的分割阻止那些穷人或被剥夺者挑战压在他们身上的力量时",便会导致这种错误代表权以及由此而来的不公正状况。而"当政治空间被不公平地建构时,其结果便是对一些人政治发言权的否定,这些人被抛到了那些被算作圈内人的范围之外。因此,代表权涉及象征性建构和民主声音的交叉点"[53]。弗雷泽认为,公正的这三个维度并非是等量齐观的,因为政治维度规定了其他维度的范围,告诉我们谁被算作有资格参加公正分配与相互承认的成员圈中,谁又被排斥在外。实际上代表权是社会归属问题,没有代表权,便没有再分配或承认,也正是基于这种理解,对于弗雷泽来说,公正最一般的含义是平等参与。无疑地,它需要一种社会的制度安排,允许所有人都能以平等身份参与到社会中来。反之,社会不公正首先意味着设置制度障碍,使一些人无法拥有这种平等的身份和政治参与权。

(二)三维公正观架构下的性别公正追求

弗雷泽的三维公正观提醒人们,当代社会对于社会公正的追求应当关注到再分配、承认和平等参与,而这种追求的前提是意识到人们之间存在的各种差异。如同后现代主义哲学家列维纳斯那样,把"差异"视为任何生存条件所应当拥有的生存条件本身,在尊重差异中追求平等和公正。毋庸置疑,人们无法以某一种差异,例如阶级差异或性别差异来涵盖所有差异,因为构成不同阶级和性别群体的人们都会由于经济社会地位、种族、性倾向以及地域等方面的差异而拥有多重身份。尽管如此,我们依旧可以基于这种三维公正观来考察某一种差异,借此分析社会不公正的现象、成因以及矫正的途径,并在这一过程中观察不同个体或群体在不同的身份之间,以及三个公正维度本身之间的互动。

弗雷泽在三维公正观架构对于性别公正的追求。在弗雷泽看来,"性别是一种二维的社会差异。这种二维差异结合了将它带进再分配范围的类似阶级的维度,和将它同时带进承认范围的身份维度。两个维度是否具有同等的重要性,是一个未决的问题。但是对性别不公正的矫正,无论如何,需要改变社会的经济结构和身份制度两方面"。性别既非仅仅是一个阶级,也并不只是一个身份群体,而是"同时起源于社会的经济

---

[53] 〔美〕南茜·弗雷泽:《正义的尺度——全球化世界中政治空间的再认识》,欧阳英译,上海人民出版社 2009 年版,第 170 页。

结构和身份制度的一个混杂的类别"㊾。就分配的观点来说,性别适合作为资本主义社会经济结构的一种基本的组织原则,构成有偿"生产"与无偿"再生产",以及"公共"与"私人"领域之间的劳动分工。由于女性被分配承担后一种角色,因而便产生了由这种社会经济结构导致的分配不公正,包括以性别为基础的剥削、经济边缘化和剥夺。显然,与性别差异所呈现的类似于阶级差异的逻辑相呼应,对于这种不公正的矫正需要改变社会经济制度。如前所述,性别同时也体现出一种身份的差异,在父权制社会中呈现为文化上的女性对男性的从属和服从,也就是文化上的性别不公正,它植根于社会的表述、解释和沟通模式,女性作为群体被漠视、被贬低和被侮辱。弗雷泽认为,这种不公正的核心是错误承认,任何经济不公正最终都可以追溯到身份制度,这一制度导致制度化的身份服从关系和对公正的侵害,所以必须通过承认来改变身份制度才能消除这种不公正。因而,"承认的范式不但能包括以重新评价被不公正地贬低的身份为目标的运动,例如文化女性主义、黑人文化民族主义和同性恋身份政治,而且包括各种拒绝传统身份政治的'基础主义'的解构趋势,例如同性恋政治、批评的'种族'政治和解构的女性主义"㊿。

尽管弗雷泽从总体上并不赞成把"再分配政治"与"阶级政治",把"承认政治"与"身份政治"分割开来,把二者视为互不相干的维度,而是力图说明两者之间的互动和融合,强调即便针对某种公正维度,不同群体之间和每一群体内部也会有多元化的诉求,以及各个维度都是彼此包含而非截然对立的关系,但她还是试图说明在矫正包括性别不公正在内的社会不公正过程中,"再分配"与"承认"在关注点方面存在四点差异:1. 再分配把重心置于社会经济不公正并呈现出导致这种局面的社会经济结构,如经济的边缘化和剥夺等。而承认则试图纠正文化不公正,如不承认、错误承认和蔑视等。2. 再分配要求调整经济结构,如重新分配收入和财富、重新组织劳动分工、改变财产所有制结构等,而承认追求文化和符号的变化,如重新评价被蔑视的身份,承认文化的多样性,改变人们对于社会身份的表述、沟通和解释方式等。3. 对于再分配来说,不公正的集体

㊾ 〔美〕南茜·弗雷泽、〔德〕阿克塞尔·霍耐尔:《再分配,还是承认?——一个政治哲学对话》,周穗明译,上海人民出版社2009年版,第17页、第15页。

㊿ 同上书,第9页。

主体是阶级或类似的群体,而对于承认来说,不公正的受害者是身份群体。4.对于再分配来说,差异是导致不公正的原因,因而应当努力消除差异,而对于承认来说,差异主要是一种社会价值建构,群体差异并非预先存在于社会的等级制结构之中,因而社会与性别公正要求人们重新评价被贬低的特性,承认和尊重彼此的差异,在差异中追求平等和公正。㊱弗雷泽认为,分配不公和错误承认都是基础性的,就性别不公正而言,只有通过分配和承认政治的方式才能得到矫正。

然而,弗雷泽并没有就此止步,在以自己的三维公正观反思米德和泰勒,以及霍耐尔等人身份理论的过程中,也根据公正的政治维度来阐释了"平等参与"对于追求性别公正的意义。她认为自己身份理论的特点在于:在与社会政治制度紧密联系之中,让身份在公正的三维结构中穿梭互动。与其他理论相比,这一理论主要有四个优点:其一,在现代价值多元主义条件下,承认诉求可以成为一种道德凝聚剂。要求人们承认和尊重差异,寻求不同道德价值观的人们都能够接受的公正观念。其二,既然"错误承认"起源于身份服从关系和社会身份制度,而非是个体心理之间的差异,因而对它的矫正也意味着改变身份服从关系和社会的身份制度,而不是改变个体的心理。其三,反对抽象的社会尊重和平等权利观,要求人们在追求公正时,意识到由身份服从关系导致的文化价值滑坡。其四,把"错误承认"解释为对于公正的侵害,并借此来推动承认与再分配诉求之间的整合。㊲对于弗雷泽来说,既然无论是再分配政治/阶级政治,还是承认政治/身份政治,最终都将指向制度安排,所以社会公正和性别公正的追求最终也都关系到民主公正的制度化问题。然而,这并不意味着前两个公正维度与政治无关,众所周知,无论是再分配还是承认都是政治性的,因为它们都涉及权力的不对称与从属结构。但对弗雷泽而言,单单强调这两个维度的政治性远远是不够的,最终我们需要根据平等参与社会生活的制度化障碍来思考社会与性别不公正问题,提出一系列的制度追问:"什么制度安排能为参与平等确定客观的和主体间的条件?什么改革能同时改善身份和阶级不公正?哪一种按预定程序前进的政治倾向可

㊱ 参见〔美〕南茜·弗雷泽、〔德〕阿克塞尔·霍耐尔:《再分配,还是承认?——一个政治哲学对话》,周穗明译,上海人民出版社2009年版,第9—11页。

㊲ 同上书,第24—26页。

以确保保护性的再分配和保护性的承认诉求,同时当两种诉求先后被追求时将可能出现的相互冲突最小化?"㊾就矫正性别不公正而言,弗雷泽要求人们采取不同策略排除参与平等方面的障碍,例如通过解构来消解性别之间的二元对立,承认多样性的性别差异,同时还需要避免一种被她称为"战略基础主义"的倾向。㊿最后,弗雷泽把公正的三个维度整合在一起,强调通过"交叉矫正"和"分界意识"来矫正性别不公正。前者意味着利用阶级与身份的重叠,通过一种维度的公正去矫正另一维度的不公正,例如利用分配公正去矫正错误承认,或者反之。后者要求人们意识到各种社会改革对于群体和性别界限发生的影响,以及由此产生的制度化商谈的需求,以便明确政治组织的边界和框架。最值得一提的是,在这里,弗雷泽十分敏感地意识到,在人类的历史进程中,政治总是封闭在某种框架之中,而"封闭"意味着一种圈内与圈外的界限,导致政治上的"排斥",或者说"排斥"是使政治得以存在的必要条件。然而,当代社会的民主政治已经产生一种强烈的需求,要求人们把政治框架所导致的排斥和外部性内在化。针对如何实现这一目标的历史与现实难题,弗雷泽似乎并不要求人们殚精竭虑地思考政治是否是被建构的,以及追问在任何政治框架都意味着"排斥"的情况下,如何发现更好的框架问题,而是要求人们认真思考这些排斥是否是公正的,如果不公正,应当如何矫正的问题。㉠也就是说,她

㊾ 〔美〕南茜·弗雷泽、〔德〕阿克塞尔·霍耐尔:《再分配,还是承认?——一个政治哲学对话》,周穗明译,上海人民出版社 2009 年版,第 55 页。

㊿ 依据这种倾向,一些文化女性主义者可能会把女性的差异看成理论的终点,而这势必会面临相信身份的推定性和偶然性的后现代文化主义者的批评。

㉠ 弗雷泽的这种观点类似于我们对于公正与平等关系的理解,在英语中有两个词 equity 和 equality,前者意味着公正和公平,后者意味着平等,而公正意味着差异中的平等。在笔者看来,同 equality 相比,equity 更具有伦理的价值承载,因为它不仅意味着在差异中达到 equality,而且包含一种更为深刻的寓意:并非所有的不平等都是不公正的,为了实现公正目标的某些不平等在伦理价值上是可以接受的。或者说鉴于不同人群和个人之间存在的种种客观差异,鉴于在特定意义上平等与公正之间的不完全等同,在一定的历史条件下,我们首先应当追求 equity 而不是绝对意义上的 equality 目标。例如"对于健康公平性评价来说的一个根本问题是,如何确定在健康方面哪一种社会不平等是不公平的,并进而构成了制度上的不公平"(Timothy Evans etc., *Challenging Inequities in Health: From Ethics to Action*, Oxford University Press,2001,p.28.),以此推论,我们可以把弗雷泽所讲的政治"排斥"视为一种社会"不平等",承认并非所有的排斥和不平等都是不可接受的,关键是要审视它们是否是公正的,并进而导致制度上的不公正或者排斥,而且还需要进一步探讨如果是不公正的,应当如何矫正的问题。

把政治设想为一个在批判、重构、再批判、再重构的循环往复中不断前进的过程,也正是在这一过程中,社会不公正和性别不公正才能逐步得到矫正,趋向黑格尔所理想的通过对冲突的不断否定来"达到一种相互自由生存的状态"。

(三)讨论与结语

总体来说,弗雷泽试图通过批评和整合当代的社会公正理论,重构一种社会公正范式——三维公正观来矫正社会不公正和性别不公正。尽管有良好的初衷,但在当代政治哲学领域,弗雷泽的这一理论依旧需要面对诸多争议,学者们或是从不同角度讨论她的三维公正观,或是提出诘问和批评。首先,阿玛蒂亚·森的学生——荷兰阿姆斯特丹大学教授英格曼·罗宾斯(Ingrid Robeyns)指出,弗雷泽对当代分配公正理论主要提出两点批评:其一是认为它们主要阐释了经济方面的不公正,忽视了其他方面的不公正;其二是认为这些理论还不足以说明承认问题。然而在罗宾斯看来,弗雷泽的这些看法不仅存在着简单化的问题,也忽视了各种分配理论之间的差异。她试图以森的"能力"公正观来补充弗雷泽的"承认"与"平等参与"的理论。森认为,对于福利、不平等、贫困和公正的评价主要集中在人的功能能力(capability to function)上。而功能是一个人的生存与造就,例如工作、阅读、参与政治活动、被尊重、被庇护、心理和机体健康、安全感以及接受良好的教育,成为社会中的一员等。罗宾斯认为,森的这种观点包含了承认与平等参与的含义,如接受良好教育、健康和被庇护等便关乎平等参与和社会公正;而被尊重则关系到承认。因而,"阿玛蒂亚·森对能力的探讨提出一种能够包括再分配和承认的社会公正框架"[61],而这却是弗雷泽没有看到的。其次,朱迪斯·巴特勒认为,弗雷泽把某些压迫置于经济领域,而把另一些压迫归入文化范畴,例如她把对同性恋的压迫视为文化的错误承认,而非物质压迫问题。但在巴特勒看来,各种文化规范直接关系到物质和经济领域,这不仅因为性别和性行为决定了劳动的性别分工,也由于它们与社会再生产方式紧密联系。因而,自己与弗雷泽的不同看法在于:"改造性行为的社会领域的斗争能够直接与无偿的、被剥削的劳动问题相联系。""如果不把'经济'领域本身扩展

---

[61] Ingrid Robeyns, *Is Nancy Fraser's Critique of Theories of Distributive Justice Justified?*, Constellations, Volume 10, No. 4, 2003, p.540.

到包括产品的再生产,以及人的社会再生产,那么人们就不能理解这些斗争。"因而,"对于女性主义者来说,性别必须被理解为生产方式的一部分,抛弃这种来之不易的见解将是毫无意义的"㊷。而弗雷泽则认为巴特勒误解了自己的观点,强调自己主张错误承认的不公正与分配不公正平等重要,这两种不公正带来的伤害都是根本性的,不能相互还原的。因而,那种"对同性恋的错误承认属于'纯粹'文化问题"的说法是毫无意义的,因为"它预设了基础——上层建筑的模式,即经济一元论,这正是我的理论架构所要消除的"㊸。再次,美国当代哲学家理查德·罗蒂也对弗雷泽的"承认的文化性"和"对文化差异的承认"理论提出质疑,认为如果谈"承认",就应当是对共同人性的承认。他推崇密尔和杜威的观点,因为密尔把社会制度的目标设置为最大可能地鼓励人类的多样性。但是,"我们应当把这种多样性视为一种自我创造的个体的多样性,而非文化的多样性。我们乌托邦的梦想应该是一个文化被视为暂时现象的世界——与个体一起——文化是提升人类幸福的权宜之计,而非个人自我价值感的根本来源"㊹。对于罗蒂的这一观点,弗雷泽也进行了反驳,她认为自己与罗蒂的主要分歧在于后者希望完全放弃承认政治,而她却要重构承认政治,认为错误承认和社会不公正并不能通过强调每一个人的共性来消除,"相反,参与平等的唯一途径是以接纳差异的规范来替代成问题的忽视差异的规范"。公正需要承认差异,而这种承认并不抵触和消解对每个人共性的尊重,这是因为"人类平等道德价值的普遍主义规范,要求确保社会的所有成员与他人一起平等参与的可能性。这又要求消除参与平等的任何障碍,包括承认群体差异。因此,承认群体差异有时必须是确保对共同人性的尊重"㊺。还有,当代女性主义哲学家艾利斯·

㊷ 〔美〕朱迪斯·巴特勒:《纯粹的文化维度》,参见〔美〕凯文·奥尔森编:《伤害+侮辱——争论中的再分配、承认和代表权》,高静宇译,上海人民出版社2009年版,第50—51页。

㊸ 〔美〕南茜·弗雷泽:《异性恋、错误承认与资本主义:答朱迪斯·巴特勒》,参见〔美〕凯文·奥尔森编:《伤害+侮辱——争论中的再分配、承认和代表权》,高静宇译,上海人民出版社2009年版,第59页。

㊹ 〔美〕理查德·罗蒂:《"文化承认"是左翼政治有用的概念吗?》,参见〔美〕凯文·奥尔森编:《伤害+侮辱——争论中的再分配、承认和代表权》,高静宇译,上海人民出版社2009年版,第80—81页。

㊺ 〔美〕南茜·弗雷泽:《为什么克服偏见是不够的:驳理查德·罗蒂》,参见〔美〕凯文·奥尔森编:《伤害+侮辱——争论中的再分配、承认和代表权》,高静宇译,上海人民出版社2009年版,第86页。

马里恩·杨也对弗雷泽的理论提出批评,认为弗雷泽把文化政治和经济政治对立起来分析,以一种二分法来描述社会现实和压迫。杨把压迫区分为五个层面——剥削、边缘化、没有权力、文化帝国主义和暴力。但在她看来,弗雷泽则把五种压迫还原为两种,即分配不公的政治经济不公正(剥削、边缘化和没有权力)和错误承认的文化不公正(文化帝国主义和暴力)。而在杨看来,这种还原是武断的,文化与经济相互对立的理论框架不仅不足以分析不同政治目标之间的矛盾,也不能促进政治联盟,为矫正各种社会不公正而斗争。杨试图消除这种二元对立,强调多元化的不公正和多重压迫概念,既要看到政治经济是不断地通过文化范畴来成为物质范畴的,也要看到文化是经济范畴,不是上层建筑的基础,而是存在于其生产、分配和影响之中,包括对阶级关系再生产的影响。这样一来,政治经济成为了文化范畴,而文化也是一种经济范畴。⑯ 面对杨的这一批评,弗雷泽回应说,事实上自己并没有把文化与政治经济对立起来,而且坚决反对在两者之间选择其一的观点。因此,"杨所表识的'二元论'实际上是一种观点的二元论"。弗雷泽重申了自己所要完成的工作,认为自己是在三个层面探讨公正问题的:其一是哲学层面,切入点是目前公正的两个不同范式——分配范式与承认范式之间的分裂。这两个范式都以规范性力量提出公正的诉求,但在道德哲学中却处于分裂的状况,因而需要相互连接。其二是社会理论层面,为了说明资本主义社会经济与文化区分的现实,必须使用这两个分析视角,但目的并非是把它们分离开来,而是要人们意识到文化诉求所拥有的经济含义,以及经济诉求所具有的文化含义。其三是政治层面,说明在争取社会公正的斗争中,必须把再分配和承认联系起来,而不是宣称两者之间的冲突。⑰

毫无疑问,上述讨论和批评实际上意味着在当代政治哲学领域,弗雷泽的三维公正观已经产生重要影响,而她本人也已成为一位伟大的女性主义思想家和政治哲学家。

---

⑯ 〔美〕艾利斯·马里恩·杨:《难以驾驭的范畴:对南茜·弗雷泽二元体系理论的批判》,参见〔美〕凯文·奥尔森编:《伤害+侮辱——争论中的再分配、承认和代表权》,高静宇译,上海人民出版社2009年版,第97页。

⑰ 〔美〕南茜·弗雷泽:《反对盲目乐观主义:答艾利斯·杨》,参见〔美〕凯文·奥尔森编:《伤害+侮辱——争论中的再分配、承认和代表权》,高静宇译,上海人民出版社2009年版,第108—110页。

在当代社会对于社会公正和性别公正的追求中,弗雷泽的三维公正观可以为我们带来许多启示。其一,它让人们深刻体会到,在公正的三维结构中,每一维度都关乎一种权力/权利再分配的秩序,正是在这种秩序的分裂与整合、打破与重构中形成了或稳定、或动荡、或平衡、或失衡的社会公正/不公正的社会制度,以及平衡或失衡的国际社会格局。任何社会公正/不公正形成的根源都不是单维的,而是三维互动的结果,因而,无论是对于各种社会不公正的矫正,还是对于社会公正的制度建构,都必须基于这种互动来进行。其二,它也让人意识到,在公正问题上,重要的是解决关于"什么""谁"以及"怎样"的争端。在这方面,弗雷泽作出了重要的理论贡献,例如她把各个不同社会群体对于公正的追求概念化,让人们清晰地看到社会公正追求的不同维度,探讨各种社会不公正的成因和矫正途径。她也提出一些颇具独创性的范畴,例如"规范公正"与"反规范公正"等等[68],这些范畴无论是对于当代社会公正理论和道德哲学的发展,还是社会公正的实践追求来说都具有发人深省的说服力。其三,它还让人看到在当代社会单一维度中公正追求去中心化的意义,以及建构公正社会秩序和全球伦理秩序的必要性与可能性。其四,不可否认的是,当代社会的民主政治依旧存在许多严重的问题,例如"边缘化和从属群体的文化价值或生活方式,作为人的地位和尊严,身体完整的神圣性一直没有得到制度上的承认"[69],因而,从某种意义上说,"为承认而斗争"也愈发地同争取分配公正一道成为一种宏大的政治场景,而弗雷泽对于"承认"的阐释和分析也无疑为建构一个充满爱与关怀、团结与和谐的世界提供了新的希望和可能性。

---

[68] 在弗雷泽看来,"规范公正"指的是在关于公正的辩护中,总是存在一系列给定的构成性假设所规定的边界,每一个参与者都分享着每一项假设。例如对于公正的诉求存在着共享关于有资格提出诉求的多种行动者,以及解决问题的代理性机构,也共享关于范围的假设,规定对话者的圈子,划分出利益与利害关系共享者的范围。同时,也共享关于空间和社会分层的假设等。而"反规范公正"则对这些设定持怀疑态度,认为这些假设是建立在对于不赞成主流者进行压抑或边缘化的基础上。这具体体现在围绕着公正问题所进行的三点争议:"公正"是什么?"谁"的公正?,以及"怎样"来达到公正(程序)? 在弗雷泽看来,这些争议存在的主要理由是人们在对于这三个问题的解决方面难以达成共识。她还认为,当代社会的公正语境更多地体现出"反规范性"特征。

[69] Axel Honneth, *The Struggle for Recognition: the Moral Grammar of Social Conflicts*, English Translator's Introduction by Joel Anderson, Polity Press, 1995, p. x.

五 话语

既然女性主义哲学认为哲学的话语并不是中立的,那么就需要探讨女性主义的话语范畴。女性主义政治哲学家南希·弗雷泽曾经概括出话语探讨对于女性主义的意义,认为至少话语概念有助于女性主义理解四方面的内容:1.理解人们的社会身份在一段时间内是如何形成的。2.理解在不平等条件下,作为集体行动者意义上的社会群体是如何形成的,以及它为什么未能得到充分的发展。3.理解社会统治群体的文化霸权是如何形成的,以及如何被争夺的。4.理解和指明解放性社会变革以及政治实践的前景。[70]在话语探讨和使用方面,女性/女性主义文学和哲学作出了重要贡献。

(一) 话语及话语分析的意义

当代哲学大师哈贝马斯曾经论述过话语在社会和科学认识中的意义。在他看来,社会是一个由交往行为构成的网络结构。任何一种理论,即便是客观主义理论也必然根源于与社会的关联之中,我们必须通过"生活世界"来讨论科学、政治和伦理学,讨论理论与实践,以及现实与未来。"所谓的'生活世界'是一个既包括了个人能力,又体现了社会文化遗产的背景信念的综合整体。"生活世界也是一个"此与彼、熟悉的和陌生的、被回忆的、在场的和被期待的事物交织而成的多维度的关联系统:'我发现自己处在生活历史的复合体中,处在同时代的人之中,处在我们从先辈那里继承下来的,并将遗传给我们后代的传统之中。'"这一生活世界是以语言或话语形式出现的,生活世界中的所有交往行为都需要语言,"生活世界据以结构的先验法则通过语言分析,可被理解为交往过程的规则"[71]。还有,作为社会文化传统和信念整体的生活世界也是一个规范系统,通过生活世界的必经之地,以及构成我们行为边界的东西都是话语和语言。话语主要有两个来源:一是来源于生活世界,任何脱离生活世界的理论都无法成立,生活世界具有规范性的内涵;二是来源于人的理

---

[70] 〔美〕南茜·弗雷泽:《正义的中断——对〈后社会主义〉状况的批判性反思》,于海青译,上海人民出版社2009年版,第160页。

[71] 〔德〕得特勒夫·霍尔斯特:《哈贝马斯传》,章国峰译,东方出版社2000年版,第3、30页。

性。理性是一切思维、行动和言说着的主体在日常生活与科学活动中的基本联结点。

因而,话语分析不仅可以弄清楚社会、个体和语言交流之间的关系,也可以在历史和实践中把过去、现在和未来连接在一起。因为"话语分析的一个根本目标就是要对一个话语链或一团相互交织的话语链进行历史分析或与现实相联系的分析;同时还应做到对话语链在未来的发展趋势作一些谨慎的说明。"因而,话语就像一条由社会知识库藏联结而成的穿越时间的河流。从过去走来,圈定了现在,并以另外的形式继续流向未来。"它铸造了主体和集体意识,并以这种方式行使自己的权力,因为主体意识和集体意识既是对社会进行研究的基础,也是使社会发生变化和发展的根本点。"[②]

既然话语与话语分析具有深入到人类历史和社会关系中,依据社会实践来塑造社会、文化、历史和个体,以及各种社会关系的意义,对于性别的研究也显然离不开话语和话语分析,甚至在许多女性主义哲学家看来,性别就是一种体现出社会权力关系与结构的符号和话语,女性主义哲学也应当从不同层面对话语进行研究,女性写作中的疯语策略和女性的道德话语可以为分析女性主义哲学的话语范畴提供案例。

(二)女性写作中的"疯语"策略

女性主义文学评论家桑德拉·吉尔伯特(Sandra M. Gilbert)的《阁楼里的疯女人》一书分析了女作家在父权制之下的境遇:父权制的介入使她们陷于无法自拔的自我冲突中,一直为了自己的"作家身份"而不安。因而,她们试图在文学作品中为自己的焦虑寻找平衡。于是,"疯"便成为女作家的一种话语策略,她们也正是通过这一暴力行为实现自己逃离男性文本和住所的欲望,表达内心的怒火,改变父权制对女性的界定,突破、修正、解构、重构那些从男性文学中继承下来的女性形象,尤其是那种天使与恶魔合一的形象。

显然,女性之疯和女性写作中的"疯语"首先是父权制社会中女性生存状态的反映。在父权制之下,"疯狂既是女人的命运,也是女性的本质,女性在男人科学面前撕去了面纱,这种女性疯狂的双重意象表明了妇

[②] 〔德〕马文·克拉达等编:《福柯的迷宫》,朱毅译,商务印书馆2005年版,第145页。

女与疯狂间的双向关系。最流行的看法是,疯狂是一种女性疾病,因为得这种病的女人要比男人多得多"[73]。女性与疯狂之间的一致性和西方哲学传统对女性的定位有着惊人的一致性。依据这一定位,女性被置于非理性、沉默、自然和肉体的地位,而男性则被看成是理性、话语、文化和思想的象征。由于女性躯体形象的非理性化,女性被表现为疯狂。而且,男性不仅是理性的代表和拥有者,也是理性的分配者和剥夺者,他们可以根据自己的意志剥夺其他人,尤其是女性的理性,把她们当成失去理性的"疯女人"。在很长一段人类历史里,歇斯底里一直都是一种妇女病,这一名词是从希伯来语或子宫派生出来的,但从19世纪70年代到第一次世界大战期间,这一词语在心理学话语中,起到了界定女性气质和女性之"性"的重要作用,而到了19世纪,在文学中,歇斯底里已经成为女性气质的替换词,代表一切极端的情感表现。[74]

对于疯狂,男性拥有许多令人匪夷所思的解释,例如对于精神疾病原因的理解也经历了一个漫长的过程,在19世纪,许多医生开始从社会原因分析精神疾病的原因,一些人依据达尔文学派理论进行解释,认为疯狂代表着反进化,是向低级的自然状态的复归,是一种分裂和退步,是对进化过程中得之不易的发展的剥除。更有甚者,男医生福布斯·温斯洛自称通过对1871年巴黎公社革命女性的考察发现,这些女性有着特别的头骨、宽阔的颊骨和毫无表情的脸,她们缺乏所有的道德情感,而这些特征人们只能在严重的精神病人身上看到。[75] 一些男医生也观察到女性疯狂与贫困的关系,但他们开出的处方却十分可笑,例如一位医生发现,"一般说来,除了特定的器官性病变之外,任何地方,引起精神病的原因,是三个'W'——焦虑、生活必需品的缺乏和邪恶(worry,want,wickdness),因此,相应的对精神病的治疗是三个'M'——秩序、肉食和道德(method,meat,morality)"[76]。而且女性的精神疾病是遗传的,当女性对于这种自身本质进行反抗,试图与男性竞争而不是为他们服务时,精神就会紊乱,而且母亲会把这种疾病传给自己的女儿,这是精神病人中女性占多数的主

---

[73] 〔美〕艾莱恩·肖瓦尔特:《妇女·疯狂·英国文化》,陈晓兰、杨剑锋译,兰州大学出版社1998年版,第2页。

[74] 同上书,第111页。

[75] 同上书,第85—86页。

[76] 同上书,第8页。

要原因。

然而,这种说法在不同时代都遭到来自女性主义学者,以及一些男性哲学家的激烈批评,例如著名的红十字会创始人弗洛伦斯·南丁格尔曾经揭露说,疯狂是女性在家庭中心灵空虚、精神萎缩的结果,在成为护士之前,她本人也曾患上精神抑郁症,体验到做梦一般的恍惚、宗教幻觉和一阵阵自杀的绝望。她以自己的亲身经历完成了一部文学著作《卡桑德拉》,说明在父权制社会中,女儿和母亲都被囚禁在被称为"家"的监狱中,认为女性的这种处境与精神病院里的患者并无二致:"几乎没有例外,家庭中的一员必然地比其他人有优先权,而他或她则受他人的专制统治,'完全不能做任何合理的事'。但一个男人可以从这种环境中逃脱,而一个女人却不能……这不仅是对那些被看作精神病人的限制,其他人也被不公正地被她们好心的亲人关起来,不给她们自由。事实上,在每一个家庭中,你都可以看到两三个看守和一个疯子。"[77]南丁格尔也看到,女性要获得拯救就必须觉醒,而对于自身的否定和压抑只能换回疯狂和精神分裂的结果。也正是在这种意识的支配下,她在本书完成不久便走出家门工作,迈出了自己后来成为一位传奇人物的第一步。

另一些学者,例如英国反精神病学运动的领袖 R.D. 莱恩认为,精神变态是自我内部分裂的强化,它反映了现代社会的破碎和分裂,"痴呆症患者的所作所为以及他所说的疯话,如果你不理解它们存在的语境,那么,它们将会成为一本无法打开的书"[78]。福柯则更多地对于疯狂与理性之间的关系进行说明:其一,疯狂成为一种与理性相关的形式,或者毋宁说疯狂与理性之间的关系,永远有逆转的可能。任何一种疯狂都有判断和宰制它的理性。相应地,任何一种理性,都有它的疯狂,作为其可笑的真相。两者间的每一项,都是另一项的衡量标准。在这种相互指涉的运动里,两者相克相生。"疯狂和理性,彼此既是相互肯定,又是相互否定。疯狂不再是世界暗夜里的绝对存在;它们只是相对于理性的存在。这种相对性在使得两者迷失的同时,又将两者挽救。"其二,疯狂甚至成为一种理性的形式。它被整合于理性之中,或者构成理性的一种神秘力量,或

---

[77] 〔美〕艾莱恩·肖瓦尔特:《妇女·疯狂·英国文化》,陈晓兰、杨剑锋译,兰州大学出版社 1998 年版,第 42 页。

[78] 同上书,第 218 页。

者成为它的一个显现时刻,让理性可以在其中认识自身,无论如何,疯狂只有在理性之中,才有意义和价值。而且,有时对于理性来说,疯狂只是它的秘密活力。⑦ "疯狂质疑着另一个时代、另一个艺术、另一个道德价值,但它也反映出当前的主题:人类想象力的所有形式、甚至距离最遥远的形式,以及混乱搅扰的方式,在一个共同的幻影里,彼此奇特地相互妥协。"⑧ 福柯也看到,疯狂与社会制度紧密联系,例如在 17 世纪,西方社会的监禁制度曾使疯狂的意义发生转向。在这一时候,疯狂是在贫穷、无能力工作、无法融入群体这些社会层面上被人感知的,此时,疯狂融入公共秩序问题中,人们对于贫穷所赋予的新意义、工作义务的重要性,以及和它们相关的所有伦理价值,大大决定了人们对疯狂的体验,并使其意义转向。⑧

而对于当代女性主义学者来说,女性之疯和女性写作之"疯语"具有特殊的意义,它是女性的一种颠覆性的写作策略,这种"疯"让女作家把自己的恐惧投射到恐惧对象上,既反映出她们内心的自卑情绪,也表明她们的反抗。女作家的这种话语技巧来自对于父权制心理策略的学习,英国女性主义文学家米尼克·斯希珀(Mineke Schipper)曾经分析说,为什么男性恐惧女性比自己强?从心理学上说,这完全出自对于自己不能通过永远保持性能力来控制女性的担心。于是,他们便把这种心理恐惧投射到女性身上,认为女性是邪恶的,那些有能力的女性更是如此。因而,要改变这一事实,首先需要男性改变自身,改变他们的恐惧心理。⑫ 波伏瓦也试图则从存在主义现象学角度分析女性"疯语"的根源。在她看来,女性一直都是被当成男性的他者来建构的。她自身的主体权利,以及为自己行为负责的权利都被否定了,或者用更地道的存在主义术语来说,父权制意识形态把女性呈现为固有性,把男性呈现为超验性。这些假定不仅主宰了社会、政治和文化生活,也塑造了女性自身。女性自己把这种被对象化的观点内化为自己的观点,终日生活在不真实和不诚之中,这种局面无疑会导致女性的"疯语":一方面,这是不符合父权制话语规范的

---

⑦ 〔法〕米歇尔·福柯:《古典时代疯狂史》,林志明译,三联书店 2005 年版,第 45、50 页。
⑧ 同上书,第 56 页。
⑨ 同上书,第 119 页。
⑫ 米尼克·斯希珀的代表作为《世界谚语中的女人——千万别娶大脚女人》,新星出版社 2007 年版。

"疯",另一方面这也是由于由女性对自己不诚所导致的疯。无独有偶,艺术史学家约翰·伯格(John Berger)也指出[83],女性的心理之所以一分为二,是因为她意识到自己是一种观照的客体,以及她作为演员和观察者的双重角色,"一个女人必须不断地观察自己"。"自己的形象总是伴随着自己。当她走进一间屋子或为父亲的亡故而哭泣时,她不可避免地观看她自己的行为举止、她的哭、她的笑。从最早的童年起,她就被教导、被说服要不断地审视自己。于是,她把观察者和被观察者看作两个组成部分,而且永远成为她作为女人身份的不同组成部分。"[84]

对于女性和女性主义来说,女性写作的这种"疯语"策略的意义还在于:其一,它预示了女性的新生。"在荒野中有一种哭声。卡琳丽娜·克莱曼和埃莱娜·西苏说——一种身体舞蹈、大笑、尖声喊叫和哭声。它是谁的声音?她们说,她是女性的声音,新生的也是古代的女性的声音,一种奶与血的声音,一种曾经沉默的但又野蛮的声音。"[85]这一新生的女性代表着一个喷发的、断裂的、处于女性意识边缘地带的、处于睡梦与醒来之间阈限地带的人物。其二,它以反身知觉和倒置的形式表现出对父权制的颠覆性。当代女性主义文学评论家安内特·克洛德尼(Annette Kolodny)发现女性写作有两种典型的风格:反身知觉和倒置。前者表明人物在她未曾计划的活动中,或者不能充分把握的情况下发现了或者找到了自我的某一部分,后者表明当人们为了某种喜剧的效果,把某种模式化的传统女性意象颠倒过来时,反倒揭示出女性被隐藏了的真实。这种看法与吉尔伯特所强调的妇女小说表面之下的颠覆性策略不谋而合。其三,"疯"对于女作家和女性有特殊的意义,反映出在一个没有权力和话语空间的时代,对于霸权的一种反抗,对于被压抑的自我身份的渴望,以及对于自我的一种真实表达。在霸权的压制下,女性面临规训与自身的冲突,使她们只能以扭曲和相反的形式表达自我,进行自我的叙事。从这种意义上说,疯狂的时分恰好是女性自由的时刻,疯是女性在父权制之下

---

[83] 约翰·伯格(John Berger),英国艺术史家,小说家,公共知识分子及画家。被誉为西方左翼浪漫精神的真正传人。

[84] 〔美〕艾莱恩·肖瓦尔特:《妇女、疯狂·英国文化》,陈晓兰、杨剑锋译,兰州大学出版社1998年版,第198—199页。

[85] "The Newly Born Woman_Helene Cixous and Catherine Clement," *Theory and History of Literature*, Vol. 24, University of Minnesota Press, 1996 (Sixth printing), p. ix.

认识和追求真理,表达自我和追求自由的一种计策。也正是在"疯"之中,女作家实现自己逃离男性文本和控制的欲望。因而对于女性主义作家来说,疯狂颠覆了男性科学的线性逻辑,"已经成为女性抗议和革命的历史标签"[80]。其四,它预示着女性语言时代的到来。在女性写作中,男女的对立隐藏于所有的对立项之中,女性则是生活、力量和能量的源泉,而意义来源于关系结构,是通过对立面产生的。在男女关系结构中,每一方都通过对手来获得意义,没有作为直接对手——"女性"的存在,"男性"也是毫无意义的。这正如德里达所强调的那样,意义不是在二元对立的静止和封闭的状态中产生的,而是能指的自由运动。女性的"疯语"策略正是以这样一种能指的自由运动标志着女性语言时代的到来。

(三)女性的道德话语

一些女性主义关怀伦理学家,例如吉利根对女性的道德话语进行大量的经验研究,描述出女性道德话语的特征。她首先充当了一个颇具同情心的倾听者,通过研究记录女性的道德话语。她吃惊地发现:在以往号称"人类"的心理学和伦理学天空之下,却看不见女性的身影,听不到女性的道德话语,因为女性或是被置于边缘地位,或是被以一种偏见来解释,或是被通过研究男性得出的标准所覆盖。出于对这种女性集体"失语"的愤怒,她出版了《不同的声音:心理学理论与妇女发展》一书。

在这本著作中,吉利根首先对道德发展理论上的"男性"模式提出挑战。在西方道德发展理论中,比较有代表性的是弗洛伊德、埃里克森、皮亚杰和柯尔伯格的理论。针对这些人的理论,吉利根提出三点批评:1.他们在谈论女性的道德发展中遵循了男性的标准,把女性在道德发展上与男性的不同视为她们发展上的失败,这是一种带有偏见的、不公正的看法。2.他们把发展等同于个体化、分离、权利以及自主性,排斥依恋、关系和联系以及爱在道德发展中的作用,仅仅强调"公正"的发展路线,忽视了"关怀"的发展路线。3.他们忽视了对女性自我和道德建构的研究。在吉利根看来,按照男性标准衡量的女性在"道德发展上似乎不足"的问题并不在于女性自身,而在于现有的"男性"理论模式的局限性和对生活真理的忽视。

---

[80] 〔美〕艾莱恩·肖瓦尔特:《妇女·疯狂·英国文化》,陈晓兰、杨剑锋译,兰州大学出版社1998年版,第4页。

因此,只有"当人们开始研究妇女并从她们的生活中得出其发展结构时,不同于弗洛伊德、皮亚杰或柯尔伯格所描述的道德概念才初露端倪,并且出现了对发展的一种不同的描述。按照这个概念,道德问题来自冲突着的责任而不是竞争着的权利,解决道德问题需要一种联系情境以及描述性的思考方式,而不是一种形式的和抽象的思考方式。这一关系到关怀行为的道德概念围绕着对责任和关系的理解确立起道德发展的核心,正像公平的道德概念把道德发展同权利和准则联系起来一样"[87]。

在批评的基础上,吉利根试图弥补以往理论的缺陷,倾听女性的道德话语,她发现这些话语总是围绕着联系、关系、责任、关怀和不伤害以及情境展开。在比较之中,吉利根发现了男女在道德话语方面的差异。首先,男性的道德话语基于对人的权利、主体性、自主性和独立的承认,它以自然法思想和社会契约论精神来建立道德原则,以保护自我权利为目的,使道德责任和义务具有了基督教"十诫"式的消极、防范的性质,从否定的方面论证了道德的必然性。女性的道德话语则基于人与人之间相互依赖的关系以及由这种关系所产生的责任意识,道德责任是对他人的需要作出反应,因而从肯定的方面论述了道德的必然性。其次,既然男性道德话语把道德视为一种权利、准则的等级制结构,那么道德选择和判断也相应地来得非常简单,如同一种数学计算或逻辑推理。女性的道德话语基于把道德看作网络性的关系结构,因而道德选择和判断也就被视为关系中的理解和对话。再次,男性的道德话语对人的自主性和权利的强调是以人与人之间的分离为基础的,而这种分离容易导致对他人需要反应上的不敏感和冷淡,甚至道德责任的丧失。女性的道德话语则通过强调人与人之间的相互依赖来凝聚人际关系。

在吉利根看来,两种道德话语实际上代表着两种不同的伦理学理论——公正伦理和关怀伦理。前者建立在男性道德话语的基础上,后者则由女性的道德话语来体现。她也对两种伦理学的关系进行论述,认为它们分别是人们看待道德问题的两种不同的视角,两者互相依赖和互相补充。道德的话语实际上是关系的话语、社会的话语以及历史的话语。话语反映出一种关系,它不仅是一种语言,也是一种关系的行为。人与人的关系交流是以不同而多样的话语和文化为中介的。因此,话语是一把

---

[87] Carol Gilligan, *In A Different Voice*, Harvard University Press, 1993, p.19

理解心理、社会和文化秩序的钥匙——一种关系的石蕊试纸和心理健康的标尺。女性的道德话语反映出女性的社会和历史地位。吉利根不想割断历史,她说自己从埃里克森那里懂得了人们的生活不能脱离历史,生活的历史与历史学、心理学、政治学根深蒂固地缠绕在一起。然而,这样一来吉利根的理论马上会遇到一个问题:如果说道德话语是一种社会和历史的建构,而以往的人类历史又是女性受压迫和剥削的历史,女性可能由于被边缘化的屈从地位而形成"关怀"的道德话语,在女性主义运动蓬勃发展的今天,我们有必要提倡这种道德话语吗?或者再往深处追问,道德话语究竟能不能,或者应不应该在性别上作出区分?女性主义学者对吉利根理论提出批评,认为她已经把关怀话语看成女性的道德话语。然而,从哲学方法论来说,吉利根的这种等同事实上也体现出女性主义"疯语"写作的意义,因为倘若女性主义哲学不强调女性的道德话语,突出女性关怀的意义,女性或许依旧会埋没在人类哲学思想史的海洋之中,重复着被男性话语替代的命运。况且,即便吉利根所发现的女性"关怀"的道德话语反映了女性在父权制历史中的地位,反映出她们在这一历史中的性别角色,但依据女性主义的性别理论,这些话语和性别角色并不是一成不变的,当人类社会中的权力和资源分配达到女性主义所追求的政治理想、两性真正平等时,女性的道德话语也就从各种被压迫的状态中解放出来了。

总之,话语对于女性主义者来说具有重要的意义,不仅反映出社会结构和道德关系,也记录着女性对于父权制话语体系和社会结构的抗争与颠覆,因而,话语研究始终是女性主义哲学中的一个重要课题。

六 空间

福柯认为,20世纪预示着一个空间时代的到来,我们在这里所感觉到的世界更多的是"点与点"之间的连接和"团与团"之间的缠绕,而不是传统意义上经由时间演化而成的物质存在。当代法国思想家昂利·列斐伏尔(Henri Lefebvre)也把空间的重组看成战后资本主义发展及全球化进程中的核心问题。20世纪以来,空间问题显示出不同的意义,它不仅已经超越传统哲学、形而上学和认识论的疆域,成为被多个学科,例如地理学、建筑学、社会学、环境学所关注的一个热点话题,也为社会与文化的变革带来了新的启示。当代哲学语境下大体上有三种空间观,当代女性主义哲学家对于空间与性别的关系也提出了独特的见解,这些观点对于开拓哲学思维空间以及促进社会变革有着重要意义。

(一)空间生产与空间权力

"对于所有思想模式来说,空间都是一个必不可少的思维框架。从物理学到美学、从神话巫术到普通的日常生活,空间连同时间一起共同地把一个基本的秩序体系嵌入到人类思想的方方面面。"所有物和事件的出现都与时间和空间概念相关,"存在应当与空间和时间相关"[83],很难想象倘若没有这两个概念,我们该如何描述社会生活和建立起社会秩序。然而,在当代哲学语境下,空间已不再局限于传统西方哲学认识论,尤其是形而上学所阐释的那种客观的、纯粹的物质性容器,或者纯粹的观念,而是一种被生产物和文化建构物。概括起来说,大体上对空间有三种新的诠释:一是列斐伏尔等人对于空间的政治经济学分析;二是以福柯为代表的对于空间与权力关系的考察;还有一种便是当代女性主义哲学家对于性别与空间关系的解说。

首先,作为"当代最有影响的空间理论家",列斐伏尔的重要理论贡献是:让空间一改以往僵死、刻板和非辩证的形象,成为一个能动因素参与到历史进程和社会生产中来,把空间研究从传统哲学认识论层面引入社会历史和权力政治领域。列斐伏尔认为"空间生产"就是空间被开发、设计、使用和改造的全过程。空间可以分为三类:物质空间(自然,即宇宙)、精神空间(逻辑和形式的抽象)以及社会空间(社会实践和现实空间)。他发现即便在当代社会,人们心目中的空间实际上依旧是传统哲学认识论意义上的空间,它类似于数学抽象物,意味着逻辑一致性、实践连贯性、自组织性、局部与整体关系等,但这种空间观却由于忽视了人性和人的主体性而产生了一种错误倾向:即把空间归结为语言和话语,归结为精神领域,把居住于其中简化为一种阅读或信息状态,也就逃避了历史和现实。他认为"符号学"对于这种空间观的形成难辞其咎:"我的批评主要针对朱丽亚·克里斯蒂娃的语言欲望,雅克·德里达的'语法学'以及罗兰·巴特的普通符号学。这一学派名气的与日俱增与其教条主义相关。它一直在加强基础诡辩论,并据此崇拜哲学认识论的空间概念,让精

---

[83] 〔美〕罗伯特·戴维·萨克:《社会思想中的空间观:一种地理学的视角》,黄春芳译,北京师范大学出版社2010年版,第4—5页。

神领域逐渐涵盖社会和物质领域。"⑧他进而提出空间与语言的关系问题:"语言——逻辑的、认识论的或者通常的言说是先于、适于还是后于社会空间？语言是社会空间的前提条件还是仅仅为它的系统说明？"列斐伏尔的回答是:空间原本便内化在语言中,"或许内在于现有语言中的'逻辑'一开始便作为空间功能发挥作用,把我们对于事物感知的各种混乱秩序化"。而这种存在于语言中的"空间"无疑呈现出人类社会的历史性和社会性,因而任何空间都具有政治功能和意识形态倾向。"事实上,已经生产出来的空间能够被解码,能够被'阅读',这种空间暗示了一个能指的过程。即便在所有语言中都找不到内化于其中的普遍空间符号,我们也总能发现特殊空间符号的存在,它们都在特定的历史时期形成,并根据其影响不断地发生变化。倘若如此,作为特有社会成员的利益'主体'便会通过这种符号占有'自己的'空间,拥有在这个空间内行为,以及把握这一空间的'主体'地位。"⑨既然主体都是利益关系中的群体,那么在空间实践中必然要包括权力关系,"空间实践包括社会实践的所有方面、要素和瞬间对于空间领域的投射。在这个过程中,尽管所有这些都是相互分离的,但并不意味着即便是瞬间放弃了整体控制,社会作为整体继续屈从于政治实践,即国家权力"⑪。因而,社会空间并非是在其他事物中存在的一种事物,也不是其他产品中的一个产品,相反它把所有生产物归于自己的名下,在共存和共时性中包括它们之间的相关关系,它们相对的秩序或者无序。空间本身是过往行为的结果,也允许出现新的行为,倡导和禁止其他行为。我们对于任何社会结构都有理由追问这样一些问题:谁在生产？生产什么？如何生产？为什么生产和为了谁生产？空间不仅被社会关系所生产,也生产社会关系,空间是一种被生产物和文化建构物,在当代世界的政治格局中,它已成为利益纷争的产物和场所。

在列斐伏尔看来,福柯从未给出空间的明确定义,也没有架起一座桥梁,把理论与实践、精神与社会、哲学家空间与普通人物质空间之间的鸿沟填平。然而,列斐伏尔的这一评价似乎并没有意识到福柯空间观对于自己理论的补充意义,如果说列斐伏尔更多是从社会历史和生产关系中

---

⑧ Henri Lefebvre, *The Production of Space*, Blackwell, 1991, p. 5.
⑨ Ibid., pp. 16-17.
⑪ Ibid., p. 8.

看到空间是一种文化和权力建构物的话,那么福柯则主要考察这种被建构的空间所体现出来的权力关系,以及在以往的历史上,人们如何通过社会意识形态来操纵空间,规训人的身体和心灵,并深刻揭示出在空间设计和配置中所体现出来的经济与政治安排。在福柯看来,权力不是夺取权力阶级的所有物,而是一种策略,它被配置、操纵和运作而不是被拥有,它不是统治阶级获取或保有的特权,而是其策略配置的整体效应。权力关系呈现出这样一种状态:它包含无数的对抗点,呈现出不稳定的聚集状态;权力不具有同质性,而是需要通过差异性得到界定。⑫ 在20世纪70年代与法国地理学家的一次访谈中,福柯承认说:人们时常以空间着魔责备我,这些着魔的确曾使我分心。但是,通过它们,我确实达到了我追寻的根本目标:权力与知识之间可能存在各种关系。因而,空间乃权力、知识等话语转化成实际权力关系的关键。这里的知识主要不是指美学、建筑学和规划科学等知识,因为在福柯看来,至少建筑与其相关理论从未构成一个可被仔细分析的独立领域,当我们试图看到它们如何与经济、政治或制度相关联时,便会看到它们都是利益的一部分。因此,建筑与都市规划、设计物与一般建筑,都是我们了解权力如何运作的最佳案例。⑬ 福柯并不关注权力理论的建构,而是深入到社会生活的细节之中探讨空间的配置,观察权力关系如何体现在这种空间配置中,例如他考察建筑在人口、健康和都市问题中所扮演的重要政治角色,考察医院、监狱和学校等社会机构中的权力架构,指出学校不仅具有学科功能,也由于空间技术的引入在现代权力技术中扮演重要的角色,对于学生的区隔、分级、性监视和测试空间便体现出这一特点。而"这种权力操控是经由一个不断扩展的社会制度复合体来运作的,从而在不同建筑类型的展开中达成"⑭。而边沁的圆形监狱则代表着"权力机制化约成其理想形式的简图"。福柯认为,技术的目标是追求一个可被限制、使用、转化和改进的驯良身体,而对空间的控制是达到这一目标的手段,例如纪律来自空间中不同个体的组织化,因此需要有一个特定的空间围场。在现代权力形式下,对于大多数社会而言,空间依旧具有中心性,一部完整的历史应是空间的历史、权

---

⑫ 〔法〕吉尔·德勒兹:《德勒兹论福柯》,杨凯麟译,江苏教育出版社2006年版,第26—27页。
⑬ 〔英〕戈温德林·莱特、保罗·雷比诺:《权力的空间化》,参见包亚明主编:《后现代性与地理学的政治》,上海教育出版社2001年版,第29页。
⑭ 同上书,第30页。

力的历史,包括地缘政治学的重大策略和细微的居住安排,包括在机构设计中的教室和医院设计,以及其中的种种经济与政治安排。⑮ 因而,福柯试图通过空间来考察不同社会的权力关系、结构和运作方式。

(二)空间与性别差异

列斐伏尔和福柯的空间理论给当代女性主义哲学带来了深刻的启示。女性主义哲学家也以性别视角重释空间概念,不仅把它置于人类悠久的哲学思想史中观察,也把它同女性主体性的建立以及性别差异联系起来,而伊丽格瑞便是其中的一个重要代表。

在《性别差异伦理学》一书中,伊丽格瑞借助亚里士多德等人的空间观来阐释自己的"女性主义空间观"和"女性空间观"。首先,她试图说明女性在空间中的"在场"地位,以及她们如何通过生育成为空间中的空间,对延续自然和促进社会发展作出贡献。亚里士多德主要从理解自然和运动的角度探讨空间的存在和意义。他认为任何事物的存在都需要空间,因为事物必须先有住所才能存在。空间也是先于并可以脱离事物而存在的,空间并不随着自己所容纳之物的消亡而消亡,例如当水从一个容器中流走时,空气便随之补充进来。形式与质料是可变的,但空间是不变的。而且我们若想了解自然,就必须理解运动,运动是一种连续性的存在,这一特性把运动与"无限"联系起来,因而如果没有空间、虚空和时间,运动就不能存在,而运动一旦存在,便可以通往无限。既然运动存在于空间中,最基本的运动形式便是空间运动。当运动不是作为其自身,而是作为一个能运动者活动并实现的时候,运动便是潜能事物的实现,是潜能事物作为运动者的实现。因而,亚里士多德主要把空间理解为一种"容器",它既使运动成为可能,也让事物得以存在和无限地延续下去。"空间被认为像容器之类的东西,因为容器是可移动的空间,而不是内容物的部分或状况。""空间就是包围物体的限。"⑯

伊丽格瑞把亚里士多德的这一空间观作为自己阐释"女性主义空间"和"女性空间"的模板,探讨空间与性别的关系。她首先肯定女性空间的存在,认为确立女性主体性需要对时空关系进行重新阐释。她看到,

---

⑮ 〔英〕戈温德林·莱特、保罗·雷比诺:《权力的空间化》,参见包亚明主编:《后现代性与地理学的政治》,上海教育出版社 2001 年版,第 39 页。

⑯ (古希腊)亚里士多德:《物理学》,张明竹译,商务印书馆 1982 年版,第 96 页,第 102 页。

在西方哲学传统中,空间似乎总是与性别气质相关联。万物原本始于空间和对空间的创造,随之出现了时间,最初时间是为空间服务的。"如同所有神学谱系所强调的那样,最初存在的是空间和空间的创造。诸神和上帝首先创造了空间,时间随之而来,或多或少地为空间服务。"[97]然而,男性创造的哲学却把这一秩序颠倒了过来:时间反倒成为主体本身的内在性,空间成为外在于主体的东西。而后,这个主体,也就是时间主人成为世界秩序的轴心,两性关系也由此变得阴差阳错起来:女性被体验为空间,男性被体验为时间。因而,伊丽格瑞强调,如果我们要向新时代过渡,就必须改变对时空、栖息地、容器的感知和概念,改变身份的包裹物,改变各种形式之间,物质与形式之间,以及间隔之间的关系。她认为男女两性都需要通过空间关系来定义,空间是形式,质料是本质,即便是人们把男性的"形式化",把女性的"质料化",但还是剥夺不了两性存在于空间之中,并通过空间和运动延伸至无限的命运。针对女性在历史上被奴役的状况,她强调女性不仅要作为能运动者活动,为孕育子女和完成男女性行为创造空间,以及成为空间中的空间,更需要进行自我创造,通过自己的空间获得自身存在的本体论意义,构建主体性。其次,伊丽格瑞通过女性身体来证明女性空间的存在,以及这一空间对于建构女性主体性的意义。既然亚里士多德认为一切存在物都要存在于空间之中,女性的存在本身就足以证明她有自己的空间。这一空间被置于"无限"的进程中,女性的身体可以被视为这样一个空间——"我继续通过无限的身体、自然和上帝来探讨,因为在我能够被容纳和包裹的地方,身体成为为我服务的空间。"在以往的哲学看来,女性并不占有空间:这一方面由于女性与液体有关,另一方面由于女性与胎儿有关。但在伊丽格瑞看来,女性是占有空间的,女性空间可以成为包裹自身和他者的容器。女性既能作为子女的容器,也能作为男性的容器——在性行为过程中为男性提供空间,女性空间的这两种功能都需要通过"子宫"来完成,从这一意义上说,女性的子宫就是其身体的"容器"。"依据柏拉图,以及在这一问题上与他看法相同的亚里士多德的看法",空间"既是容器又是延伸,这就意味着它必须以不同的形式成长,这种成长并不是外在于空间的,而是在空间之内,并

---

[97] Luce Irigaray, *An Ethics of Sexual Difference*, Cornell University Press, 1993, p. 6.

与空间一道进行的"⁹⁸。伊丽格瑞还看到,当我们从性别角度看待空间时,男女两性都会遇到问题:男性会遇到第一空间与最终空间的分离问题,这导致一种双重的关系下降——与母亲、与上帝独特关系的下降。⁹⁹"而对于女性来说,她就是空间,她必须把自己安顿在越来越大的空间中,在自己的空间中找到和安顿自己。如果她不能在自身中,在属于自己的领地中构建空间,就会通过孩子进行无休止的穿越,以便回到自己。在自我的内在性中捕获他者。"⁽¹⁰⁰⁾既然女性空间也是可以运动的——作为空间在空间中运动,那么女性所遇到的问题便是如何能够发现自身空间的"限",以便能在这其中安顿自身和接纳他者。在女性生育和性行为中都是占有空间的,这就证明了女性主体的存在,因此,男女两性都不应当无视彼此都具有空间的事实,需要改变以往哲学把男性的"形式化",把女性的"质料化"的观念,承认各自的主体地位。再次,伊丽格瑞借助空间来讨论性别差异,强调通过再造空间达到性别和谐的可能性。她把空间与性别差异并列起来,借助空间来说明性别差异,她区分出属于男女两性的共同空间和各自的特殊空间,这个共同空间就是宇宙,"宇宙包容了所有物体。天空、空气、大地都是并非特别属于我们之中某一个人(男人或女人)的容器。但是我们每一个人(男人或女人)都有一个空间,仅仅是他的或她的身体被这一空间所包容,它是我们身体的第一个信封,是身体的身份和边界,它把我们的身体同其他身体区别开来"⁽¹⁰¹⁾。伊丽格瑞还借助男女的生物形态学(morphology)差异说明男女作为一种空间存在的本体论差异,以及再造空间的可能性。从生物形态学来看,女性本身是一个永远开放的空间容器,不仅作为母亲可以欢迎婴儿的到来,也可以作为女性对男性开放一种性关系空间,它像"双唇"那样倾向于彼此依存和相互关爱。然而,女性的"双唇"并不是要把他者吸入自身,从而同化和吞掉对方,而是提供一个欢迎的形状,提供一个通往两性和谐的空间,而这就

---

⁹⁸ Luce Irigaray, *An Ethics of Sexual Difference*, Cornell University Press,1993,p.37.
⁹⁹ 伊丽格瑞把空间与性别差异并列起来,强调柏拉图提出理念和数字不占有空间的观点,而亚里士多德认为没有必要探讨这二者的本质,但伊丽格瑞却主张,这是一个带有本质性的问题,事实上,理念和数字是一种抽象,由于"上升"(ascension)而不能在空间中刻下自身的痕迹,在人们描述男性时,也把他视为这样一种上升和抽象,因而男性若想在空间中刻下痕迹,回到母亲所创造的第一空间,就必须让自己降下身来。
⁽¹⁰⁰⁾ Luce Irigaray, *An Ethics of Sexual Difference*, Cornell University Press,1993,pp.34-35.
⁽¹⁰¹⁾ Ibid., pp.36-37.

是女性身体身份的秘密。显然,在通往两性和谐的空间方面,男性存在着生物形态上的先天不足,所以他要解决的问题便是如何克服这种不足,把自己建构成一个能够容纳女性和世界的容器。"我所肯定的是,男性为母性—女性的空间所吸引,但是,男性能够提供什么样的空间来吸引女性呢?他的灵魂?他与神的关系?女性能够在那里留下痕迹或者被安顿吗?这不是他唯一能居住的,与人们一直以来的想象相悖的空间吗?因为男性必须把自身建构成一个容器接纳和欢迎。而男性的生物形态学、存在和本质实际上并不适合男性进行这样一种空间的建造。"这样一来,男性除非"通过在母性—女性的空间里倒装的方式,或者通过在精神或者理想中欢迎神的方式"来达到这一目标吗?而对于男性来说,这样两个容器之间的关系如何呢?他能够通过倒装于女性的方式来接受女性吗?以哀悼女性的方式?一旦他与女性分离,他能够把女性呼唤回来,欢迎她进入自身吗?既然男性要进入女性空间,他就必须与女性分离,如同女性必须向男性运动一样。"如果男性和女性有可能相遇的话,每一方都必须成为适于另一方的一个空间,朝向他或她可能运动的方向。"[②]由于事物一定存在于空间中,空间存在于事物中,那就必然存在空间中的空间,空间既在自身之内,也在自身之外,既是事物运动的原因,又伴随事物运动,并且拓展到无限。每一空间都包含在其之前存在的空间中,每一个空间都朝向另一个空间运动,成为他者的空间。"这将意味着在每一阶段,都有两个空间相互决定着,让一方安顿在另一方中。"[③]在这种男女的双向运动中,男女双方通过性行为再造了属于双方的空间,因而发生性行为的过程便是空间再造的过程,在这一过程中,男女双方都是能动的主体,是男性让女性把自己的身体作为一个空间来感觉,"他把她置于自己的身体和宏观的宇宙之内,让她依据宇宙的运行规律,通过参与微观社会的活动来释放自己的潜能"。男性不仅从内外部空间中重新塑造了女性,而且作为一个外部能动者和创造者也重新安顿了自己的空间,为自己重新雕塑了身体。"作为促生他者身体的结果,他也再造了自己的身体。他的手,他的性器官——不仅仅是获得快乐的工具,也实际用来联合、赋身和创造。"而对于女性来说,如果她能够存在于自身之

[②] Luce Irigaray,*An Ethics of Sexual Difference*,Cornell University Press,1993,p.40.
[③] Ibid.,p.40.

中,就至少包含两个事物——她自身,以及作为容器所包含的内容——男性,有时也是孩子。"女性就其作为一个容器来说,从来就不是封闭的。空间也从来不是封闭的。"[104]女性可以通过自己已经秘密孕育的时空来编织和再度地容器化。因而,在伊丽格瑞看来,"没有什么东西能比女性之性更具有精神性了,它总是有理由生产超越性的空间,这既能成为一个破坏性的网络,也能在一种无限的生成中发现和保持自身。"[105]最后,伊丽格瑞空间理论的最终目标是建立一种性别差异伦理学,以便两性都能够在公正和平等的关系中和谐发展。在论述了空间的容器性质、女性空间的存在及意义,以及男女可以通过性关系来再造属于双方的空间之后,伊丽格瑞还看到,正是由于以往的哲学忽视和贬低了女性空间和女性的主体地位,才导致了性别不平等和性别歧视,形成性别之间的主—奴关系,并让女性一直处于奴隶地位。显然,这种性别关系状态无法达到性别和谐。为了纠正这一哲学偏向,伊丽格瑞试图建立起"性别差异伦理学",强调既然男性无法在自身中创造一个空间,而必须借助女性来重塑身体和容纳自己的空间,而女性也必须通过与男性的性行为来感觉和重塑自己的空间,男女两性必须相爱,因为"在爱中,他们作为整体——男女结合的整体而相生相合,成为相互包容,并且不破坏彼此的信封"[106]。在爱中,男女两性都在一个整体中运动,变成相互包裹的空间,互为主体地建立起公正和平等的性别关系,从而有可能共同缔造一个充满爱和美好的世界。

七　简要结论

根据当代社会学家罗伯特·萨克的看法,"人们讨论空间、描述空间以及分析空间这个事实意味着人们从概念上——而不是事实上——把空间从实体中剥离和分隔开来"。而事实上,"每一个空间概念所具有的重要性与意义,依其与感觉和从中可以抽象出某种空间概念的事实关系而定"。空间概念的生成不仅关乎人们的感知和描述,也关系到分析与评

---

[104] Luce Irigaray, *An Ethics of Sexual Difference*, Cornell University Press, 1993, p.51.

[105] Ibid., p.53.

[106] Ibid., p.54.

价。在这一过程中,我们始终是有选择的,选择性地接受和识别世界上的某些刺激,并对这些刺激作出反应。而这种选择始终与一个人的道德价值观保持着互动。应当说,当代哲学对于空间的诠释揭示出空间的一个新特性,即它已经不是传统哲学认识论所认为的一个不能移动的容器,而是一种被生产物和文化建构物,既体现出福柯强调的权力关系,也可以重新解释人类社会的性别关系,并可以借助空间对于人性和人的内在灵魂进行探究。[107] 在西方哲学思想史上,空间的概念不断变化,从形态上说,呈现出从向心性到无限性,从层阶性到基地化(site)的变化,这种基地化代表着空间的关系化转向,即空间将由其所围绕、所包含的关系来界定。而就内容而言,空间概念也经历了一个从空的容器到充满人性和人际关系以及人类社会生活所有内容的变化。列斐伏尔的空间生产理论让人们意识到空间是一种被生产物和文化建构物,体现出复杂的生产关系和社会关系,尤其是在资本主义社会,空间不仅成为资本主义经济压榨剩余价值的手段,也成为利益争斗的战场。福柯则更多地揭示被建构的空间所体现出来的权力关系,以及在以往历史上,人们如何通过社会意识形态来操纵空间,规训人的身体和心灵,并深刻地揭示出由空间设计和配置所体现出来的经济与政治安排。而这些思想家给女性主义带来的启示是:既然空间已经打上社会利益关系和权力关系的烙印,它就必然成为阶级斗争、种族和性别等社会利益纷争的另一个战场。女性主义哲学家对于空间理论的独特贡献是试图探讨空间与性别的关系问题。

总体来看,当代哲学语境下的这三种空间观有着共同的特点和意义:其一是打破了以往哲学认识论抽象的空间概念,把人类的社会关系、政治关系、经济关系、文化关系,以及阶级、性别、种族和性取向等差异都融入到空间之中,揭示出以往被抽象的、一统的空间概念所掩饰的各种差异和

---

[107] 德国诗人里尔克曾经强调说,我们可以用全部灵魂去接近无边无际的孤独,它把每一天变成一生,这种与宇宙的相通,用一个词来说就是空间,不可见但人们却能够居住其中的空间,用无数的在场把人包围起来的空间。空间诗学家波德莱尔也认为,在灵魂的某些超自然状态中,生命的深度在我们眼前的景象中呈现出来,虽然是那样的平常。景象成为了生命深度的象征。人间世开启了宽广的视角,充满了崭新的明亮。广阔性对于内心空间来说是一种强度,一种存在的强度,他在内心宽阔的视角下展开。人是一种宽阔的存在,而宽阔既是一种平静和平和,也是一种别样的安详。

利益纷争,揭示了空间与权力和社会意识形态的合谋关系。伴随这些新空间观的诞生,人们对于空间与时间的体验方式也发生了巨大改变,以往人们都在以一种现代性的方式来体验二者,然而这种体验方式本身便包含一种悖论。当代美国学者马歇尔·伯曼曾这样描述道:"今天,全世界的男女都共享着一种重要的经验——一种关于时间与空间、自我和他人、生活的各种可能性和危险的经验。我把这种经验称作'现代性'。所谓现代性,就是发现我们自己身处一种环境之中,这种环境允许我们去历险、去获得权力、快乐和成长,去改变我们自己和世界,但与此同时它又威胁要摧毁我们拥有的一切……现代的环境和经验直接跨越了一切地理的和民族的、阶级的、国籍的、宗教的和意识形态的界限:在这个意义上,可以说现代性把全人类都统一到了一起。但这是一个含有悖论的统一,一个不统一的统一:它将我们所有人都倒进了一个不断崩溃与更新,斗争与冲突、模棱两可与痛苦的大漩涡。"⑩因而,新的空间观不仅让我们认识到在"现代性统一"中冲突和分裂的根源,也为围绕空间建构起多元性、差异性文化,以及追求相互包容、相互尊重的公平社会关系指明了方向。其次,当代哲学语境下的空间观也把身体和性别差异糅入空间意识中,不仅打破了传统西方哲学中的理性霸权,也通过对身体和情感的复归拓展生命的宽度,抵达人性的深处,例如伊丽格瑞强调,女性的存在本身就已经证明她有自己的空间。这一空间被置于"无限"的进程中,女性的身体可以被视为这样一种空间,女性空间是永远开放的。她也试图通过男女身体空间的再造来建立一种和谐公正的性别关系。再次,三种空间观都从不同角度强调空间双向流动的必要性和社会意义。例如福柯揭露了由权力所操纵的空间封闭性特征,认为正是这种封闭性才使得对人身心的监视和规训成为可能。而列斐伏尔强调社会生产关系变化所带来的空间性质的变化,试图颠覆资本主义国家对于空间的政治主宰,看到社会和文化同空间之间的辩证关系,追求空间差异,以及向着平等、公正的方向流动。伊丽格瑞则进一步以性别空间为例论述空间的双向流动,以及创造共有空间的可能性。此外,这三种空间观对于空间的具体化理解也使人们关注到空间的公正分配问题。当前全球性危机的最突出表现是空间扩张和

---

⑩ 〔美〕马歇尔·伯曼:《一切坚固的东西都烟消云散了——现代性体验》,徐大建、张辑译,商务印书馆2003年版,第15页。

霸权,因此在全球化进程中,发展中国家与不同社会中弱势群体都应当对于这种空间分配的不公正有清醒的意识,把摆脱贫困与空间变革要求结合起来,避免不同空间的相交相叠所产生的悲剧,认识到空间环境的任何改变不仅会影响到家庭的生活方式与人际关系,也与人的社会身份和个体主体性,以及相应的权利要求有着直接的关联。

附录　归家之路为何如此漫长？
——读海德格尔《诗、语言与思》

一位评论家在谈及对海德格尔的印象时说："在海德格尔这里，我感到的是精神上的巨大的孤独。"如同一个浪迹天涯的游子，海德格尔带着这种巨大的孤独，以像燕子一样自由的诗情和才思寻找着人与存在的本源，追求着心灵与世界的澄明，踏上了漫漫的归家之路。这条路上有诗、语言，也有思，有哲学也有艺术，它们都存在于那里，等待着突然间涌现和呈现在归来者的眼前，引导他们归家。然而，归来者却不无遗憾地发现：自己离家太远、太久了，家的概念已经模糊，甚至已经不晓得何处是家；世道的无常与变幻莫测也不断地遮蔽着人的视线，让人辨不清方向；即便有一天真的走近家门："你所寻求者已近，且已奔跑着前来欢迎你"，你也可能会发现："但那最美好的，在神圣和平彩虹下的发现物，却已经对老少们隐匿起来。"①因而，诗人、海德格尔和所有意欲归家的人都会发出同样的感叹：归家之路为何如此漫长？

尽管如此，人还是要归家，诗意地归家。

一　贫困的时代：我们迷失了家园

曾有一个学生问海德格尔："何时我们能够接受存在本身的指引来思考存在？"海德格尔回答说：对于存在的思考意味着对于它呈现的要求作出反应，而这种反应需要根源于这种要求，并且对它释放了自身——这

---

① 〔德〕海德格尔：《荷尔德林诗的阐释》，孙周兴译，商务印书馆2000年版，第8页。

意味着一个人作为终有一死的人存在于与其他终有一死的人、与大地和天空、与神的出现或者缺席、与事物、植物和动物的真正关系之中;这还意味着所有存在物都能以最充分的方式敞开自己的本质,按照自己本来的样子生活和呈现。而这,或许就是让所有心灵和存在归家。

然而,当下时代是如此的不尽如人意,诗人荷尔德林把这一时代称之为"贫困的时代"。"贫困的时代"何以贫困?海德格尔的所有解释似乎都通向一个结论:人在自身的存在中丢失,世界在自身的历史中丢失,由此,人与世界作为存在都找不到自己的家园,而且都在这种迷失家园中失去了自己的本源。

"贫困的时代"为何贫困?首先,海德格尔在荷尔德林的诗中发现了答案,认为这是由于神的缺席和上帝的不在场,因为这意味着不再有一种力量能把任何事物都聚集在自身之中,并通过这种聚集让世界和人的历史都逗留在自身的历史之中。不仅如此,神的光芒也在世界的历史中消失了,世界由此弥漫在黑暗之中,世界之夜的时代便是贫困的时代。其次,海德格尔又到被称为20世纪德语世界最伟大的诗人里尔克(Rainer Maria Rilke)那里去寻找,贫困的时代之所以贫困不仅因为上帝之死,也因为终有一死的人很难意识到和承受自己终有一死的事实。"终有一死的人尚未具有自己的本质。死亡退回到谜团之中,痛苦的神秘仍旧没有被揭示,人们还没有学会爱情。"② 也就是说,"贫困的时代之所以贫困是因为它缺少对于痛苦、死亡和爱情本质的揭示"。这种贫困是因为存在的领域退回到痛苦、死亡和爱情属于一体的领域里,因为人们远离了存在,所以便感受不到与存在一体的痛苦、死亡和爱情,触摸不到自己的本质。于是,存在连同与之一体的痛苦、死亡和爱情也远离了人们,人由此成为了漂泊的浮萍,不再有根基。更为可悲的是人们对于这种状况的木讷,没有痛苦的感受,意识不到自己终有一死的事实,更不懂得爱情可以拯救生命——意识不到爱情不仅与痛苦和死亡一样构成生命和存在的本质,而且人们完全可以通过积极的行动拥抱这一本质。再次,时代的贫困也由于人作为存在者已经在自身意志的异化中成为站立在世界面前、而不是其中的他物。在莱布尼兹看来,自然是一种宽泛的、本质意义上的自

---

② Martin Heidegger, *Poetry*, *Langauge*, *Thought*, Translations and Introduction by Albert Hofstadter, Harper Colophon, 1975, p. 96.

然，它意味着存在之存在。存在通过原始的运动而出现，"这是一种把一切都集中起来的原始动力，并以这种方式让每一个存在物都释放出自身"③。每一种存在作为一种存在都是一种意志，它是某种被意欲的东西，意志是存在的方式。存在是生命，是生命的意志，是对于生命的意欲。海德格尔也主张，只有在这种意志中存在才能释放自身。反观植物、动物之自然，它们都通过对于意志的自然意欲回归到自己的本质，敞开生命的状态，融入到无限之中，它们在世界中存在。而人却截然不同，他以狂妄制造出自身与世界的对立，最后又不得不封闭自身的存在，颓废地站在世界面前，此时人的生命意志已经异化，失去了本源，离家越发地遥远了。于是，我们就不难理解为什么由人作为主要存在而呈现出的历史和时代越发地贫困起来了。还有，贫困的时代之所以贫困，也缘于人把自己交给了现代技术，并辅以国家的极权。技术的统治把人之性和物之性都变成了可以拿到市场变卖的价值，使人堵塞了能够敞开自己的道路。技术也使人变得狂妄和武断，幻想着通过现代理性主义假设和科学方法揭示自然的所有奥秘，把握上帝创世的最终秘籍，却始终没能意识到：不管我们如何在实验室里拷问事物，它们总有隐匿不现之处，真理也永远与非真理相随。事物亦可通过多种方式呈现自己，身着各种各样的伪装。科学所揭示的永远都只是事物呈现给我们的那一面，我们对于它们的解说也永远都伴随着自己在更大程度上的无知。因而，由于技术的统治，我们的时代已经变成技术的白昼和世界的黑夜。④

至此，作为一种存在，人类竟然也说不清是由于时代的贫困，自己才在家园中走失，还是因为如果我们不走失，时代便不会贫困？然而不论怎样，既然时代已经贫困，人作为一种存在已经自我走失，那么，人就要归家，哪怕是要历尽千辛万苦。

---

③ Martin Heidegger, *Poetry*, *Langauge*, *Thought*, Translations and Introduction by Albert Hofstadter, Harper Colophon, 1975, p.100.

④ 海德格尔的高中神学老师卡尔·布雷格(Carl Braig)认为，现代文明缺少对于我们作为其中一部分的，并围绕着我们的无穷无尽奥秘的尊重，这缘于人类狂妄地把自己置于核心地位，因而他最终保留的仅仅是与真理的实用主义关系：真理就是为我们服务的和给我们带来现实成功的东西。我们如此地肯定只有自己才能发现世界，而不是世界为了自身而发现我们，我们也如此地肯定自己能够思考上帝而不是我们在上帝的思考之中，这种看法曾对年轻的海德格尔产生巨大的影响。

二 归家之路:诗、语言与思

"诗是一切人类活动中的最真纯者",在一个贫困的时代里,对于诗人存在和使命的探讨本身就构成诗人存在之必要的本质,诗人是我们归家的引领者,我们必须聆听诗人,必须按照诗人所说的去思考。

然而,归家之路,为何有诗?这首先是因为:诗人走在世界时代命运的旅途上,他在诗中聚集了诗的本质,而那就是存在的历史过程,如果我们要达到和进入这一过程,我们必须开始与诗的对话,因为这一对话也就是与存在历史的对话。其次也因为:诗道出了存在的敞开。海德格尔认为,真正的思想讲出来一定是诗意的,尽管它们可能不必采取诗的方式,诗的对立面不是散文,纯粹的散文也如同诗一样充满诗意。思想的声音一定是诗意的,因为诗说出了真理,敞开了存在。艺术也是如此,就它是艺术作品和艺术家所依赖的本质所言,其本质也是诗,因为它也是真理自行地把自身呈现出来(the setting-itself-into-work of truth),进入一个敞开的空间,让所有敞开之物都与众不同。因而,诗魂便是充分的敞开,诗是一种光明的投射(project),是对于投射的一种表达:"道出了世界和大地,道出了它们之间冲突的场所,因而也道出了所有近神和远神的空间。诗道出了存在的敞开。"⑤"投射"一词在这里十分耐人寻味,它表明诗只是把世界、大地、诸神和存在已有的本质投射出来,呈现出来,让它们熠熠闪光,从这个意义上说,诗作为一个载体,自由自在地输送着存在,诗人也由此如燕子般的轻盈和自由。或许在一般人眼里,诗并不需要思考,思考者也不需要做诗,但在海德格尔看来,一流的诗人一定要像一流的思想家那样思考,这是一种纯净的、厚重的和坚实的思考,也正因为如此,他们的作品才能够被称为诗。再次,诗呼唤着人们踏上归家之路。海德格尔认为,诗人在进入诗境后所写就的一切诗歌都是归家之诗。什么是归家?就是使人们在心灵的内在空间中在场,并由此在自己存在的基础上重新聚集起来,进入一种宁静的状态——诗意地栖居。显然,同笛卡尔的外在理性逻辑相比,海德格尔更为欣赏帕斯卡尔的内在心灵逻辑:"心灵内在的、

---

⑤ Martin Heidegger, *Poetry*, *Langauge*, *Thought*, Translations and Introduction by Albert Hofstadter, Harper Colophon, 1975, p. 76.

不可见的领域不仅比属于计算呈现的外在领域更为深切,而且也由此变得更为不可见;它也比仅仅能够生产出来的对象领域更为拓展。只有在这最不可见的心灵最深处,人们才倾向于自己所爱的人:祖先、逝者、孩子和后来人。"⑥在这里,我们可以隐约地察觉出存在、心灵和爱与归家之间的内在联系——诗敞开了存在,敞开了心灵,在心灵深处唤醒了爱,而对家人的爱呼唤着游子归家。反过来说,只有家、心灵和爱才更接近于诗,更接近于存在,更接近于自然,更要求人作为存在的敞开,人作为存在的敞开也理应从这里打开大门。

归家之路,语言何为?首先,海德格尔认为,语言是存在的家,"语言是人的存在最近的邻居"⑦。语言的本质既非意谓所能穷尽,也不是某种符号和密码,它是人在世界和历史中生存的先决条件。人们正是通过不断地穿行于这个家园才抵达存在。在归家的途中,当我们穿越深林时,当我们接近一口井时,都会穿过深林和井的词语,哪怕我们并没有说出这些词语。一切存在,无论是意识对象还是心灵之物,都以各自的方式存在于语言中,而且也只有在这一区域内,从对象和表象领域抵达最内在心灵领域的回归才是可能的。这也是说,在归家的路上,语言十分重要,一切存在都借助于语言这个家来归家——敞开和呈现自身。其次,被语言说出来的纯粹的东西就是诗。人们常常以为,语言只是一种表达,语言就是说话(speak),它是人们能够听到的表达和情感的交流,并由思想陪伴着。然而,在海德格尔看来,如果说话是表达,就预示着有某种内在的意欲表达的东西,或者需要把它们外在化。因而,人们要在被说出的内容中寻求语言,而被语言说出来的纯粹的东西便是诗,而诗要向我们说出什么呢?人们所想的与他们选择语言所道出的东西之间保持着联系,而诗比其他事物更能有助于人们在最初阶段发现在这种联系中的联系之物。从本质上说,语言既不是表达,也不是人的行为,语言是说话。人们在诗中寻找语言讲出的东西,而被寻找的东西存在于以诗的形式讲出的话语中。再次,语言也是一种倾听。在海德格尔看来,人类作为终有一死者,他的讲话并不是自足的,而是需要存在于语言讲出的关系中。人类只是在自身

---

⑥ Martin Heidegger, *Poetry*, *Langauge*, *Thought*, Translations and Introduction by Albert Hofstadter, Harper Colophon, 1975, pp.117-118.

⑦ Ibid., pp.189.

的倾听中说话,说话是因为他能对语言作出反应,这种反应便是倾听,倾听存在于语言的说话之中。作为向死的存在物,人需要在语言关系中生存,语言使存在物显露出来并存在下去,有语言的地方才有人的世界,语言是人存在的基础。人们需要一道归家,语言是他们建立联系的唯一的和必不可少的工具,人们每时每刻都在说话与倾听。正是从这一意义上,我们的存在和心灵才时时都在呼唤着语言:"心儿在跳,言语却迟迟难发。"⑧

归家之路,"思"有何为?首先,在海德格尔看来,哲学是存在与存在之间的对话。存在是一种内在之光,通过存在之光的澄明我们意识到自身的意义,意识到我们的存在和存在自身。这种光让我们得知自己是存在的,它照亮了知识存在的基础,使我们有希望回到存在的本源。在这里,哲学的作用是唤醒存在,在存在之间进行对话,但哲学不是一种回答(reply),而是存在与存在之间的共鸣(co-respondence),这种共鸣不仅仅是说话和自我表达,也是一种倾听。说话与倾听帮助存在者相互交流,回到自身的本源,而这也意味着归家。哲学的未来本质就是"倾听存在的声音"⑨。其次,哲学也揭示出真理原初的本质。海德格尔看到,无论人们如何定义哲学,哲学主要探讨的都是真理原初的本质。如果我们必须追问什么是真理?就首先需要回答自己此刻身处何地?我们需要一个目标,这一目标位于人类的历史之中,又为了人类历史而被置于人类面前,我们要求真实的真理。有人认为,真理的本质是自由,真理首先被接受、被普遍认为是构成"已知"事物内在可能性的基础。海德格尔则对此提出质疑:什么是本质?按照形而上学的理解,本质是某种不可消亡的永恒存在之物,某种绝对不可奠基在人的短暂性和脆弱性之上之物,那么真理的本质又怎能在人的自由中享有稳固的基础呢?所以自由是让存在显露自身,将一切行为都带入敞开之中,自由便是存在的敞开,真理并不是人作为主体针对某一对象给出的某个正确命题,然后将此命题命名为"真"。真理是对存在的启明,这种启明把事物敞开和呈现出来,使人真正处在他自身的存在之中,而这种状态便是人作为存在回到本源中去,也

---

⑧ 〔德〕海德格尔:《荷尔德林诗的阐释》,孙周兴译,商务印书馆2000年版,第9页。
⑨ Martin Heidegger, *What is Philosophy?*, Translated with a introduction by William Kluback and Jean T. Wilde, Vision Press Limited, 1956, p. 89.

就是他的归家。也许正因为如此,哲学才让人感觉到快乐:"环绕我窗口的哲学之光眼下是我的快乐,但愿我能够一如既往地留住它。"⑩

三 归来者仍在寻找家门

在海德格尔看来,诗人在进入诗境后所写的一切诗都是归家之诗。归来者虽已到达,但却没能归家,这首先是因为家是难以企及的,闭门不纳的。"你梦寐以求的近在咫尺,已经与你照面。""一切都显得亲切熟悉,连那匆忙而过的问候,也仿佛友人的问候,每一张面孔都显露出亲近。"然而归来者却尚未抵达故乡,因为故乡的人和物已经锁闭着它最本己的东西,"那最美好的,在神圣和平彩虹下的发现物,却已经对老少们隐匿起来"⑪。于是,归来者又转而去寻求故乡最本己的东西,海德格尔把这看成是由天命决定的命运。为什么欣喜的归来者却被命运阻挡在家门之外?因为家的本质是神意,或者我们现在所称呼的历史。在神意中,这个本质还没有完全给出,它还滞留着,需要我们去寻觅。于是,诗人需要在归来中呼唤家神与岁神,为的是在时空中展现出家的本质和人们所追求的在家的状态。家首先是一个空间和场所,为人提供一个居所,使人能够完成使命。这个家是大地给的,所以大地便成为第一个"家神"。而"岁"则为被我们称为季节的时间提供住所,为人在家提供时间,使在家的人拥有安全感。岁通过光的明暗作用发出致意,而这种光便成为"岁神"。所有神灵的本质都存在于本源中,因而对于本源的接近是一种人们难以企及的神秘。"神近在咫尺又难以把握","但哪里有危险,哪里也生拯救"⑫。所以我们必须以最忠诚的情感返回家园。

在寻找家门的过程中,归来者对于这种神灵的本质有着深刻的体验,而故土最美好的地方在于它就在本源的近处,所以归家便是返回到本源的近处。然而或许由于神意,归来者只能到达本源的近处,久久地徘徊在这里寻找着家门。

---

⑩ Martin Heidegger, *Poetry*, *Langauge*, *Thought*, Translations and Introduction by Albert Hofstadter, Harper Colophon, 1975, p 95.
⑪ 〔德〕海德格尔:《荷尔德林诗的阐释》,孙周兴译,商务印书馆 2000 年版,第 6—8 页。
⑫ 同上书,第 21 页。

四 归家:作为"此在"存在者之命运

人要归家,不论路途有多么遥远。哲学的灵魂与其说是探讨存在,不如说是探讨人作为一种初始者如何回归存在,如何归家。"或许哲学最有力、最持久地表明了人如何成为一个起源者。哲学化最终仅仅意味着作为一个起源者的存在。"[13]

然而,倘若要回归存在,踏上归家之路,我们就必须探讨存在。对于海德格尔来说,我们只能通过"此在"(Dasein)的方式来探索存在的本质,"此在"既可以被定义为期望、理解、把握、通达等构成存在的行为,本身是一种特定存在者的样式,也可以被理解成对于存在不断发出追问的存在者。依据后一种理解,理解存在本质的关键在于把握这个提问者的存在,这个作为"此在"的存在者也是一个归家者,他是自知的——知道自己的存在以及身处何地;他是自立的——有一个独一无二的本体论地位;他是自主的——能够创造一个使世界在自己面前呈现出意义的空间和从"此"到"彼"的环境;他是在世的——永远以一种在世的(being-in-the-world)存在方式探讨存在;并永远存在于与世界(being-with-the-world)的关系之中,这种关系是世界有意义的条件。海德格尔试图从现世和关系中追寻存在的本源、基础和本质,然而存在的隐而不露使"此在"对于存在本质的探讨永无止境,"此在"作为存在者的归家之路也必定十分漫长。

存在的隐而不露预示着生命的神秘,而在当代技术世界里,在现代性哲学思维中,这种生命原初的神秘正在受到威胁,并在这种威胁中渐行渐远,归家便是回到生命的原初状态,回归那久远深邃的生命之谷。在这种对于生命回归的解释中,海德格尔采用了现象学的认识方法,现象学的精髓在于"回归事物本身",对于胡塞尔来说,这一回归意味着回到意识本身,因为在他看来,存在消融在意识之中,"认识是自然的事实,它是任何一个认识着的有机生物的体验,它是一个心理事实"[14]。而对于海德格尔来说,这一回归却意味着回到生命本身,因为最原初、最基本的事物是生

---

[13] Rudiger Safranski, *Martin Hedegger_Between Good and Evil*, Harvard University Press, 1998, p.1.
[14] 〔德〕埃德蒙德·胡塞尔:《现象学的观念》,倪梁康译,人民出版社2007年版,第18页。

命。海德格尔区分出两种现象:存在者意义上的现象和存在论意义上的现象,前者是人们通过感官闻见的、显见出来的事物,而后者则是前者的根据和存在,是存在者的存在,他的现象学正是要通过诗、语言与思来揭示存在之无蔽的状态,回归生存和生命的本质,现代人无家可归的命运正是由于对于这种存在者的存在的背离和遗忘。

或许正是由于生命的神秘和存在者要回归生命的命运,海德格尔的哲学才对生命充满关切。在他看来,生命是缠绕不休的,人是被抛出来的,存在已经成为一种负担的证明,因而并非人一出生便意味着进入了世界,这一旅途还相当地漫长。在许多人看来,哲学起源于人的思想,而海德格尔认为,哲学事实上起源于一种"心情"或者"情绪"(mood),起源于惊讶、恐惧、担忧、好奇和庆祝,这种"心情"或者"情绪"连接着生命与思考。作为"此在"的存在者,人仅仅存在于偶然性和历史性之中,其生命形态也处在历史的不断转化之中,它们是不可计算的、相对的、有限的,不可能以某种普遍有效的方式统一起来,但形而上学却对生命和思维"想入非非",原因在于这种理论完全脱离真实的生命,脱离人生存的事实,因而哲学应当关心的是生命而不是形而上学知识。

然而,不论是对于存在的探索,还是对于生命的回归,都是"此在"归家之命运的一种体现,这种命运最终把握在神灵手中,而神灵使远方归来的游子和只在家乡土地上定居的乡亲都无法返回到故乡之本己的要素中去,或许,归家的诗意本质乃是超出对于家乡事物和本己生活分享与占有的一种精神夙愿和寄托,在归家的旅途中,存在者追求以最充分的方式敞开自己的本质,按照自己本来的样子生活和呈现,他乡的游子为了依旧遮蔽着的存在尽情地挥霍着时光和生命,在无尽的行程与叩门中望眼欲穿地期待着。或许,这种自我牺牲也并不是无谓的,因为它始终包含着对故乡最可爱的人诗意地呼唤,归家也是作为"此在"的存在者无法选择的命运。

五 诗意地归家:女性主义解读

在女性主义学者眼中,海德格尔诗意归家的叙事具有重要的价值,女性主义理论可以从不同视角对其进行解读。其一为诗意语言的解读。朱丽亚·克里斯蒂娃(Julia Kristeva)对海德格尔的诗意语言进行探讨。在她看来，符号学既是一种语言学，也是一种思维方式和方法论原则。我们可以在符号学基础上，通过对于语言意指系统的分析来建立女性主义诗学理论。符号的意指系统分为符号和象征两个部分。前者是前语言状态，指语言的节奏、语调和原初的过程，是没有被语法、逻辑所制约的状态，而后者则是受到语法规范和逻辑制约的状态。毫无疑问，海德格尔的诗意语言是一种前俄狄浦斯的语言，没有确定性和规范性的约束，是一种原初的、充满活力和激情的感性语言，近似于在母亲子宫中的狂欢话语。诗意语言开辟了一种母亲的空间——子宫的空间和女性的空间。也就是说，海德格尔的诗意语言体现出女性的形象，这不仅表明他对现代性主体的激烈批评，也表明他对人类中心主义和以自我为中心的人本主义的批评。然而，尽管这种诗意语言也揭示出主体在形成过程中与社会的互动，甚至说出海德格尔称为不能说出的、神秘的、不能列出的事物，呈现出母性和女性的空间，进而体现出这二者的主体地位，但由于它仍旧是语言，便不可避免地保留了传统主体的含义和父权制的法则。

其二为形而上学隐喻的解读。海德格尔对于存在的本体论探讨始终没能逃脱形而上学的藩篱，这恰如德里达所言：尽管海德格尔避免对一个形而上学的实在作出最终承诺，但他关于存在和在场的说明却包含这样一种形而上学隐喻。一些女性主义哲学家，如露丝·伊丽格瑞（Luce Irigaray）也认为，形而上学总是以某种方式假定一个坚硬的外壳，并以此出发提出一种建构，例如物理学从理论上建构了这一星球。无论哲学家想远离这一星球还是想修正它，物理学基础总是存在于那里。因而，只要海德格尔不离开这一星球，他就无法离开形而上学。海德格尔所说的人类对于存在的遗忘实际上是对于使存在成为可能的空气元素的遗忘。空气作为一种元素从存在手中传递着，呼吸的记忆允许我们到达存在的另一个纪元，在那里存在呈现为二——男人和女人，两者从现象到本质都不是分裂的，这种存在连同每一种现象，包括人类都正在生成之中。空气以不可感知的方式存在于每一种生命中，存在于每一种讲话行为和每一个思想中。哲学有必要再次发现呼吸和它所把握的意义，开辟一个途径允许超越形而上学基础和封闭性的回归。海德格尔对于人失去存在根基的担心是由于他没有想到空气，他似乎知道呼吸的意义，但却忘记它可以成为照亮存在的途径。呼吸使人独立也使人再生，返回母亲与自然并与之分享呼吸。人类存在的集合也只能通过呼吸来完成，因为"生命绝非仅仅是我的,它总是准备好接受和呈现给他人,而且它最终要归功于共享的空气和环境"⑮。

其三为对于体验意义的解读。在许多欧美女性主义哲学家看来,哲学必须始于我们对于世界的生活体验,并非所有的东西都如同它们看起来那样是合理的和有意识的。我们的体验为我们作为人类的存在提供意义。女性主义哲学家南希·J. 霍兰德(Nancy J. Holland)认为,海德格尔的早期著作《存在与时间》实际上是一种关于"此在"的解释学,旨在对"此在"生活的世界进行说明,但它并不是一种仅仅说明我们的生活体验如何的现象学,而是一种试图揭示和澄清这些体验对于我们自身意义的解释学。海德格尔的"此在"具有一个重要特点,即它强调人的社会性,强调人在 being-with 状态中的体验,海德格尔还以 solicitude(关怀,热心)来表示人与人、人与人之间自然的关系,关心生命和环境,关注"此在"在归来途中的各种生命体验,这些观点恰好为女性主义哲学发展关怀体验提供了空间。但是,海德格尔归家的体验却反映出他对于前个人主义父权制的一种乡愁,也是他恐惧死亡生命体验的一种写照,因为在他看来,人类终有一死的事实和我们自身的可被替代性将抹去我们赋予这一世界的所有意义。作为对于这一恐惧的反应,"此在"或者选择一种对于先前生活方式的回归,或者选择对于生命的一种重新假设——生命原本是无根基的,并不存在不能被一个人死亡所消解的内在意义。⑯霍兰德的这种分析揭示了海德格尔的巨大孤独感与其归家和回归生命的体验之间的密切关系。

其四为归家渴望的解读。在一些女性主义哲学家看来,海德格尔的世界已经呈现出社会与历史的性别结构。尽管海德格尔认为栖息是人的存在方式,但它却是男性而非女性的存在方式。男性为了栖居的目的建造,并使女性在家,把她们说成是自然的养育者和人类的母亲。他们渴望和建造家园的行为实际上是对于自己身份和主体性的追求,为自己曾有的失去寻求一种补偿,因为每一个人都出生在丧失之中,当他被逐出母亲

---

⑮ Luce Irigaray,"From The Forgetting of Air to To Be Two,"Nancy J. Holland and Patricia Huntington Ed., *Feminist Interpretation of Martin Heidegger*, The Pennsylvania State University Press, 2001, p. 311.

⑯ Nancy J. Holland, *Is Women's Philosophy Possible?*, Rowman&Littlefield Publishers Inc., 1990, p. 101.

黑暗的身体之后,便被抛入一个无墙的世界,没有任何基础来支撑自己脆弱的、通向尽头的存在,他也必须接受这种与母亲的分离,在失去根基和确定性的状态下寻找和形成自己作为一种存在的意义和身份。因而,在男性的一生中,始终怀有一种回归家园的渴望,于是他们一方面致力于与女性建立身体上的关系,并在与女性的性爱关系中,通过女性的子宫回到失去的家园,重温最初与母亲结为一体时的那种被包裹着的温暖。另一方面他们也不辞劳苦地大兴土木,把气体和流体元素变成固定的结构来为自己营造一个家园,用这个家把自己包裹起来。栖居是男性存在的基本特性,他们永远都在四处为自己寻找和建造家园,这可以采取洞穴、茅屋、女性、城市、语言、概念和理论等形式。父权制的性别体系也使男性能够依赖于女性的对象化和无家可归来获得主体性,女性被当作建筑材料,被当成男性的栖息地。在性别制度中,男性自我确定的形式便是乡愁——一种回归已失去家园的渴望,它之所以不能被满足是因为失去本身便意味着分离、诞生和必死的事实。乡愁也是对于失去的一种逃脱,它渴望着在温暖安全的墙壁内与母体原初的联结。

也有女性主义哲学家从内在性与超越性的区分方面解释男性归家的渴望,例如波伏瓦认为,家务具有一种否定特性,例如清洗是为了去脏,整理是为了清除混乱。家务也是无止境的重复,女性向脏的斗争永无停歇。家务还是对女性的压迫,这种压迫与哲学上把女性归结为内在性,把男性归结为外在超越性相关,后者是一个人主体性的表达,而前者则体现为维持日常生活的活动,从事这些活动的人们并不具有主体性。因而,女性应当从家园和家务劳动中解放出来,每一个人都应当具有内在性和超越性两种特征。活着的主体是未来指向的,未来以各种可能性开放着,人类存在于历史之中,必须以创造性的行为,以未来的行为来建构自我和历史。与波伏瓦相似,阿伦特也强调劳动与工作的区分,认为劳动意味着为满足生存需要去从事磨人的活动,它是暂时性的、循环的和重复性的,因为劳动产品总是被生存所消费,不能保留为永久之物。而工作却是永久性的创造,例如建造庙宇和广场、写作巨著和建立一种恒久的政治结构等,因而女性的解放在于从劳动中解脱出来,更多地从事工作活动。从这一意义上说,归家对于女性并不是一个理想的选择。⑰

然而,另一些女性主义哲学家则从积极的意义上对于归家渴望进行解读,例如艾里斯·M.杨认为,尽管家对于女性来说具有压迫的成分,但也具有重要的解放潜能,因为它以独特的方式地表达出人的价值。波伏瓦以内在性和超越性的二元对立来看待女性传统的居家活动,因而没有看到这种活动所体现的历史性和个体性意义,事实上"家在身份的物化过程中具有两个层面的意义:我的物品在空间上被安排为我身体习惯的延长,支持着我的日常生活;家中的许多东西,连同空间本身,传达着作为个体叙事见证者而被积淀下来的私人意义"⑱。栖息本身是自我在空间上的展开,表达出我与周围没有破裂的关系,它是由空间构成的人类存在本身。我的房间不仅表达了对于这一房间的占有,更表达出我与房间之间的关系,表达出我的空间存在。家是身份的物质化,是个人生活的叙事,并且是无价的。同时,家给人提供的个体身份也是不固定的,因为我们时刻处于与历史的交叉和变换之中,每一天的生活都是不同的。家也是超越代际的,女性是家和个体历史的保护者。杨的这种观点也继承了海德格尔关于建造的观念,海德格尔认为建造包括两个方面:建立和保护,在杨看来,女性在历史上一直都是家园的保护者,这种保护的创造性和道德使命在于根据对于新的事件、关系和政治的理解来建立今昔关系。事实上,女性的工作同男性的工作一样有意义,男女的平等需要重新估价女性在公共和私人领域完成的保护性工作。

尽管海德格尔的归家叙事在女性主义哲学中产生了热烈的讨论,但许多女性主义学者也会对海德格尔在"性别差异"问题上的沉默不语感到遗憾。德里达在考察西方哲学传统之后发现,从柏拉图到尼采、康德、黑格尔和胡塞尔,几乎所有的传统哲学家都不由自主地论述到性别差异问题,至少从人类学或者自然哲学的角度说上几句,但海德格尔却是一个例外。他推测说:或许在海德格尔看来,性别差异不能提升到本体论差异的高度,因为它并不具有本质的特点,因而不属于"此在"的本质结构。倘若德里达的分析是正确的,我们就应当庆幸海德格尔与女性主义的不

---

⑰ Iris Marion Young, "House and Home: Feminist Variations on a Theme," in Nancy J. Holland and Patricia Huntington ed., *Feminist Interpretations of Martin Heidegger*, The Pennsylvania State Press, 2001, pp. 267-269, p. 273.

⑱ Ibid., p. 270.

谋而合,因为当代女性主义哲学的使命之一在于通过对"性别差异"问题的本体论讨论来证明它不属于"此在"本质结构的事实,说明本体论作为一种哲学思考方式的局限性,进而追求哲学本身所蕴涵的张力和丰富性。

* * *

当海德格尔阐释荷尔德林之诗时,他相信这种阐释是支离破碎的,因为这些诗就像一口钟,悬于旷野之中,已然被轻飘的落雪覆盖而走了调,因而"任何阐释最后的、但也最艰难的一个步骤乃在于:随着它的阐释而在诗歌的纯粹显露面前销声匿迹"[19]。当我们试图理解海德格尔的归家叙事时,抵达文本的路程也同归家之路一样地艰辛和漫长,这不仅是由于我们自身的局限性,还因为"海德格尔的故事是一个长故事,无论对于他的生命还是哲学来说都是如此,它蕴含了整个世纪的激情和灾难"。"海德格尔热衷于提出问题,而不是给出答案。"[20]

据说海德格尔的母亲是一位快乐的女性,她经常说:"生命被如此美妙地安排,以至于总有某种被期待的东西。"[21]对于海德格尔和漂泊的现代人来说,归家或许就是生命中的这样一种美妙的期待,尽管它的路途如此地漫长。

2006 年 2 月在阿尔伯塔大学临床科学楼完成初稿
2009 年 2 月修改于清华园新斋

---

[19] 〔德〕海德格尔:《荷尔德林诗的阐释》,孙周兴译,商务印书馆 2000 年版,第 3 页。
[20] Rudiger Safranski, *Martin Hedegger_Between Good and Evil*, Harvard University Press, 1998, p. ix.
[21] Ibid., p. 9.

参考文献

1. Alasdair MacIntyre, *After Virtue: A Study in Moral Theory*, Notre Dame: University of Notre Dame Press, 1984.
2. Alison M Jaggar, *Feminist Politics and Human Nature*, Totowa, N. J.: Rowman & Allanheld, 1983.
3. Amanda Coffey and Sara Delamont, *Feminism and the Classroom Teacher*, London; New York: Routledge Falmer, 2000.
4. Andrea Nye, *Philosophy & Feminism: At the Border*, New York: Twayne Publishers, 1995.
5. Ann Garry and Marilyn Pearsall, *Women, Knowledge, and Reality: Explorations in Feminist Philosophy*, London; New York: Routledge, 1992.
6. Axel Honneth, *The Struggle for Recognition: The Moral Grammar of Social Conflicts*, Polity Press, 1995.
7. Bat-Ami Bar On (ed), *Modern Engendering: Critical Feminist Readings in Modern Western Philosophy*, Albany: SUNY Press, 1994.
8. Carol Gilligan, *In A Different Voice*, Cambridge; Mass: Harvard University Press, 1993.
9. Carol Gould, *Feminist Philosophy after Twenty Years Between Discrimination and Differentiation: Introductory Reflections*, Hypatia vol. 9, no. 3 (Summer 1994).
10. Carole Pateman and Elizabeth Gross, *Feminist Challenges: Social and Political Theory*, Boston: Northeastern University Press, 1987.
11. Caroline Ramazanoglu with Janet Holland, *Feminist Methodology: Challenges and Choices*, London; Thousand Oaks; Calif: SAGE Publication Ltd, 2002.
12. Charlotte Witt, *The Metaphysics of Gender*, Oxford University Press, 2011.
13. Charlotte Witt ed., *Feminist Metaphysics: Explorations in the Ontology of Sex, Gender and the Self*, Springer, 2011.
14. David Crownfield ed., *Body/Text in Julia Kristeve_ Religion, Women, and Psychoanalysis*, Albany: State University of New York Press. 1992.

15. Diane Elam, *Feminism and Deconstruction*: *Ms. Enabyme*, London; New York: Routledge, 1994.
16. Diana Tietjens Meyers, *Subjection &Subjectivity_Paychoanalytic Feminism & Moral Philosophy*, New York: Routledge, 1994.
17. Domna C. Stanton, "Difference on Trial, A Critique of The Maternal Metaphon in Cixous, Irigaray, and Kristeva," in Jeffner Allen and Iris Marion Young ed., *The Thinking Muse: Feminism and Modern French Philosophy*, Bloomington: Indiana University Press, 1989.
18. Donna Harawa, *Modest_Witness@ Second_Millennium. FemaleMan_Meets_OncoMouse: Feminism and Technoscience*, New York: Routledge, 1997.
19. Drude Dahlerup, *The New Women's Movement: Feminism and Political Power in Europe and the US*, Beverly Hills, CA: Sage Publications Ltd, 1986.
20. Elisabeth Bronfen & Misha Kavka ed., *Feminist Consequences: Theory for the New Century*, New York: Columbia University Press, 2001.
21. Elizabeth Frazer, *Ethics: A Feminist Reader*, Oxford: Blackwell, 1992.
22. Elizabeth Grosz, *Jacques Lacan: A Feminist Introduction*, London; New York: Routledge, 1990.
23. Elizabeth Grosz, *Sexual Subversions: Three French Feminist*, Boston: Allen and Unwin, 1989.
24. Emanuela Bianchi, *Is Feminist Philosophy Philosophy?*, Evanston. IL: Northwestern University Press, 1999.
25. Frieda Forman, et al (eds.), *Feminism and Education: A Canadian Perspective*, Toronto: Centre for Women's Studies in Education, Ontario Institute for Studies in Education, 1990.
26. Genevieve Lloyd, *The Man of Reason: 'Male' and 'Female' in Western Philosophy* (2nd edt.), London: Routledge, 1993.
27. Helene Cixous, "Castration or Decapitation," in Kelly Oliver ed., *French Feminism Reader*, Lanham, Md.: Rowman & Littlefield Publishers Inc., 2000.
28. Helene Cixous, "Rootprints," in Kelly Oliver ed., *French Feminism Reader*, Lanham, Md.: Rowman & Littlefield Publishers Inc., 2000.
29. Helene Cixous and Catherine Clement, *The Newly Born Woman*, Minneapolis: University of Minnesota Press, 1986.
30. Helen E Longino, "Can There Be a Feminist Science?" In *Women, Knowledge, and Reality*, eds. A. Garry and M. Pearsall, New York: Routledge. 1996, pp. 203-216.
31. Henri Lefebvre: *The Production of Space*, Blackwell, 1991.

32. Hilary Kornblith ed., *Naturalizing Epistemology*, MIT Press, 1994.
33. Iris Marion Young, *Justice and the Politics of Difference*, Princeton; New Jersey: Princeton University Press, 1990.
34. Iris Marion Young, "House and Home: Feminist Variations on a Theme," in Nancy J. Holland and Patricia Huntington ed., *Feminist Interpretations of Martin Heidegger*. University Park: The Pennsylvania State Press, 2001.
35. Iris Young, "*On Female Body Experience_ Throwing Like a Girl" and Other Essays*, New York: Oxford University Press, 2005.
36. Jacques Lacan, *Feminine Sexuality: Jacques Lacan and the Ecole Freudienne*, Juliet Mitchell and Jacqueline Rose (edt.), trans. Jacqueline Rose. New York: WW Norton, 1982.
37. Jane Flax, *Thinking Fragments: Psychoanalysis, Feminism & Postmodernism in the Contemporary West*, Berkeley: University of California Press, 1990.
38. Janet A. Kourany, *Feminist Philosophies* (ed. with James Sterba and Rosemarie Tong), Upper Saddle River, N.J.: Prentice Hall, 1999.
39. Janet A. Kourany ed., *Philosophy in A Feminist Voice: Critiques and Reconstructions*, Princeton Univesity Press, 1998.
40. Jean Grimshaw, "Autonomy and Identity in Feminist Thinking," in *Feminist Perspectives in Philosophy*, Griffiths, Morwenna, and Whitford, Margaret (Eds), Bloomington: Indiana University Press, 1988.
41. Jean Grimshaw, *Feminist Philosophers: Women's Perspectives on Philosophical Traditions*, Brighton; Sussex: Wheatsheaf Books, 1986.
42. Jeffner Allen and Iris Marion Young (ed), *The Thinking Muse: Feminism and Modern French Philosophy*, Bloomington: Indiana University Press, 1989.
43. Jennifer Saul, "Unconscious Influences and Women in Philosophy," *Lecture in Women's Philosophers Exposition*, Lund University, Sweden, 2010.
44. Joan C. Tronto, *Moral Boundaries: A Political Argument for An Ethic of Care*, N.Y. &London: Routledge, 1993.
45. John Law, *After Method: Mess in Social Sciences Research*, N.Y. &London: Routledge, 2004.
46. John Lechte and Maria Margaroni, *Julia Kristeva: Live Theory*, London; New York: Continuum. 2004.
47. Judith Butler, *Gender Trouble: Feminism and The Subversion of Identity*, New York: Routledge, 1990.
48. Judith Butler, "Gendering the Body: Beauvoir's Philosophical Contribution," in Ann

Garry Marilyn Pearsall ed. , *Women , Knowledge , and Reality*: *Explorations in Feminist Philosophy* , New York: Routledge ,1992.

49. Judith Butler, "The End of Sexual Difference?" In *Feminist Consequences*: *Theory for a New Century* ,Elisabeth Bronfen & Misha Kavka (edt.) , New York: Columbia University Press,2001.
50. Julia Kristeva, "Women's Time," in Kelly Oliver ed. , *French Feminism Reader*, Lanham, Md. : Rowman & Littlefield Publishers Inc. ,2000.
51. Julia Kristeva, "From One Identity To An Other," in Kelly Oliver ed. , *French Feminism Reader*, Lanham, Md. : Rowman & Littlefield Publishers Inc. ,2000.
52. Julia Kristeva, "Motherhood," in Kelly Oliver ed. , *French Feminism Reader*, Lanham, Md. : Rowman & Littlefield Publishers, Inc. 2000.
53. Julia Kristeva, *Powers of Horror_An Essay on Abjection*, New York: Columbia University Press,1982.
54. Juliet Mitchell,"Psychoanalysis and Feminism at The Millennium,"In *Feminist Consequences*: *Theory for a New Century*, Elisabeth Bronfen & Misha Kavka (edt.) , New York: Columbia University Press,2001.
55. Juliette Mitchell, *Woman's Estate* ,New York: VintageBooks,1973.
56. Karen Warren (edt.) , *Ecological Feminism* ,New York: Routledge,1994.
57. Kelly Oliver (edt.) , *French Feminism Reader* ,Lanham, Md. : Rowman & Littlefield Publishers,2000.
58. Laurence BonJour ed. , *Epistemology, Classical Problem and Contemporary Responses*, Rowman & Littlefield Publishers, Inc. 2010.
59. Linda J. Nicholson, *Feminism/Postmodernism* ,New York and London: Routledge,1990.
60. Linda Alcoff and Elizabeth Potter, *Feminist Epistemologies* ,New York: Routledge,1993.
61. Linda Lopez McAlister, *On the Possibility of Feminist Philosophy*, Hypatia vol.9, no. 3 (Summer 1994).
62. Liz Stanley and Sue Wise, *Breaking Out Again*: *Feminist Ontology and Epistemololy*, Routledge,1993.
63. Lorraine Code, "Experience, Knowledge, and Responsibility," in Ann Garry and Marilyn Pearsall edt. , *Women, Knowledge, and Reality* ,New York: Routledge,1996.
64. Luce Irigaray, *Speculum of the Other Woman* ,Ithaca;New York: Cornell University,1985.
65. Luce Irigaray, *An Ethics of Sexual Difference*, Carolyn Burke and Gillian C. Gill trans, Ithaca; New York: Cornell University Press,1993.
66. Luce Irigaray, *Sexes and Genealogies* ,New York: Columbia University Press,1987.
67. Luce Irigaray, *This Sex Which Is Not One* ,New York: Cornell University Press,1985.

68. Luce Irigaray, "From The Forgetting of Air to To Be Two," Nancy J. Holland and Patricia Huntington Ed. , *Feminist Interpretation of Martin Heidegger*, University Park: The Pennsylvania State University Press, 2001.
69. Lynda Stone edt. , *The Education Feminism Reader*, New York: Routledge, 1994.
70. Lynn Hankinson Nelson, "Who Knows? What Can They Know? And When?" In *Women, Knowledge, and Reality*, eds. A. Garry and M. Pearsall, New York: Routledge, 1996.
71. Lynn Hankinson Nelson, "Epistemological Communities," in Linda Alcoff and Elizabeth Potter ed. *Feminist Epistemologies*, New York: Routledge, 1993.
72. Margrit Shildrick, *Leaky Bodies and Boundaries: Feminism, Postmodernism and (Bio)ethics*, London; New York: Routledge. 1997.
73. Marjorie C. Miller, "Women, Identity, and Philosophy," in Emanuela Bianchi ed. , *Is Feminist Philosophy Philosophy?* , Evanston, IL: Northwestern University Press, 1999.
74. Mary Ellen Waithe ed. , *A History of Women Philosophers Volume1 Ancient Women Philosophers*, 600B. C-500A. D, Dordrecht: Martinus Nijhoff Publishers, 1987.
75. Mary Evans, *Introducing Contemporary Feminist Thought*, Cambridge: Polity Press, 1997.
76. Mary Hesse, *How to Be a Postmodernist Without Being a Feminist?* , The Monist, 11 A, October, 1994.
77. Mary Warnock, *Existentialist Ethics*, New York: St. Martin's, 1967.
78. Mary Warnock, *Women Philosophers*, London: J. M. Dent, 1996.
79. Mary Briody Mahowald, *Philosophy of Woman: An Anthology of Classic To Current Concepts* (3rd ed), Indianapolis: Hackett, 1994.
80. Martin Heidegger, *Poetry, Langauge, Thought*, Translations and Introduction by Albert Hofstadter. , New York: Harper Colophon, 1975.
81. Martin Heidegger, *What Is Philosophy?* , Translated with a introduction by William Kluback and Jean T. Wilde, London: ufmo Vision Press limited, 1956.
82. Michael E. zimmerman, *Environmental Philosophy: From Animal Rights To Radical Ecology* (4th ed), Englewood Cliffs; N. J. : Prentice Hall, 2004.
83. Michael Slote, *The Ethics of Care and Empathy*, New York: Routledge, 2007.
84. Miriam Schneir (ed.), *The Vintage Book of Historical Feminism*, London: Vintage, 1996.
85. Miranda Fricker and Jennifer Hornsby ed. , *The Cambridge Companion to Feminism in Philosophy*, Cambridge; New York: Cambridge University Press, 2000.
86. Miranda Fricker, *Epistemic Injustice, Power & the Ethics of Knowing*, Oxford University Press, 2007.

87. Morwenna Griffiths, *Feminisms and The Self: The Web of Identity*, London; New York: Routledge, 1995.
88. Nancy Chodorow, *The Reproduction of Mothering: Psychoanalysis and the Sociology of Gender*, Berkeley: University of California Press, 1978.
89. Nancy Chodorow, *Feminism and Psychoanalytic Theory*, New Haven. Conn. : Yale University Press, 1989.
90. Nancy J. Holland, *Is Women's Philosophy Possible?*, Savage, MD: Rowman &Littlefield Publishers Inc. , 1990.
91. Nancy Tuana and Rosemaris Tong edited, *Feminism & Philosophy*, Boulder, CO: Westview Press, 1995.
92. Nel Noddings, *Caring: A Feminine Approach to Ethics and Moral Education*, Berkeley: University of California, 1984.
93. Nel Noddings, *The Challenge to Care in Schools: An Alternative Approach to Education*, New York & London: Teachers College Press, 1992.
94. Nel Noddings, *Educating Moral People: A Caring Alternative to Character Education*. New York: Teachers College Press, 2002.
95. Patricia S. Mann, "Musing as a Feminist and Is A Philosopher on A Postfeminist Era," in Emanuela Bianchi ed. , *Is Feminist Philosophy Philosophy?*, Evanston. IL: Northwestern University Press, 1999.
96. Ran Langton, "Feminism in Epistemology Exclusion and Objectification," see Miranda Fricker and Jennifer Hornsby ed. ; *Feminism in Philosophy*, New York: Cambridge University Press, 2000.
97. Richmond Campbell, *Illusions of Paradox: A Feminist Epistemology Naturalized*, Rowman & Littlefield, 1998.
98. Rosemarie Tong, *Feminist Thought: A Comprehensive Introduction*, Boulder, Colo. : Westview Press, 1989.
99. Rudiger Safranski, *Martin Hedegger_Between Good and Evil*, Cambridge; Mass. : Harvard University Press, 1998.
100. Sara Heinamaa, *Introduction: Feminist Philosophy and The Nordic Situation*, Nordic Journal of Women's Studies, Vol. 14, No. 3, 2006.
101. Sarah Richmond, "Feminism and Psychoanalysis: Using Melanie Klein," see Miranda Fricker and Jennifer Hornsby ed. : *Feminism in Philosophy*, Cambridge; New York : Cambridge University Press, 2000.
102. Sara Ruddick, *Maternal Thinking, Toward a Politics of Peace*, Boston: Beacon Press, 1989.

103. Sarah Franklin, Celia Lury, Jackie Stacey, *Off-centre: Feminism and Cultural Studies*, London: Routledge, 2007.
104. Seyla Benhabib and Linda J. Nicholson, *Feminist Contentions: A Philosophical Exchange*, New York: Routledge, 1995.
105. Seyla Benhabib, *Situating The Self: Gender, Community, and Postmodernism in Contemporary Ethics*, Cambridge: Polity Press, 1993.
106. Seyla Benhabib, *Critique, Norm and Utopia: A Study of the Foundations of Critical Theory*, New York: Columbia University Press, 1986.
107. Seyla Benhabib(ed), *Feminism as Critique: On the Politics of Gender*, Minneapolis: University of Minnesota Press, 1987.
108. Sharon L. Crasnow and Anita M. Superson ed., *Out From the Shadows: Analytic Feminist Contributions to Traditional Philosophy*, Oxford University, 2012.
109. Simon Blackburn, *The Oxford Dictionary of Philosophy*, Oxford; New York: Oxford University Press, 1994.
110. Simone de Beauvoir, *The Ethics of Ambiguity*, Translated by B. Frechtman, New York: Citadel Press, 1976.
111. Stan van Hooft, *Caring: An Essay in the Philosophy of Ethics*, Niwot; Colorado: University Press of Colorado, 1995.
112. Stanford Encyclopedia of Philosophy, "Feminist Epistemology and Philosophy of Science," http://plato.stanford.edu/entries/feminism-epistemology.
113. Sue Blundell, *Women in Ancient Greece*, Cambridge; Massachusetts: Harvard University Press, 1995.
114. Susan Bordo, "The Feminist As Other," in Janet A. Kourany ed., *Philosophy in A Feminist Voice: Critiques and Reconstructions*, Princeton; N. J.: Princeton Univesity Press, 1998.
115. Susan J. Hekman, *Moral Voices, Moral Selves: Carol Gilligan and Feminist Moral Theory*, University Park; Pennsylvania: The Pennsylvania State University Press, 1995.
116. Susan Griffin, *Women and Nature: The Roaring Inside Her*, New York: Harper and Row, 1978.
117. Susan Moller Okin, *Justice, Gender, and The Family*, New York: Basic Books, 1989.
118. Susan Moller Okin, *Women in Western Political Thought*, Princeton; New Jersey: Princeton University Press, 1979.
119. Sharon L. Crasnow and Anita M. Superson ed., *Out From the Shadows: Analytic Feminist Contributions to Traditional Philosophy*, Oxford University, 2012.
120. Teresa Brennan, *The Interpretation of The Flesh: Freud and Femininity*, New York:

Routledge,1992.
121. Thomas E. Hill,"The Importance Of Autonomy," Eva Feder Kittay ed. ,*Women and Moral Theory*,Totowa, N.J.: Rowman & Littlefield Publisher ,1987.
122. Tom L. Beauchamp, LeRoy Walters, *Contemporary Issues in Bioethics*, 5th edition. Belmont, Calif.: Wadsworth Publishing Company,1999.
123. Toril Moi, *Sexual/Textual Politics*: *Feminist Literary Theory*(2nd ed), New York: Routledge,2001.
124. Toril Moi, '*What is a Woman?*' *And Other Essays*, New York: Oxford University Press,1999.
125. Virginia Held, *Justice And Care*: *Essential Readings In Feminist Ethics*, Boulder, Colo.: Westview Press,1995.
126. W. V. O. Quine, "Epistemology Naturalized," in Hilary Kornblith ed. , *Naturalizing Epistemology*,MIT Press,1994.
127. Walter Sinnott-Armstrong and Mark Timmons ed. , *Moral Knowledge*: *New Reading in Moral Epistemology*, Oxford University Press,1996.

1. 〔美〕唐纳德·坦嫩鲍姆、戴维·舒尔茨:《观念的发明者——西方政治哲学导论》,叶颖译,北京:北京大学出版社 2008 年版。
2. 〔美〕克里斯蒂娜·科尔斯戈德:《规范性的来源》,杨顺利译,上海:上海译文出版社 2010 年版。
3. 〔美〕罗斯玛丽·童:《女性主义思潮导论》,艾晓明等译,武汉:华中师范大学出版社 2002 年版。
4. 〔美〕卡罗尔·吉利根:《不同的声音——心理学理论与妇女发展》,肖巍译,北京:中央编译出版社 1999 年版。
5. 〔美〕阿莉森·贾格尔:《女权主义政治与人的本质》,孟鑫译,北京:高等教育出版社 2009 年版。
6. 〔美〕佩吉·麦克拉肯主编:《女权主义理论读本》,艾晓明等副主编,桂林:广西师范大学出版社 2007 年版。
7. 〔美〕朱迪斯·巴特勒:《消解性别》,郭劼译,上海:上海三联书店 2009 年版。
8. 〔美〕朱迪斯·巴特勒:《性别麻烦:女性主义与身份的颠覆》,宋素凤译,上海:上海三联书店 2009 年版。
9. 〔美〕约瑟芬·多诺万:《女权主义的知识分子传统》,赵育春译,南京:江苏人民出版社 2002 年版。
10. 〔美〕贝尔·胡克斯:《激情的政治:人人都能读懂的女权主义》,沈睿译,北京:金城出版社 2008 年版。

11. 〔德〕E. M. 温德尔:《女性主义神学景观:那片流淌着奶和蜜的土地》,刁承俊译,北京:三联书店 1995 年版。
12. 〔美〕玛丽琳·J. 波克塞:《当妇女提问时:美国妇女学的创建之路》,余宁平等译,天津:天津人民出版社 2006 年版。
13. 〔美〕道格拉斯·凯尔纳、斯蒂文·贝斯特:《后现代理论——批判性的质疑》,张志斌译,北京:中央编译出版社 1999 年版。
14. 〔美〕艾德丽安·里奇:《女人所生:作为体验和成规的母性》,毛路等译,重庆:重庆出版社 2008 年版。
15. 〔美〕约瑟夫·纳托利:《后现代性导论》,潘非等译,南京:江苏人民出版社 2004 年版。
16. 〔美〕艾莱恩·肖瓦尔特:《妇女·疯狂·英国文化》,陈晓兰、杨剑锋译,兰州:兰州大学出版社 1998 年版。
17. 〔美〕加里·古廷:《20 世纪法国哲学》,辛言译,南京:江苏人民出版社 2005 年版。
18. 〔美〕简·盖洛普:《通过身体思考》,杨莉馨译,南京:江苏人民出版社 2005 年版。
19. 〔美〕罗宾·罗森《女性与学术研究——起源及影响》(英文版),北京:北京大学出版社,2004 年版。
20. 〔美〕Michael St. Clair:《现代精神分析"圣经"——客体关系于自体心理学》,贾晓明、苏晓波译,北京:中国轻工业出版社 2002 年版。
21. 〔美〕希拉里·普特南:《理性、真理与历史》,李光程、童世骏译,沈阳:辽宁教育出版社 1988 年版。
22. 〔美〕希拉里·普特南:《事实与价值二分法的崩溃》,应奇译,北京:东方出版社 2006 年版。
23. 〔美〕理查德·罗蒂:《后哲学文化》,黄勇编译,上海:上海译文出版社 1992 年版。
24. 〔美〕理查德·罗蒂:《后形而上学的希望》,张国清译,上海:上海译文出版社 2009 年版。
25. 〔美〕萨莉·J. 肖尔茨:《波伏瓦》,龚晓京译,北京:中华书局 2002 年版。
26. 〔美〕斯蒂芬·A. 米切尔、玛格丽特·J. 布莱克:《弗洛伊德及其后继者——现代精神分析思想史》,陈祉妍等译,北京:商务印书馆 2007 年版。
27. 〔美〕玛格丽特·米德:《三个原始部落的性别与气质》,杭州:浙江人民出版社 1988 年版。
28. 〔美〕琳·马古利斯/多雷昂·萨甘:《神秘的舞蹈》,潘勋译,北京:中国社会科学出版社 1999 年版。
29. 〔美〕桑德拉·哈丁:《科学文化的多元性:后殖民主义、女性主义认识论》,夏侯炳、谭兆民译,南昌:江西教育出版社 2002 年版。

30. 〔英〕简·弗里德曼:《女权主义》,雷艳红译,长春:吉林人民出版社2007年版。
31. 〔英〕伊丽莎白·赖特:《拉康与后女性主义》,王文华译,北京:北京大学出版社2005年版。
32. 〔英〕朱立安·巴吉尼、杰里米·斯唐鲁姆编:《哲学家在想什么》,王婧译,上海:上海三联书店2006年版。
33. 〔英〕米兰达·弗里克、詹妮弗·霍恩斯比:《女性主义哲学指南》,肖巍、宋健丽、马晓燕译,北京:北京大学出版社2010年版。
34. 〔英〕休谟:《人性论》,关文运译,北京:商务印书馆1983年版。
35. 〔法〕西蒙娜·薇依:《西蒙娜·薇依早期作品选》,徐卫翔译,上海:同济大学出版社2007年版。
36. 〔法〕西蒙娜·德·波伏瓦:《女性的秘密》,晓宜等译,北京:中国国际广播出版社1988年版。
37. 〔法〕雅克·德里达:《多重立场》,佘碧平译,北京:三联书店2004年版。
38. 〔法〕卢梭:《爱弥尔》,李平沤译,北京:商务印书馆1991年版。
39. 〔法〕吉尔·德勒兹菲力克斯·迦塔利:《什么是哲学?》,张祖建译,长沙:湖南文艺出版社2007年版。
40. 〔法〕让·保尔·萨特:《自我的超越性———一种现象学描述初探》,杜小真译,北京:商务印书馆2005年版。
41. 〔法〕穆斯达法·萨福安:《结构精神分析学》,怀宇译,天津:天津社会科学院出版社2000年版。
42. 〔法〕保罗-罗宏·亚舜:《弗洛伊德与女性》,杨明敏译,台北:台湾远流出版公司1993年版。
43. 〔法〕米歇尔·福柯:《主体解释学》,佘碧平译,上海:上海人民出版社2005年版。
44. 〔法〕米歇尔·福柯:《古典时代疯狂史》,林志明译,北京:三联书店2005年版。
45. 〔法〕吕西·依利加雷:《二人行》,朱晓洁译,北京:三联书店2003年版。
46. 〔法〕笛卡尔:《第一哲学沉思集:反驳和答辩》,庞景仁译,北京:商务印书馆1986年版。
47. 〔法〕莫里斯·梅洛-庞蒂:《眼于心》,杨大春译,北京:商务印书馆2007年版。
48. 〔法〕莫里斯·梅洛-庞蒂:《可见的与不可见的》,罗国祥译,北京:商务印书馆2008.年版。
49. 〔德〕格尔达·帕格尔:《拉康》,李朝晖译,北京:中国人民大学出版社2008年版。
50. 〔德〕海德格尔:《荷尔德林诗的阐释》,孙周兴译,北京:商务印书馆2000年版。
51. 〔德〕埃德蒙德·胡塞尔:《现象学的观念》,倪梁康译,北京:人民出版社2007年版。
52. 〔德〕得特勒夫·霍尔斯特:《哈贝马斯传》,章国峰译,北京:东方出版社2000

年版。

53. 〔德〕马文·克拉达等编:《福柯的迷宫》,朱毅译,北京:商务印书馆2005年版。
54. 〔奥〕弗洛伊德:《爱情伦理学》,林克明译,北京:作家出版社1986年版。
55. 〔日〕西川直子:《克里斯托娃多元逻辑》,王青、陈虎译,石家庄:河北教育出版社2002年版。
56. 〔荷〕米尼克·斯希珀:《世界谚语中的女人——千万别娶大脚女人》,北京:新星出版社2007年版。
57. 邱仁宗主编:《女性主义哲学与公共政策》,北京:中国社会科学出版社2004年版。
58. 高宣扬:《后现代论》,北京:中国人民大学出版社2005年版。
59. 申荷永:《精神分析:理解与体验》,北京:三联书店2004年版。
60. 方汉文:《后现代主义文化心理:拉康研究》,上海:上海三联书店2000年版。
61. 张尧均:《隐喻的身体——梅洛-庞蒂身体现象学研究》,杭州:中国美术学院出版社2006年版。
62. 包亚明主编:《后现代性与公正游戏——利奥塔访谈、书信录》,谈瀛洲译,上海:上海人民出版社1997年版。
63. 何佩群译,包亚明校:《一种疯狂守护着思想——德里达访谈录》,上海:上海人民出版社1997年版。
64. 张京媛主编:《当代女性主义文学批评》,北京:北京大学出版1995年版。
65. 王治河主编:《后现代主义哲学词典》,北京:中央编译出版社2004年版。
66. 汪民安等编:《后现代性的哲学话语——从福柯到赛义德》,杭州:浙江人民出版社2000年版。
67. 汪民安等编:《福柯的面孔》,北京:文艺出版社2001年版。
68. 汪民安、陈永国编:《后身体、文化、权力与生命政治学》,长春:吉林人民出版社2003年版。
69. 王治河主编:《后现代主义辞典》,北京:中央编译出版社2004年版。
70. 章国锋,王逢振主编:《二十世纪欧美文论名著博览》,北京:中国社会科学出版1998年版。
71. 〔美〕托莉·莫娃:《何为女性》,王琳妮译,上海:华东师范大学出版社2012年版。
72. 〔美〕伊莉萨白·格罗兹:《时间的旅行——女性主义、自然,权力》,胡继华、何磊译,开封:河南大学出版社2012年版。
73. 〔美〕南茜·弗雷泽:《正义的尺度——全球化世界中政治空间的再认识》,欧阳英译,上海:上海人民出版社2009年版。
74. 〔美〕南茜·弗雷泽、〔德〕阿克塞尔·霍耐尔:《再分配,还是承认?——一个政治哲学对话》,周穗明译,上海:上海人民出版社2009年版。

75.〔美〕南茜·弗雷泽:《正义的中断——对〈后社会主义〉状况的批判性反思》,于海青译,上海:上海人民出版社2009年版。
76.〔加〕查尔斯·泰勒:《现代性之隐忧》,程炼译,北京:中央编译出版社2001年版。
77.〔美〕凯文·奥尔森编:《伤害+侮辱——争论中的再分配、承认和代表权》,高静宇译,上海:上海人民出版社2009年版。
78.〔美〕罗伯特·戴维·萨克:《社会思想中的空间观:一种地理学的视角》,黄春芳译,北京:北京师范大学出版社2010年版。
79.〔法〕吉尔·德勒兹:《德勒兹论福柯》,杨凯麟译,南京:江苏教育出版社2006年版。
80.包亚明主编:《后现代性与地理学的政治》,上海:上海教育出版社2001年版。
81.〔美〕马歇尔·伯曼:《一切坚固的东西都烟消云散了——现代性体验》,徐大建、张辑译,北京:商务印书馆2003年版。
82.〔美〕汉娜·阿伦特:《人的境况》,王寅丽译,上海:上海世纪出版集团2009年版。

跋：走向超越的女性主义哲学

我们正生活在一个现代和后现代哲学循环交错的时代，行走于这样两条独特的时光隧道中，似乎每一个人都有自己的故事，而每一个故事都是讲故事者在用自己生命和心灵的体验建构着一个主体，讲述着一种哲学。从这一意义上说，哲学属于每一个人，如果说哲学之思是发问——真实地发问，那么构成哲学的两个关键要素是"真实"和"发问"。女性主义哲学试图把性别作为核心概念进行发问、探索和反思，形成特有的问题式思维。毫无疑问，性别问题亦是社会问题和人的自身问题，既然人们都是社会生活中的性别存在，那么性别塑造也是哲学塑造、社会塑造以及人本身的塑造。因而，女性主义哲学不仅是在通过"真实地发问"塑造更好的性别和哲学，更是塑造理想的人类社会和人本身。倘若从哲学领域探讨"性别差异"是对哲学的一种提升，那么用哲学思维来回答性别问题，展开包括不同性别、不同种族、不同宗教、不同社会群体、不同民族之间平等而公正的哲学对话，则不仅意味着哲学的进步，更预示着人类本身的拯救和人类社会的光明未来。我理解，也正因为如此，伊丽格瑞才把"性别差异"视为当今时代的那个能使我们获得"拯救"的关键问题。

德里达看到，女性主义已经让我们知道很多，使我们在文化与文本中不能再忽视性别的存在。的确，如果把哲学视为一种知识生产，那么女性主义哲学则意欲打开哲学的疆域进行思想实验，不仅要重新锻造已有的产品——各种跨越时空的哲学理念，也要竭尽全力突破自我，展开真正属于全人类的哲学想象，追求公正、平等和自由的梦想。正如哈丁所言：女性主义不是一种身份，后殖民主义和女性主义可以被看成由社会关系以及关于社会关系思考方式的变化（即话语的变化）开辟出来的思索空间，在这一空间内，人们可以自由、平等地表达和争论关于未来的各种新的可能性。应当说,每一时代的女性主义哲学都记录下人们,尤其是女性在特定历史时代和条件下的性别体验和话语,以及对于它们的哲学反思。尽管这些差异的体验和话语是政治、经济、社会和文化的产物,但在每一时代都构成一种独一无二的哲学形态,在女性主义政治目标的关照下诠释、解构和重塑哲学。既然女性主义是一个历史范畴,"女性主义哲学"也是变动不居的,无论身处哪一个时代,女性主义哲学家都不会期待让女性主义哲学永久地在哲学领域驻扎下去,而是任其随着女性主义政治目标的实现而完成对自身的超越,自行地退出历史舞台。女性主义/女性主义哲学转身退出历史舞台之日,也意味着女性主义思维光芒洒满世界之时。

毫无疑问,女性主义哲学对自身的超越要经过一个漫长而艰辛的历史过程,需要一代又一代的人们共同努力。纵观这一历史过程,当代女性主义哲学家更多感受到的是使命和压力,因为今天的女性和人类依旧生活在一个尚不尽如人意、呼唤女性主义哲学问世和发展的世界里,为此,当代女性主义哲学家应当为实现两个具体历史目标而奋斗:其一是实现女性主义哲学"从'边缘'到'前沿'的转变"。2009 年,诺贝尔经济学奖授予了美国印第安纳大学女教授奥斯特罗姆等人,其理由是她们"使经济管理学实现从'边缘'到'前沿'的转变"。然而,相对于主流哲学世界而言,女性主义哲学却依旧处于边缘地带,这无疑与女哲学家本身的边缘化地位相关。苏珊·波尔多(Susan Bordo)曾观察到:"《第二性》通常被看成是一本关于'妇女'的著作,被认为用以说明我们在对哲学史的叙事中,把他者性别化的作用,波伏瓦见解的真理性具有讽刺性地由她本人的边缘化得到证明。"[1]众所周知,女性主义哲学/女哲学家被边缘化的深刻原因在于社会的权力/权利分配结构、传统文化的影响以及哲学学科发展的惰性,而这种局面的改变又与女性主义的第二个具体历史目标密切相连,这就是以"性别公正"为突破口来追求社会公正。弗雷泽的三维公正观已经让人们意识到,社会公正已不仅仅是经济学意义上的分配公正问题,还是文化和政治问题。在社会制度层面和哲学领域中,为了避免"父权制"思维对于女性利益和代表权的误构,一方面要求有更多的女性参与到社会政治生活和哲学研究中来,另一方面,也要求社会政治生活和哲

---

[1] Susan Bordo, "The Feminist as Other," in Janet A. Kourany ed., *Philosophy in A Feminist Voice: Critiques and Reconstructions*, Princeton Univesity Press, 1998, p. 296.

学世界以更开放的胸襟来包容女性/女性主义哲学。同时,也要求女性主义哲学思维能够打破固有的哲学思维藩篱,结合当代社会的发展和女性主义运动实践,游刃有余地在本体论、认识论、伦理学、宗教学与政治哲学之间穿梭和耕耘,真实地发问,不断地为女性主义哲学自身的超越创造新的可能性和空间。

总体而言,女性主义始于促进社会和政治变革的运动,所以"变革"的信念是一直贯穿女性主义理论与实践的核心信念,它所预设的前提是我们今天的社会制度、法律和道德习惯,思考和感觉方式,我们的世界观和对于生活的态度,以及内在的潜意识中的自我都是不完美的和需要改进的。这正如弗雷泽所言:人类所经历的都是不公正的历史。女性主义运动已经有二百多年的历史,但女性受压迫的状况仍旧存在于世界的每一个角落,因而女性主义哲学家应当越发地深入思索是什么因素在阻碍人类和女性解放的脚步,意识到我们既需要反思人类关于文化、语言和人本身,以及自然的预设;反思自己思考的美德和思维框架;反思自身的存在方式和社会地位,以及如何在这些方式中认识和生存,由谁来提出影响我们认识和生存的主张,如何使它们具有合法地位的问题。

显然,促进社会和政治变革并非是一种单一的理论和实践便可以完成的使命,阿伦特认为:"自柏拉图以来,所有的政治家所犯的错误都是忽视了政治的根本处境:政治发生在复数的人类当中,他们中的每个人都能行动和开端维新。从如此互动中产生的结果是偶然的和不可预测的,因为'实践政治的事情,受制于多数人的同意,答案从来不在于理论考虑或某个人的意见。"②因而,当代女性主义和女性主义哲学所要从事的最有意义的工作是"启蒙",与这种追求光明的哲学理论一道,呼唤社会公正和平等——无论在思想领域还是社会生活中。

法国诗人巴什拉在《空间诗学》中谈到,诗歌是通过形象来把握现实,当形象作为心灵、灵魂、人的存在的直接产物在意识中浮现时,我们便可把握生活的现实。我们生活在一个充满神奇妙想的空间中,而知觉空间、梦想空间和激情空间紧握着主体的品质:那或是一个亮丽的、清新的和明晰的空间,或是一个暗灰的、粗糙的、烦扰的空间,或是一个高高在上

---

② 〔英〕玛格丽特·加诺芬:《导言》,见〔美〕汉娜·阿伦特:《人的境况》,王寅丽译,上海世纪出版集团2009年版,第2页。

的巅峰空间,或是一个塌陷的泥淖空间,或是一个涌泉般流动的空间,或是一个水晶般固定和凝结的空间。古往今来,人们对哲学作出了无数的理解,但拓展各种思维可能性,超越有限世界、有限存在,开辟无限的现实和思维时空,应当是哲学的主要使命。无论人们是否喜欢,女性主义哲学追求的肯定是那种亮丽的、清新的、明晰的、巅峰的和涌泉般流动的空间,她的到来正在把哲学变成一个丰富多彩和宜居的世界。

后　记

　　　　不知日落月升多少个春秋，
　　　　不知我已这样奔跑了多久，
　　　　我从出生就注定一生的寻求，
　　　　远方那完美世界的爱和自由，
　　　　同我一起向着完美世界飞翔吧，
　　　　如同一只鸟儿与我一起走，
　　　　没有什么能阻拦这心灵的自由。

　　我喜欢这首名为"完美世界"的歌词，但还是情不自禁地改动了两句，把原来的"同我一起在完美的世界飞翔吧"改成"同我一起向着完美世界飞翔吧"，把原来的"没有什么能阻拦自由的天地"，改成"没有什么能阻拦这心灵的自由"。每一个人都无法选择地出生在某一个特定的历史时空中，但无论我们身居何时何地，都可以拥有一颗飞往自由的心灵。

　　早在上个世纪初，女作家萧红便写道："女性的天空是低的，羽翼是稀薄的，而身边的累赘又是笨重的。"即便这种局面在今天已经有了很大改观，但女性在生存、成长和发展过程中，仍需要面对由于性别而遇到的诸多束缚和艰难，必须在一个尚不尽如人意的历史时代里忍耐、批判、思考、追求、抗争和牺牲。从绵延古道上走来的她们不知还要历经多久才能获得真正的自由。好在她们"身未动，心已远"，心灵早已飞往自由的明天。我以为，在众多的知识领域，当属哲学最能让人敞开思维和放飞心灵，因而我期待着女性和女性主义思维能够伴随着哲学自由地翱翔，在无所遁形与有形之间塑造和展现出无限丰富的生命样态。

  在此我要衷心地感谢国家社会科学基金(02BZX070)给我的研究以莫大的精神动力和支持;感谢哈佛大学与国家留学基金委的"哈佛项目"奖学金让我能成为哈佛大学文理研究院一名正式注册的学生,在哈佛从事一年学术研究;感谢欧盟的伊拉斯谟学术交流基金和西班牙奥维耶多大学性别研究项目负责人伊萨贝尔·卡里拉·苏亚瑞教授的邀请,让我能有机会在奥维耶多大学作客座教授,从事教学和本书的写作,在圣·格里高里奥楼217室(Habitacion 217, San Gregorio)度过了三个月远离喧嚣、心逐远古的日子,亲身体验了波伏瓦所描述的一种感受:一个人在写作时必须既是这个世界的一部分,又要与它保持一定的距离。当一个人完全陷入一种状态时,他是无法描述这种状态的。2013年上半年,我有幸在时隔20年后再访牛津,在Lady Margaret Hall做客座研究员,在哲学系做访问学者。在这段日子里,我又一次感受到哲学的超越、纯洁与宁静,真希望时光再慢一些,让我能把自己的体悟、灵感和创造力更多地焕发出来。本书中的一部分章节是我在牛津完成的,无奈那里的学问如海般的深沉,每当我急功近利地想找一个简单问题着手研究时,最后总不免会掉到风光旖旎的海底中流连忘返。我也要感谢我的朋友、学生和家人,是他们陪我度过每一个快乐和痛苦的日子。我很想在本书的扉页写上"献给我的老爸",因为是他把正直和善良、坚持和忍辱负重的品质传给了我,而我也从童年里体验到的他对儿子的渴望中成长为一名顽强的女性。如今,我仍能感受到他从天堂投来的期盼和挑剔的目光,这注定了我今生都会在不自满中永无休止地努力和进步。

  然而,本书写作的时间太长了,而知识和信息的更新又太快了,以至我不得不在不满意中结束这一阶段的挖掘和写作。或许"对性别唯一最可靠的检验是一个人生活的现实,那种我们每天都在其中生活的现实"①。我恳求读者的批评,因为这是一条让我学术进步的快速通道,我也希望用日常生活的现实来检验和纠正本书中的许多不足和错误。无论怎样,当我怀着这些期待把很多想法呈现出来后,身体和整个人似乎也不那么沉重了,感觉心灵飞得更远、更高……

---

① Charlotte Witt, *The Metaphysics of Gender*, Oxford University Press, 2011, p. xi.

我一直想在北京大学出版社出一本自己写的书,一本关于性别的书,感谢北京大学出版社和资深编辑王立刚先生给我这次机会。我与立刚先生虽接触不多,但觉得他很像我心目中的北大人——悠悠地在儒雅中透着一种智慧和善良,也感谢责任编辑延城城的辛勤工作。

2013年岁末于荷清苑